歴史としてのドイツ統一

——指導者たちはどう動いたか

歴史としてのドイツ統一
——指導者たちはどう動いたか

高橋 進
Takahashi Susumu

岩波書店

凡例

本文の文末に引用文献・参考文献を明示した。主な指導者の回顧録、資料集などは、下記の略語を用いて示した。また参考文献は、著者名とページのみを示した。参考文献の書名などは巻末の主要参考文献をあたっていただければ幸いである。

【回顧録など】

BS : George Bush and Brent Scowcroft, *A World Transformed*, 1998.（米大統領と安全保障担当特別補佐官）

GE : Dietrich Genscher, *Erinnerungen*, 1995.（西ドイツ外相、ＦＤＰ）

GH : Gyula Horn, *Freiheit die ich meine*, 1991.（ハンガリー外相）

GO : ミハイル・ゴルバチョフ『ゴルバチョフ回想録』(下)、一九九五。

JA : Jacques Attali, *Verbatim III 1988-1991*, 1995.（ミッテランの首席補佐官）

JB : James A. Baker, *Drei Jahre, die die Welt veränderten: Erinnerungen*, 1996.（米国務長官）

Kiessler : Richard Kiessler und Frank Elbe, *Ein runder Tisch mit scharfen Ecken*, 1993.（Elbe は、西ドイツ外務省官房審議官、後に駐日大使）

KO : Helmut Kohl, *Ich wollte Deutschlands Einheit*, 1996.（西ドイツ首相、ＣＤＵ）

KW : Julij A. Kwizinskij, *Vor dem Sturm: Erinnerungen eines Diplomaten*, 1993.（駐西ドイツソ連大使、ソ連外務省副大臣）

SCH：エドアルド・シェワルナゼ『希望』一九九一。（ソ連外相）
TE：ホルスト・テルチク『歴史を変えた三二九日　ドイツ統一の舞台裏』一九九二。（西ドイツ首相府局長、コールの外交問題アドヴァイザー）
TH：マーガレット・サッチャー『サッチャー回顧録　ダウニング街の日々』(下)、一九九三。（イギリス首相）
TSCH：Anatoli Tschernajew, *Die letzten Jahre einer Weltmacht: Der Kreml von innen*, 1994.（ゴルバチョフの外交問題アドバイザー）
ZR：Philip Zelikow and Condoleezza Rice, *Germany United and Europe Transformed*, 1995.（研究書でもあるが、著者はホワイトハウス・国務省で勤務していた）
WW：Werner Weidenfeld, *Außenpolitik für die deutsche Einheit*, 1998.（回顧録ではないが、西ドイツの政府資料を活用したドイツ統一の正史）

【資料集など】

AdBK：*Deutsche Einheit: Sonderedition aus den Akten des Bundeskanzleramtes*, 1998.（西ドイツ連邦首相府の首相関係文書を公開したもの）
AG：*Archiv der Gegenwart 1931-1998*, 1999.（CD-ROM）
Kaiser：Karl Kaiser, *Deutschlands Vereinigung: die internationalen Aspekte*, 1991.

略語表

CDU　（西ドイツ）キリスト教民主同盟
CFE　ヨーロッパ通常戦力
CSCE　全欧安保協力会議
CSU　（西ドイツ）キリスト教社会同盟
EC　ヨーロッパ共同体
EMS　ヨーロッパ通貨システム
EMU　経済通貨連合
ERM　為替相場メカニズム
FDP　（西ドイツ）自由民主党
INF　中距離核戦力
NATO　北大西洋条約機構
NSC　（アメリカ）国家安全保障会議
SDI　戦略防衛構想
SED　（東ドイツ）社会主義統一党
SNF　短距離核戦力
SPD　（西ドイツ）社会民主党
START　戦略兵器削減交渉
WEU　西欧同盟
WTO　ワルシャワ条約機構

はじめに

一九九〇年八月中旬、筆者はベルリンに着いた。夕刻といっても、まだ明るい。タクシーに乗り、ブランデンブルク門に急いだ。壁はなく、門は開放されていた。門をくぐって自動車が行き交い、門の周辺には観光客があふれていた。以前と同様外国人の観光客は多かったが、奇妙なことにドイツ人も多い。尋ねてみると、バスを仕立てて、壁のないベルリンを見にきたという。

それでもおそるおそる門をくぐり、東ベルリンに足を踏み入れた。屋台が並んでいる。細かく砕いた壁の破片を証明書付きで売る店、東独駐留ソ連軍から闇で流れた軍服・軍帽・肩章などを売る店などが、門の前の小さな広場にひしめいていた。観光客に向かって大声で「本物の壁だよ」という。覗いてみると、コンクリートの破片にしかみえなかった。「まー、いいか」と思って買った。そこには、壁越しにみたかつてのあの重苦しさはなかった。門から東ベルリンをぬける大通りが、ウンター・デン・リンデンである。そこを少し歩き左折してみると、壁は少し残っていた。数人の若者が、怒ったように鏨で壁を削り採っていた。

数日後ある人が、オリンピック・スタジアムの近くにある野外音楽堂に行こうという。小澤征爾の指揮でサイトウ・キネン・オーケストラが公演していた。ドヴォルザークのチェロ協奏曲ロ短調が流れた。チェロを演奏するのはロストロポーヴィチである。曲が済み休憩となり、オーケストラのメンバーに挨拶しようというので舞台裏にむかった。日本人の演奏家からなるこのオーケストラには、当然のことながらドイツで活躍している人も多い。舞台裏の森のなかで数人と歓談していると、ここに連れてきてくれた人物が、東ドイツの首相であるデ・メジエールがいるという。その方向を見やると、たしかに、TVでみた小柄なデ・メジエールが何人かのドイツ人と話しをしている。その人物が私に教えてくれた。あの周りにいるのは、西ドイツの与党CDUから派遣された人物で、終始彼と行動をともにしていると。

一九九〇年八月、東ドイツはもはや国家としての実態を失っていた。それは様々な人たちの口振りからも明らかであった。だがまがりなりにも東ドイツの首相であるデ・メジエールが西ドイツの虜になっているような姿ほど、国家の崩壊を象徴するものはなかった。

一九八九年から一九九〇年にかけてのドイツ、そしてヨーロッパの激動を、筆者は日本にいてではあるが、それなりに体験できたことを幸福に思う。戦後のドイツ外交を研究してきた者として、ドイツの統一は、私が生きている間はありえないというのが、染みついた公理であり、一九八九年一一月九日のベルリンの壁の開放をみても、統一はまだ遠いという思いを拭い去ることはできなかった。マスコミの要請に応じて、多くの論考やコメントを書きつらねたものの、異常なまでの速さで進むドイツ統一に、その原因を考える間のないまま、追いつくのがやっとであった。九〇年一〇月三日統一が実現した。その時、ドイツ統一の国際政治の過程をもう一度検討しようとしたが、断念した。ドイツ統一の国内の過程以上に、国際政治の側面はあまりにも不明で解明すべきことが多く、その時点での分析には限界があると感じたからである。そして数年後関係国の主要指導者の回顧録が出揃ったところで、もう一度挑戦してみようと決意した。不思議なことに回顧録が公刊されるであろうことには自信があった。

思った通り、徐々に各国の首相や外相などの関係当事者の回顧録が公刊され始めた。それを受けて、九六年夏頃から徐々に本格的に取り組み始めた。これらの回顧録を、筆者が当時作成した様々な資料や原稿と照らしあわせ、同時に公刊されたドイツ統一の資料や研究書を参照しながら、もう一度ドイツ統一の国際政治の過程を、「歴史」として再構成し、解釈しようとするのが、この本の狙いである。この意味で、冷戦の歴史を逸早くまとめた『歴史としての冷戦』にならい、表題を『歴史としてのドイツ統一』とすることにした。

目次

◉歴史としてのドイツ統一

第一章　緑の国境

第一節　一九八八年ヨーロッパ

一九八九年に、東欧革命、ベルリンの壁の開放、冷戦の終わりが起こるとは、誰が予想していただろうか。

前年の一九八八年、米ソは着実に緊張緩和の流れを強めていた。五月二九日、レーガン米大統領はモスクワに到着、ゴルバチョフ書記長と会談し、訪問最終日の六月二日には中距離核戦力（ＩＮＦ）全廃条約の批准書を交換していた。八三年三月演説でソ連を「悪魔の帝国」と非難したレーガンのソ連訪問自体が、米ソ関係の好転を象徴していた。一二月には、ゴルバチョフは、ニューヨークの国連総会で演説し、その後ニューヨークでレーガンと会談、また一一月の大統領選挙で民主党のデュカキス候補に大勝したブッシュ次期大統領とも会談していた。ゴルバチョフの「新思考」外交は、ダイナミックに展開していた。

それは、対米関係だけではなかった。西欧主要国との関係も、関係改善の動きが強まっていた。ゴルバチョフは、書記長に就任する前の八四年一二月イギリスを訪問し、会談したサッチャー英首相をして「一緒に仕事のできる男」と言わせていた。そしてサッチャーは一九八七年三月にソ連を訪問した。また書記長就任後最初の外国訪問は、フランスであり、八五年一〇月に訪問、ミッテラン仏大統領は一九八六年七月と一九八八年一一月に訪ソしていた。デミタ伊首相は一九八八年一〇月にモスクワを訪問していた。

このなかで注目されていたのが、一九七〇年代初頭以来、「新東方政策」を展開していた西ドイツとの関係であった。西ドイツとソ連との関係改善は、他の西欧主要国と比べて遅れていたといってよい。ゲンシャー外相が最初に訪問したのが一九八六年七月、しかしその年の秋、コール首相が、ゴルバチョフを第三帝国の宣伝相ゲッベルスになぞらえる発言を、アメリカの週刊誌『ニューズウィーク』とのインタビューのなかで行い、関係は一挙に冷えこんだ。それを修復するためヴァイツゼッカー大統領が一九八七年七月に訪問し、その後同年一二月には、西ドイツ保守政界の大物、シュトラウスCSU党首兼バイエルン州首相が訪問、翌一九八八年二月これも保守政界の大物でコール首相の後継者という呼び声も高かったバーデン・ヴュルテンベルク州のシュペート首相が訪問し、そして一〇月になってやっとコール首相のソ連訪問が実現した。

西欧との関係では、ゴルバチョフが提唱した「ヨーロッパの共通の家」という構想の具体的な中身がどのようなものであり、それがどのように展開されるのかが注目されていた。その西欧では、ECの動きも活発化していた。当時「九二年問題」といわれた、九三年一月一日からECに単一市場を導入することが決定され、ECが「ヨーロッパの要塞」となり、独自の経済ブロックを構成し、戦後の自由貿易体制を揺さぶるのではないかという懸念がアメリカを中心に強まっていた。さらに通貨統合を進める動きも出始めていた。八七年六月西ドイツのハノーファーで開催されたEC首脳会議は、EC委員会委員長ドロールの下に「経済通貨統合研究のための委員会」を設置することを決定した。この委員会は八八年四月「ドロール報告」と略称される報告書を提出し、五月のマドリッドでのECサミットでは、経済通貨連合（EMU）創設に関して協議が開始された。

それに加えて、西欧とアメリカとの間には安全保障をめぐり、亀裂が走ろうとしていた。ゴルバチョフの一連の核兵器軍縮提案に対して、欧米間での足並みの乱れが目立ち始めたのである。米ソ間では戦略兵器削減交渉（START）再開の動きがでると同時に、INFの全廃が一九八七年一二月に米ソ間で合意されると、以前から欧米関係を時として大きく揺さぶってきた二つの問題が急浮上し始めたのである。第一が、アメリカの核の傘の問題であり、アメリカが西欧防衛のために確実に核兵器を使用するのかという懸念であった。米ソ関係、ヨーロッパの東西関係が改善されるなかで、その懸念がさらに強まり、ヨーロッパは独自に核戦力を保有ないしは強化すべきであるという意見も表明されていた。イギリスとならぶ核保有国であるものの、アメリカとは一線を画する核戦略をもつフランスにとっては深刻な問題であり、フランスの核を西ドイツと共有するという案も表明されていた。第二に、INF全廃条約が一九八七年一二月の米ソ首脳会談で調印された後、それを補完すると位置づけられていた短距離核戦力（SNF）が焦点となり、兵器が老朽化したため、それを後継機種に交替するのかどうかが問題になっていた。特にこれが配備されている西ドイツでは深刻な問題であった。というのは、一九八〇年代初頭のINF配備に反対する反核運動以来、核兵器に対する反対感情は根強く、さらに一九八六年四月のチェルノブイユでの原発事故が核に関する考えを一新させ、このような世論状況のなかで、短距離核戦力の配備継続を強行することは、西ドイツ政府にとっても容易な問題ではなかった。

米ソ関係、ヨーロッパの東西関係が緊張緩和を強め、それとともに欧米関係が変調をきたすなかで、西欧では「ヨーロッパのヨーロッパ化」や「アメリカなきヨーロッパ」という言葉が不思議に現実感をもって受け入れられていた。

同時にその実態はともかく、表明される希望が現実感をもって受け入れられた言葉もその当時確かに存在していた。それは「中欧」という言葉であった。

第二節　ハンガリーの改革

「中欧」ルネサンス

「中欧」。ドイツ史に親しい者には懐かしい言葉である。かつてのドイツ帝国とオーストリア帝国の版図をさす。第一次世界大戦でオーストリア・ハンガリー帝国が崩壊し、そして第二次世界大戦でドイツ帝国が崩壊した。戦後のヨーロッパ地図でいえば、西ドイツ、東ドイツ、ポーランド、チェコスロバキア、ハンガリー、オーストリア、そしてソ連に併合されたバルト三国、ユーゴスラビアの一部となったスロベニア、クロアチアが、「中欧」といわれる地域である。しかし戦後、ヨーロッパの東西分断のなかで、西欧と東欧に分かれ、「中欧」という言葉は消滅していった。

ドイツにとって「中欧」という観念は、まず過去の文化的栄光を想い出させる観念であった。音楽だけに限定しても、モーツァルト、ベートーベン、ブラームス、マーラーなど、この地域を活躍の主たる舞台にした作曲家は多い。さらに経済的にも戦前のドイツの主な貿易相手国はこの中欧であった。

特に鉄鋼業などの重工業部門にとって中欧は死活的な地域であり、戦後西ドイツが西側を選択するときの障害になっていた。しかし政治的には過去に行った民族差別、ナチズムによる支配、民族的弾圧を想い出させる観念であり、そのため長い間、西ドイツではこの言葉はタブーとされていた。日本の「大東亜共栄圏」と同様な言葉になっていたといえよう。

八〇年代に入り、ハンガリー、チェコスロバキア、ポーランド、オーストリアの中欧諸国で「中欧」という概念が突如浮上してきた。中欧論が提起した問題は三つあった。第一は、中欧は歴史的にも文化的にも西欧文明に属することを強調し、ロシア(ソ連)と一線を画そうとした。第二に、市民社会を強調した。ロシアと異なり中欧各国では第二次世界大戦後ソ連軍に「誘拐」されるまでに(チェコスロバキアから亡命した小説家ミラン・クンデラが展開した中欧論の表題が「誘拐された西欧文明」であった)、すでに市民社会が形成されつつあったという議論である。そして第三が、ヨーロッパの分断の克服である。ヨーロッパにおける東西対立は決して対称的なものではなかった。米ソを比較すればアメリカの優位は否定できなかった。ここにアメリカ–ソ連という格差構造があった。さらに東西ヨーロッパでも西欧–東欧という格差が存在していた。アメリカ–ソ連–西欧–東欧という格差構造であり、この格差のなかで東欧そして中欧が底辺部に置かれたことへの怒りであった。

西欧が「ヨーロッパのヨーロッパ化」でアメリカと距離をとり始めたとき、中欧は、中欧論の名の下にソ連と距離をとり始めていた。西欧での動きは政治指導者を含む現実の政治の動きであったが、中欧論は反体制運動指導者や知識人によって提起された夢であった。しかし夢が夢ではなくなってきた。ゴルバチョフのペレストロイカによって中欧でも改革が徐々に試みられるようになっていった。

それを先導したのがハンガリーであった。

グラーシュ・コミュニズムの改革

東側ブロックのなかで、ハンガリーは特殊な地位を占めていた。一九五六年秋のハンガリー革命後、慎重に改革を進めていた。ハンガリーの経済改革への取り組みは、まず六〇年代前半、ソ連・東欧で起きた経済改革の試みと連動して行われた。企業の自主決定を拡大しようとする経済改革案が改革派の経済学者を中心に提唱され、そのアイデアはまずチェコスロバキアで提唱され、ついでハンガリーに及んだ。一九六六年五月、ハンガリーの社会主義労働者党中央委員会は、「新経済メカニズム」への移行を決定し、六八年より実施することとした。「新経済メカニズム」は、①価格自由化による一部市場経済の導入、②企業ごとの生産に応じた賃金決定、③企業決定への労働者参加、④集団農場の権限拡大を骨子とし、部分的市場経済化の試みであった。同時に経済的自由の拡大と政治的自由の拡大とが不即不離であることも認識されており、六六年一一月には複数候補を定めた選挙法が導入されていた。このような改革を先導したチェコスロバキアでは、改革は六八年春から夏にかけての「プラハの春」となって結実したが、八月ソ連軍などによる軍事介入によって鎮圧されてしまった。これを契機に改革の試みは、ソ連内部でも東欧各国でも挫折してしまった。加えてハンガリーでは経済改革がもたらしたインフレ、所得格差の拡大などが顕著となり、改革派(その代表が経済改革を進めたニエルシュである)への批判が強まり、長い「冬の時代」が続くことになった。

経済改革の挫折の後、社会主義経済は停滞していった。ソ連・東欧での共産主義体制が崩壊した原因の一つは、経済体制が七〇年代の世界経済の危機に対応できなかったことにあるといわれている。歴史学者のチャールズ・メイアーは、七〇年代に入っても、ソ連型社会主義体制が堅持したのは「社会主義的フォーディズム」といわれるものであり、生産ライン、機械化、集約的労働によって特色づけられるフォーディズムによる重厚長大な生産部門を育成しようとしたことが、その後の社会主義経済体制の崩壊に繋がったと述べている。この時期に巨大な鉄鋼プラント、化学プラントが建設され、それを支えたのがソ連で産出された石油・天然ガスであった。ソ連は低価格でこれらを東欧諸国に供給し、また西側にも輸出して、ヨーロッパの東西関係がデタントに向かったこともあって、その見返りとして西側から融資と必要な機械などを輸入したのであった。そして東欧諸国への石油などの供給は、採算を無視した補助金のような性格を帯び、一九七〇年から八〇年代半ばまでにソ連が東欧諸国に与えた額は、三〇〇億ドルから一一八〇億ドルほどの幅にあったと試算されている(Maier: 63)。そして石油の国際価格が低下し、ソ連の石油の価格が割高になったとしても、東欧諸国で生産される工業製品をソ連が購入し、その代金が輸入代金にあてられるかぎり、東欧諸国には満足できることであった。安いソ連の石油、西側では売れない製品、それを購入するソ連、製品を製造するプラント建設のための西側の資金融資、このシステムは八〇年代に入り、多くの病理を顕在化させていった。その最大なものは、東欧諸国の巨額な累積債務であった(三浦等: 47-50; 木戸: 106-112; Maier: 86)。

このようなシステムからの脱却をねらったのが、八〇年代のハンガリーでの一連の改革であった。七〇年代後半顕著となった経済危機を乗り切るため、指導部は「改革を改革する」ことを決意し、八〇年代初頭から様々な経済改革を実施した。一つは、民間企業の部分的導入(八二年の民間企業法)であり、もう一つは国際市場への開放(八二年のフォリントの平価引き下げと同年五月のIMF加盟)である。

政治面でも、八三年一二月形骸化している複数候補を義務化した新選挙法の採用などの改革を行った。しかし八五年ゴルバチョフの登場とともに、指導部内では、保守派に対して改革派(体制内改革派と体制そのものの改革を唱える急進派とがある)が優位にたち始めた。八八年五月、三一年ぶりに党全国協議会が招集された。五六年の蜂起以後君臨していたカーダールが名誉職でしかない新設の党議長に就任して事実上引退し、代わってグロースが党書記長に就任し、政治局人事でも古参指導者が引退し、若返りがはかられると同時に改革派が台頭した。その代表的な人物は、先の経済改革の父でありその後左遷されていたニエルシュ、改革派のネーメト、急進派のポジュガイである。彼は八二年以来党の大衆組織である「愛国戦線」の議長であり、「複数政党制」の導入を主張し、八八年一月に創設され九月に正式に政府から承認された「民主フォーラム」に接近していた。

この布陣のなかで、経済改革・政治改革が加速していく。同時に社会主義労働者党の支配体制を揺さぶる反対運動が起こった。八八年六月ごろからドナウ河のチェコスロバキアとの国境付近のナジュマロスでのダム建設(チェコスロバキア・ハンガリー・オーストリアの共同プロジェクト)に対する反対運動が、チェコスロバキアでのそれと連動して起こった。九月にはブダペストで三万人規模の建設反対の抗議デモが実行され、国会でも議員がその六〇%の署名を集めて国民投票を要求するなど、抗議行動が盛り上がっていった。党指導部の対応は後手にまわった。新任の党書記長のグロースは経済的に誤りであることを認めながらも、資金手当がすでに終わっていることを理由に建設の継続を主張した。また国会も一〇月、建設の継続に同意することを議決したが、議事手続きのミスのため議長が辞任した。ダム建設問題は、次第に指導部の政治改革の真意を問う争点になっていった。このダム建設問題は翌八九年も続き、三月、政府はダム建設を再検討したものの、建設を継続すると表明したとき、建設反対運動は再び活性化した。しかも反対運動は党内の急進派の支持も得、その代表的人物であるポジュガイは「スターリン主義の遺物」と非難した。三月建設反対請願のために約一二万四〇〇〇名の署名を集め、四月二日にはダム建設現場で約六〇〇〇人のデモがなされ、五月一三日になって政府はやっとダム建設の中止を決定した。明らかに党の敗北であった。対応の誤りはグロースの優柔不断によるところが多く、これが一因となって、六月グロースは事実上失脚することになる(Prins: chronology)。

八八年秋から党は政治改革に本格的に着手した。八八年一一月、党は一党制を堅持しながらも他の政党の結成と活動を許容する提案を行った。一一月下旬改革派のネーメトが首相に就任した。その後良心的兵役拒否を認める法案、報道、宗教、結社の自由を認める法案、独立労働組合・政党を創設することを認める法案が議会に上程され、八九年一月中旬これらの法案が成立した。これを契機にすでに非公式に存在していた一五〇以上の政治団体が活動を開始し、新聞、テレビなどでもグラスノスチが加速した。事態がここに至ると、問題は、一党制を放棄して複数の政党による競争と政権獲得を認める複数政党制を認めるか否かとなった。二月一〇―一一日党中央委員会総会が開催され、慎重な移行が必要であるが「複数政党制による政治システムの多元化が可能」と決定し、二〇―二一日の継続中央委員会総会は、憲法改正問題を討議し、「党の指導制」を放棄すること、大統領、議会、行政府の権限を明記した新憲法を作成することを決定した。共産党独裁体制の放棄である(Ibid.)。

それと並行して国会、内閣の権限も強化され、国会が秘密投票で閣僚を承認することになったため（GH：281）、二月ネーメトは新たに国会で首相に選出され、必要なかぎり党から独立して政策を遂行できるようになった（Grosser 1991：126-127）。

ゴルバチョフのゴーサイン

マスコミに「ハンガリー一党独裁放棄」の見出しが踊るなかで、ソ連の反応が指導部にとって気がかりな問題になってきた。東欧諸国のなかで政治改革の先鞭をつけたものの、ソ連指導部がそれを承認するかどうか、確信はなかった。ゴルバチョフがペレストロイカを進めているとはいえ、党の独裁を放棄するまでには至っておらず、またソ連の保守派、他の東欧諸国の保守的指導部の巻返しが懸念された。五六年のハンガリー、六八年のチェコスロバキアと、東欧諸国は改革で余りにも多くの犠牲をはらっており、それがトラウマになっていたのである。

首相のネーメトは、八九年三月三日ゴルバチョフに就任の挨拶をするため、モスクワに飛んだ。機内の彼は不安で落ち着かなかった。モスクワにつき、ゴルバチョフとの会談に入った。会った途端、ネーメトは、ゴルバチョフは我々に巨大なチャンスをもたらす人物であり、彼自身が改革に真剣に取り組んでいると直感したという。ネーメトは、ゴルバチョフに対し、複数政党制を導入する以外に代案はもはや存在しないことを何度も何度も力説した。

「ハンガリーにおける我々の社会主義システムはもはや改革不可能である。事実我々は全てのことを試みてきた。しかしそれは機能しなかった。我々は新しい全く別のものを試みなければならない。

というのは、社会主義の内部での改革は実際何物も動かさなかった、それは完全に無意味であった。我々のいままでの改革の試みは、とくに指令経済のなかでは、完全に何も達成できなかった。政治状況がすべてをブロックしてしまうからだ」

「我々は、昔デモクラシーの道からはずれてしまった時点まで、引き返さなければならない。この時点とは、複数政党システムが廃棄されたときである。その時点から我々は再び開始し、その時点からさらに前進しなければならない。国民の意思が貫徹するのは、複数政党システムのみである。なぜなら、長期的にみて、国民が過ちをおかすことはないからである。個々の人間は過ちを犯すが、国民はそうではない」

ゴルバチョフは反論しなかった。「私はあなたの考えが正しいと思う」「あなたがやりたいと思うことを全てやりなさい——やってみなさい！」「その全てがハンガリーにとって成功であるなら、それは私にとっても成功であり、ソ連の全ての人間にとっても成功なのです。私は個人的には、ソ連にとって複数政党システムがよいのかどうか疑っています。しかしハンガリーでは状況は完全に違っています。試みて下さい、どうぞやって下さい」「私は、もしあなたがハンガリーで複数政党システムを導入するなら、それを歓迎します」

彼は拒否するどころか、それに好意的であった。

「それは、非常に非常に重要な試みです。というのは、我々の世界は、そして我々の惑星は、カラフルであり多色なのです。我々がロシアで行うこと、それは他の国にとっても正しいとは絶対にいえないのです」

「我々は誤りやすい人間として、惑星のカラフルな色のどの色が、どの改革の試みが、どのような可能性がよいのか、我々の道とあなた方の道のどちらがよいのか、まだ分からないのです。あなた方のハンガリーでの試みの後で、それが正しいのか間違っているのかをやっと判断できるのです」「ソ連が他の国を政治的にもしくは軍事的に非難したり攻撃したりする時代は終わりました。ソ連がそのようなことを行うと想定する必要は何もありません。みな自由な国なのです。全世界でソ連は誰も攻撃しませんし、政治的にも軍事的にも違った社会主義の試みを止めることはありません」

ソ連は介入しないという約束である。

ネーメトは悔やんだ。八五年にゴルバチョフが就任しているのに、この会談が行われたのが八九年三月であった。その間ハンガリーの改革は停滞した。もっと早く改革が開始できたのではないかと。

さらにネーメトは、もう一つの微妙な問題に言及した。五六年のハンガリー蜂起に関連する問題である。ネーメトは五六年蜂起について説明し、それは反革命ではなく、ハンガリー国民の自由を求める革命であったと、またその指導者ナジを正式に埋葬したいことをゴルバチョフに説明した。ゴルバチョフの返事は、ただ一言、「その通り、そうしなさい」であった。

会談は当初の予定は四五分であったが、終わってみればなんと一二九分であった。

ネーメトは帰国後、緊張して報告を待っている閣僚にこの会談内容を伝えた（Grosser 1991: 131-134）。

ナジ埋葬問題

ネーメトとの会談でゴルバチョフはハンガリーの独自路線を承認した。しかし、五六年蜂起の評価とナジの正式埋葬の問題をめぐり、ナジの処刑の日である六月一六日が近づくとともに、ハンガリー国内は緊迫していった。この問題は、ソ連との関係ばかりでなく、ハンガリーの社会主義労働者党にとってもその支配の正統性にかかわる問題であり、党内では厳しい対立が続いた。党は、歴史小委員会を設置して、五六年蜂起も再評価しようとしていた。八九年一月二八日、同委員会のメンバーで急進派のポジュガイがブダペスト放送で、委員会の報告をリークするかたちで、五六年蜂起を「反革命」ではなく「国民蜂起」である旨述べた。これに対し書記長グロースは直ちに「時期尚早」と反論し、ポジュガイ発言をめぐって侃々諤々の議論が起きた。二月一〇―一一日に開催された先の緊急中央委員会総会で、この問題が協議されたものの、両者の妥協に終わった。歴史評価もポジュガイの処分も玉虫色であった。しかしポジュガイの狙いは別のところにあった。彼は以下のように回想する。

「この評価はハンガリー市民にとって別に新しいものではなかった。重要なことは、指導的人物の一人によって、その歴史的使命を虚偽に求めている党のアイデンティティが解体されたことだ。五六年のソ連の介入の合法性は完全に否定された。我々にとって、これはソ連の指導部が反応するのか否か、どのように反応するのかのテストであった」。そして、ソ連は彼の発言に反応しなかったので、「制限主権論というブレジネフ・ドクトリンは完全に死んだ」と感じたという(Grosser 1991: 125-126)。

そして二月二〇―二一日の継続中央委員会総会において、戦後行われた政治裁判を見直す委員会が設置され、五六年蜂起の指導者である元首相ナジなどの名誉回復が焦点となった。三月ネーメトのモスクワ訪問で、ゴルバチョフの姿勢が明らかになった。三月下旬には、ナジの遺体が無縁墓地から掘り出され、元政治犯からなる「歴史の正義委員会」などにより六月一六日に再埋葬式を挙行する準備が進められた。

四月一二日中央委員会総会が開催され異例の指導部選挙が行われ、グロースは書記長に留任したものの、政治局人事では保守派が落選し改革派によって占められた。四月二六日内閣が改造され、ホルンが外相に就任した（国会での承認は五月一〇日）。この後党内・政府内でナジの名誉回復をめぐって激論が起こった。ネーメト、ポジュガイ、ニエルシュ、ホルン、法相、内相が名誉回復を支持した（GH:286）。五月下旬、党内急進派は、ナジの名誉回復を訴える集会を強行し、集会で外相ホルンもナジ等は政治的見せしめ裁判の犠牲者であると訴えた。

国際的な関心が中国の天安門にひきつけられるなかで、五月二九日に開催された党中央委員会総会は、ナジの名誉回復を認め、再埋葬式のための声明を三一日に発表した（声明内容は、三浦:63-64）。一方、その前日の三〇日、党書記長のグロースはTVで、ナジは名誉回復されないであろう、と表明していたが（Prins:chronology）、それを覆した総会の決議はグロースの孤立を明らかにした。政府は、六月一日、ナジの名誉回復を宣言する法案を国会に上程すると表明し、同時に再埋葬式典で偶発事件が起こることを警戒して、内務・防衛に警備体制強化を指示した。六月五日ポジュガイとホルンは共同記者会見し、同式典に在外ハンガリー人も招待すると表明した。多くは五六年蜂起後の弾圧から逃れるために海外に逃亡した人々であった。九日ハンガリーの最高検察庁は、ナジ元首相ら当時の指導者に対する判決を無効と宣言し、国民議会幹部会に判決の全面取り消しを申請した。

ナジの名誉回復は、ナジ及び五六年蜂起の後弾圧され処罰された人々の名誉回復につきるものではなかった。その政治的意味は計り知れないほど大きかった。なぜなら、五六年蜂起がソ連軍の軍事介入で弾圧された後、再度支配するに至った社会主義労働者党は、五六年蜂起を反革命としてそれを全面的に否定し、その上で成立した支配体制であったからである。このことは逆にいえば、五六年蜂起が国民革命として正統性を得れば、その後の支配体制の正統性が否定されることを意味したのである。

六月一六日、ナジの再埋葬式が挙行された。ブダペストの英雄広場で挙行された再埋葬式は一一時間以上に及び、その模様はテレビで全国に生中継された。再埋葬式には、二〇万とも三〇万人ともいわれる市民が参加し、そこで演説した五六年蜂起の参加者は、自由ハンガリーが成立するには三つの障害があるとし、「第一は、ハンガリーの土地にソ連軍が駐留していること、第二は、共産党が権力にしがみついていること、第三は社会が分裂していることである」と主張した（Ash 1992: 325）。再埋葬式にはネーメト、ポジュガイらの姿はあったものの、党書記長グロースの姿はみえなかった。「ナジの名誉回復は、カーダールの処罰を意味する」と言われたように、彼はこの再埋葬式に出席できなかったのである。翌日、病気療養中のカーダールが妻とともに自殺をはかったという噂が、みだれ飛んだ。七月七日最高裁判所が、ナジを正式に名誉回復した日、カーダールは死去した。ドイツ・東欧問題の専門家アシュが指摘するように、「この再埋葬式は、明らかに、ヤノス・カーダールの名前と分かつことのできない、ポスト五六年時代の終わりを刻印していた」（Ash 1992: 327）。

六月二三―二四日、党中央委総会は、急進派のニエルシュ政治局員を新たに党首（委員長）に指名し、西独の社会民主党をモデルに指導体制も改め、ニエルシュ党首とグロース書記長、ネーメト首相、ポジュガイ国務相の四人で構成する幹部会を設けた。これにより実質的な指導権は、党書記長から党首と幹部会に移った。この改革は、それに慎重であったグロースの事実上の失脚を意味した。また政治局にかえて二一人からなる政治執行委員会を設置し、それに外相ホルンも就任した。そして次期総選挙の首相候補者としてポジュガイを指名した。ニエルシュ新委員長は、二六日付の西ドイツ紙『ヴェルト』との会見で「プロレタリア独裁」の放棄を宣言し、次期総選挙を完全自由選挙にすると述べた。社会主義労働者党の西欧型社会民主主義政党への転換であった。

七月一一日ブッシュ米大統領が、アメリカ大統領としてはじめて国家訪問を行った。

第三節 「緑の国境」の開放

八九年五月二日、ハンガリー・オーストリア国境の鉄条網・警戒装置の撤去が開始された。マスコミが押しかけ、その模様は世界に報道された。しかし当時はそれが後に与えた意味を誰も知るはずがなかった。

西側接近

ハンガリーは、当時、約二〇〇万人のハンガリー系少数民族が迫害されていたことからルーマニアと厳しい対立関係にあり、その一方で西側への接近を精力的に進めていた。特に八八年五月の党全国協議会以降、外交に対する党の監視がなくなり、外務省は独自の外交を展開していた。八八年九月にはECと一〇年間の協力協定を締結し、一一月には西ドイツのハンブルクで開催されたNATO大会に招待され、当時外務省事務次官であったホルンが演説していた(GH:274)。八九年二月一日には当時盧泰愚大統領のもとで「北方外交」を展開しようとしていた韓国と国交関係を樹立した。また同じ二―三月国連人権委員会で、東欧諸国としては初めて同委員会の権限を全面的に承認し、スウェーデンにより提起されたルーマニアの人権侵害違反の調査決議を支持した（GH：278-280）。また六月にはヨーロッパ評議会（Council of Europe）の正式加盟国申請を行った。

その一方、対外債務問題は深刻であった。八八年一二月時点で、ハンガリーの一人当たりの対外債務は東欧諸国で最大であり、保有するハードキャレンシーの四五％が対外債務支払に割り当てられていた（Zeit：1988/12/24；IHT：1989/3/24）。その実状は、二月、ソ連で多くの発行部数を持つ週刊紙『論拠と事実』に掲載された。「（『論拠と事実』紙は、）ソ連・東欧七カ国の対外債務残高は現在、合計一三〇〇億ドルに上ると報じた。内訳はソ連が四一〇億ドル、以下ポーランド三八七億ドル、東独一九一億ドル、ハンガリー一七〇億ドル、ブルガリア六九億ドル、チェコスロバキア五二億ドルの順。これは国連欧州経済委員会のデータに基づいているが、ソ連紙が政府の極秘事項である債務残高状況を公表するのは異例。同紙によれば、七カ国の対西側資産は三〇〇億ドル（ソ連は一四二億ドル）で、これを差し引いた七カ国の純債務は一〇〇〇億ドルという。債務の年間輸出に対する比率はポーランドが最も高く四・三五年分、ソ連は七カ国では最も少ない五カ月分となっている」（『朝日新聞』一九八九年二月二四日）。

このなかで無視できないのが、ハンガリーと西ドイツとの緊密な関係であった。ハンガリーの最大の貿易相手国はいうまでもなくソ連であるが、西側では西ドイツが突出しており、それに次ぐのがオーストリアであった。ハンガリーが西ドイツに接近するにつれて、その理由の一つが西ドイツからの融資と借款であると度々報道された。しかしその実態はいまだ明らかではない。確かなことは、ハンガリー政府も西ドイツ政府もこのような報道に極めて敏感であり、報道がなされるたびに否定したことである。

国境の開放

逃亡

首相のネーメトは、二月上旬オーストリア国境を訪問し、その警備状況にショックをうけた。幅一〇キロにも及ぶ国境警備地域と高圧電線で覆われた鉄条網、そして監視塔。ヨーロッパ東西国境の現実であった。この状況をみてネーメトは、これは彼の考える改革の思想に反するものであり、ハンガリーを監獄にしているもう一つのベルリンの壁ではないかと感じた。そして二月中旬の閣議で国境警備網を解除することを決定し、二月一三日のオーストリア首相のフラニツキとの会談でその旨を伝えた。その後の記者会見で、ハンガリーは一九九一年までに国境警備網を撤去すると表明した。では何故、このような措置を決定したのであろうか。ネーメトの判断以外に、八八年にすでにハンガリー国民の海外旅行の自由を全面的に認めていたこと、国境を開放しても海外に逃亡する国民は国民の〇・二%から〇・三%ぐらいと予想されたことがあった。しかしこれは大きく報道されることはなかった。

五月二日ハンガリー・オーストリア国境の四地域で鉄条網と高圧電線が裁断され、テレビを通じて全世界に報道された。この措置が東独から大量の亡命希望者を招くことになるとは、ハンガリー首脳は予想していなかった。しかし国境開放が報道された後、東ドイツからの旅行者が国境から逃亡を企てる事件が多発するようになった。

ハンガリーと東ドイツとの間には、六九年六月二〇日の査証協定の秘密付属議定書があった。それによれば、一方の国の市民で相手国から第三国に出国する場合、それに必要な有効な書類を所持しない者は、相手国から第三国に出国できないことが定められていた。同時に両国の治安当局の秘密交換書で、該当者を「犯罪者」の移送に関する取り決めを準用して本国に移送すること、移送された該当者は、東独刑法二一三条(不法な出入国)で懲役刑に処せられることになっていた。当初ハンガリー政府は、この取極めに従い、逃亡者を逮捕し東ドイツに移送した。この措置に対して、西ドイツ政府は借款供与を梃子に移送を中止するようハンガリー政府に圧力をかけたという報道も流れた。逃亡者の流れは止むことはなく、西ドイツの偽造パスポート、亡命幇助などの手段で非合法にオーストリア脱出に成功する者もあれば、逮捕され即時退去の通告をうける者もいた。七月になると、東ドイツからの入国者は急増し、その数は一五万から二八万といわれた。八月に入ると東ドイツでウアラオプ(長期休暇)が始まり、ハンガリーへの入国者はさらに増大し、亡命を希望する者はブダペストの西ドイツ大使館、ハンガリー各地の西ドイツ領事館に亡命申請のために押し掛けた。申請待ちのため路上で寝る者、東ドイツの大衆車タブリのなかで寝泊まりする者、その惨状がテレビで大々的に報道され始めた。

この状況をみて、ネーメトはショックをうけたという。これほどまでに苦労して自国から脱出しようとする国の社会主義体制とは一体何なのか、という想いであった(Grosser 1991:146)。ここにきてハンガリー政府は対応を迫られたといってよい。

一方この時期になると、東独政府は、協定を遵守して亡命希望者を逮捕・移送するように強硬にハンガリー政府に要求し始めた。ハンガリー政府内にも動揺が広がった。東独政府の要求を無視すれば、同様の問題を抱えるルーマニア、ブルガリア政府も東ドイツに味方し、その結果モスクワがどう反応するか分からないという不安が高まったのである。

東独政府は、当初事態を軽視していた。国境が開放された直後の五月六日、国防大臣のケスラーは、ホーネッカーに報告し、ハンガリー政府の措置はコスメティックなものであり、ハンガリー政府は東ドイツの逃亡者に対して以前と同様の措置をとるであろうと述べていた。しかし六月中旬ハンガリーでジュネーブ難民協定が発効すると、東独政府は事態を深刻に考えるようになった。これによって、先の取極めが失効する可能性がでてきたのである。そうなると大量の亡命者がでることが予想された。八八年には東独市民八〇万人がハンガリーを旅行しており、さらにブルガリア・ルーマニアに向かうためハンガリーを経由する者が数十万人存在していた。八九年にはこの数字がさらに増加することが予想されたからである。このため難民協定が発効した当日、東独治安当局はブダペストに係員を派遣し、難民協定は、東ドイツではそれに該当する原因がないため適用できないという基本的立場を伝え、ハンガリー側もそれに同意した。しかし東独側の懸念はおさまらなかった(Hertle 1996a:61-64)。この懸念は的中することになる。

脱　出

八月一〇日ネーメトは主要閣僚二一三名と秘密の会議をもち、対策を協議した。保守派といわれた内相も東独市民の移送には反対し、西ドイツと秘密接触し、東独市民を西ドイツに逃亡させる方針でほぼ合意した。内相は東側諸国の反応を懸念したが、ネーメトはそれ以外の方法はなく、それをハンガリー国民も望んでいると押し切った。そして直ちにコールと直接交渉をしたい旨を西ドイツに伝達することを決定した（Grosser 1991：146-147）。ハンガリー政府がこのような決定を下した理由として、移送すれば、共産主義体制の改革によって得た国際的名声が失われ、特に経済支援が頓挫する危険があった。さらに国内では総選挙が予定されており、そこで与党が敗北する危険があった（Hertle 1996 a：68）。

この当時、西ドイツ外相のゲンシャーは発作が起きた心臓病の療養のためベルヒテスガーデンの別荘に逗留中であった。連絡をうけ直ちにハンガリー外相ホルンに電話で接触し、外務政務次官のズンドホフをブダペストに極秘に派遣することを決定した。

その数日後の夕刻、ハンガリー外務省の事務次官がホルンの部屋に血相を変えて飛び込み、「西ドイツ大使が西ドイツ軍用機の着陸の許可を求めており、それに政務次官が搭乗している」と伝えた。ホルンは、「了解した、明朝一〇時に会う」と落ち着いて応えた。

翌朝一〇時、ズンドホフ・ホルン会談がもたれた。ズンドホフはまず、ハンガリー政府の東独市民を移送しない措置に感謝する旨のゲンシャーの謝辞を伝え、西ドイツが東独市民を受け入れることを基本法で定めていることを説明して、東独市民を空路と陸路で西ドイツに出国させるよう要請した。しかしホルンは、そのような措置をとれば、ハンガリー政府は東独国家の存在そのものを否定することになり、東ドイツは外交関係を断絶するであろうし、東側国家の全てが東独側に味方するであろうと反論した。そこで国際赤十字に緊急出国旅券を申請し、西ドイツ大使館に居留中の東独国民を飛行機で脱出させることを提案した（GH:311-313）。二〇日ズンドホフが再度極秘にブダペストを訪問し、先の計画の詳細をつめた。この会談で、ホルンは、ネーメトとともにコール首相、ゲンシャー外相と極秘で会談することを要望した。

脱出計画は八月二二日から二三日の夜半にかけて決行された。国際赤十字が派遣したDC9が東独市民を西ドイツに出国させた。その一方、ハンガリーに亡命中の東独市民に対する支援活動も一六日から開始されていた。ハンガリーの「マルテス＝カリタス協会」が西ドイツのある財閥婦人の支援をえて、ブダペストに滞在中の東独市民のために支援活動（テントの敷設や食糧など）を開始したのである。しかしこの支援活動に隠れて西ドイツ外務省の職員が東独市民に西ドイツの旅券を極秘に配布し始めた。このこともあって、ハンガリー政府と西ドイツ政府は、東独の国家秘密警察シュタージのスパイが東ドイツからの亡命希望者に紛れ込み、挑発行為にでることを警戒し始めた。同じ頃、国際的に注目された事件も起きた。八月一九日国境のソプロンで、「パン・ヨーロッパ集会」が開催され、それに出席していた東独市民約一〇〇〇名が集会後オーストリアにほとんど妨害がないまま出国したという事件であった。これは、急進派のポジュガイの民主フォーラムが画策した集会であり、国境開放は、集会の開催者であったポジュガイが内務大臣、治安機関と秘密裡に交渉してなされたものであった（Hertle 1996a:67）。

その後国境では、東独市民がオーストリアに無事出国するという事態が散発的に起きた。だが二二日、二四〇名が逃亡を企図して失敗、翌日再度試みたとき、ハンガリー政府が「労働者民兵」を動員して弾圧したため、数名の亡命者が負傷した。この措置にハンガリー国内の改革派は強く抗議し、難民扱いするよう政府に要求した(Ibid.)。

先にハンガリー側から提案された西ドイツ政府との極秘会談の場所は、ボン近郊のギムニッヒと決定した。ボン近郊であること、ボン・ケルン空港から目立つことなくその場所にアクセスできることを考慮して選ばれた。ギムニッヒには小さなお城があり、この当時ときたま迎賓館としても利用されていた。二五日ネーメトとホルンは特別機でボンに飛び立った。ボン・ケルン空港の軍用地に着陸し、そこからギムニッヒ城にヘリコプターで向かった。会談では以下のことが話し合われた(AdBK: Nr. 28, Nr. 29; GH:319-320; KO:71-74)。

第一点は、七月七―八日ブカレストで開催されたワルシャワ条約機構首脳会議の内容の説明であった。この会議の最終コミュニケは、ブレジネフ・ドクトリン(社会主義の達成した成果を危機にさらす場合には介入する権利を認めるというもの)を否定し、「普遍的な社会主義モデル」はないことを明確にしていた。ハンガリー側は、会議の様子を説明して、この提案を積極的に支持する国はなかったが、ゴルバチョフが押しきって決議させたことを明らかにした。同時に、ワルシャワ条約機構各国はその体制がどのようなものであっても、同機構に止まるという決定もなされたことが明らかにされた。これを聞いてゲンシャーは、後に説明するように、六月中旬のゴルバチョフ訪問の際に合意したソ連・西ドイツ共同声明の基本路線をゴルバチョフは維持したと判断した。

第二が本題であった。当然のことながら、ハンガリーに滞在中の東独市民の取扱いである。ハンガリー側は東独市民の東ドイツへの移送を行わない決意を再び強調し、加えて次のような驚くべき案を伝えてきた。それは、ある日の深夜から早朝にかけてハンガリー・オーストリア国境を開放し、東独市民を全員脱出させるというものであった。そしてこの件で交渉できる特命全権委任者を指名することを西ドイツ側に要請した(GH:319-320)。これ以降起きる八九年秋の東欧革命を知っている現在からみれば、さほど大きな決定とは感じられないかもしれないが、当時八九年八月という時点では、これを実行すれば最低でもハンガリーは東欧諸国から孤立すること、最悪の場合にはソ連の軍事介入をまねきかねないことを念頭におけば、これはまさに大胆不敵な提案であった。この申し入れにコールは涙を流して、「ネーメトさん。ドイツ国民はこのことを決して忘れることはないでしょう」と応えたという(Grosser 1991:156)。

またこの会談で、ネーメトはハンガリーの改革に対する支援をコールに要請した。特に対外債務の支払いに年一〇―一二億ドルほどの外貨不足に悩んでいることを訴え、さらに西ドイツの四行から五行の民間銀行への四億ドルから五億ドルの負債を償還するために、西ドイツの企業がハンガリーの企業を買い取り、それを銀行への償還資金に充当したい旨の提案をも行った。これに対しコールは、ドイツ銀行頭取のヘルハオゼンに問題を検討するためハンガリー訪問を要請し、また問題を銀行協会の会長で、ドレスデン銀行頭取のレラーと話し合うことを確約した。ゲンシャーも買い取ってもらいたい企業のリストを後日提出するよう伝え、さらに西ドイツ政府、EC、アメリカ政府に期待することを記載した書類を提出することも勧め、この書類は極秘に西ドイツ駐在大使からゲンシャーに直接手渡すという段取りも決められた。事実九月五日この書類はゲンシャーの私邸で手渡された(GE:640)。

秘密会談であったが、会談がもたれた事実は、西ドイツの新聞に察知された。そのため、翌二六日コミュニケが発表された。東独亡命者問題で会談が開催されたこと、ハンガリー政府は同問題は両独政府の案件であることを確認し、しかし人道上の観点から問題解決のために協力し、いかなる支援も惜しまないとする内容であった。

だが東独政府は、会談の内容は知らないままであった。そのため後日、東独政府指導部の一人は、もし事前に察知していたならば、ハンガリーが西ドイツとこのような約束をすることを全面的に阻止したであろうと、述懐している。

帰国後、ハンガリー外務省は、東独市民を合法的に出国させる具体的措置の検討に入った(GH: 321-328)。東ドイツとの間で締結されていた査証協定(秘密協定を含む)の失効を通告しても、三カ月後にしか効果がないため、このやり方は役に立たなかった。そこで考え出されたのが、特殊な事態に鑑み履行を停止するという措置であった。この案は閣議に諮られ、ネーメトは長い沈黙のあと、「そう、そうせざるをえない。他の方途はない」と賛成した。また内相も賛成したが、外相ホルンに「グイヤ、そうすれば東西ドイツの間で我々が西ドイツを選択することになることを分かっているのか」と尋ねてきた。ホルンは、「そうではない、我々はドイツ人の権利を支持するのであって、ヨーロッパを選択しているのだ。その国の市民がそこで生活しようとしない体制は、一文の価値もない。人権という案件において一般的な国際規定の方が、ワルシャワ条約機構諸国の二国間協定よりも重要なのだ」と答えた。

今度はネーメトが、この措置によって東欧でハンガリーは孤立してしまうのではないかと質問してきた。ホルンは、「私の考えでは、重要なのはソ連とチェコスロバキアの反応だ。ルーマニアとの関係はこれ以上悪くなりようがない。東ドイツの報復措置については対抗措置を考えている。東ドイツは東欧の隣国との関係、指導力の弱体化のなかでいま没落しつつある。ソ連は(物資などの――業者)引き渡し義務を履行していない」と述べた。決行期日を九月一〇日から一一日の夜半とすること、すべて極秘に遂行することで閣議は一致した。

その後ホルンはゲンシャーに電話し、特使を早急に派遣するよう要請した。同日夜半特使がブダペストに到着し、翌日早朝、先の決定を通告した。特使は、「すばらしい。夢のなかですらそのようなことは思い浮かばなかった」と謝辞を述べた。またホルンは、大使館経由の暗号電報ではなく、自筆の文書を使者を介して直接ゲンシャーに報告するよう要請した。暗号電が解読され、東ドイツに察知されることを極度に警戒したのである。

八月二九日東独大使が電話で、ベルリンで極秘会談をもちたいと要請してきた。ホルンはネーメトに連絡し、「会談に応じる意思は完全にないが、それを断ることもできない。少なくとも個人的にハンガリー政府の意思を通告するつもりである」と伝えた、ネーメトも「訪問に意味はないが、行かなくてはならないであろう」と応えた。内相に同行を求めると、東ドイツの彼のカウンターパートは極めて高齢で対応能力はないとして、代理を同行させることになった。

三一日ホルンらはベルリンを訪問した。まず外相フィッシャーと会談し、フィッシャーは帰国した場合にも罪には問わないなどの措置を提案した。しかし新味はなかった。そこでホルンは、ハンガリー政府の決定の概要を説明し、九月三―四日に決行すると伝えた。フィッシャーは驚愕した。「これは報復、いや裏切りである」と叫んだ。しかしホルンは、「これは提案ではなく、通告である」と押し切った。その後東独ナンバー2の政治局員ミッタークと会談した。彼は、「亡命者の案件でハンガリーとの関係を悪化させようとは思わない。使者をハンガリーに派遣し亡命希望者を説得したいので、時間がほしい」と要請した。ホルンは、「東ドイツの責任で使者が亡命者の滞在施設を訪問するなら了解する」として、決定の実行を一週間ほど延期すると返答した。

ハンガリー側の通告を、フィッシャーもミッタークも信用しなかった、というより信用しようとしなかった。ミッタークは政治局にハンガリーの通告を報告しなかった。そのため、クレンツもシャボウスキーも何も知らなかった。ただ病床のホーネッカーだけが知らされた。なぜだろうか。誰かにしゃべれば、ハンガリーが国境を全面開放するという情報が国民に知られてしまうであろう。そうなると数十万人の東独市民が直ちにハンガリーに出国するであろうことを恐れたと思われる。確かなのは、この時点で一七万三〇〇〇人が正規の出国手続きを済ませており、いつでも国外にでることができる状態にあったことである(Hertle 1996b:158-161)。

一方、西ドイツとの関係もプレス対策で緊張する場面が続いた。西ドイツからハンガリーが国境を開放する旨の報道が再三にわたり流されたからである。このためハンガリー大使がゲンシャーに秘密厳守を改めて要請し、ゲンシャーは各政党にもその旨を伝えた。さらにハンガリーが西ドイツからの資金援助を国境開放問題の梃子に使っているという報道も流れ、それがハンガリー側を激怒させた。ハンガリーは西ドイツ政府筋から流れたものと抗議し、外務省はそれを否定したものの、ゲンシャーは回顧録のなかで、ハンガリー側の抗議は正しかったと認めている(GE:641)。

東ドイツとの会談の後、東ドイツからの使者が説得のためハンガリーで工作を開始したが、東独市民から追い出されてしまった。そして八日東ドイツから、決定を撤回するよう抗議文が送られてきたが、ハンガリー政府は丁重に否の旨を伝えた。また同日ハンガリー政府はソ連大使に決定を伝達した。ソ連への報告がぎりぎりの最終段階でなされたことになる。

なぜだろうか(Hertle 1996b:160-161)。一つは、ソ連側がすでにハンガリー政府の意図を知っていると判断していたこと。二つめは、ゴルバチョフがハンガリーの決定を支持すると予想したことであった。ネーメトによれば、ゴルバチョフにそれを事前に伝えて、ゴルバチョフがソ連・東欧の保守派の圧力にさらされることを避けたいと考えていたという。そのような確信を、ネーメトは先の三月のゴルバチョフとの会談のとき、鉄のカーテン批判を展開したが、ゴルバチョフは反論せず黙って聞いていたことから抱いたという。しかし、東欧各国の保守派の巻き返しが懸念された。東ドイツ・チェコスロバキア・ルーマニアのラインである。ハンガリーにとって幸運であったことは、すでに敵対していたルーマニアがハンガリー批判を突出させ、それに同調する国がチェコスロバキアだけであることが明らかになっていたことであった。そしてこの巻き返しによってソ連が制裁に同意しても、ゴルバチョフは軍事介入はしないとすでに公言しており、経済制裁だけが考えられたが、経済制裁が効果をもつには時間を必要とし、そこまで東ドイツ自体がもたないと思われたことであった。しかしどうであれ、これはハンガリー政府にとって大きな賭であったことには変わりはない。

それに対してソ連は、八月二一日の東ドイツの支援要請に、九月一日シェワルナゼの署名で回答し、逃亡者問題はソ連・東独関係の問題ではないと、この問題への介入に否定的であった。ただし、亡命者が減少しないことは西ドイツの立場を強化することになり、肝心なことは亡命者を減らすことであると付言していた。九月六日東独駐在ソ連大使の情勢分析は、東ドイツは史上最も緊迫した事態にあると伝えた。二週間後、彼は党中央委員会総会出席のためモスクワに戻り、ゴルバチョフから、「東ドイツは最も重要な国であり、その不安定化はいかなる状況でも許すことはできない、東ドイツを支える、しかし西ドイツ・ヨーロッパの利益を犠牲にしない範囲内でそれを行う」と訓令をうけていた(Hertle 1996a: 70-71)。

決行の日である九月一〇日がきた。ハンガリー駐在西ドイツ大使は、午後四時に本日決行すると正式に伝達され、極秘扱いを要請された。午後七時ハンガリー国営テレビは、臨時放送に切り替え、まず東ドイツでの治安警察シュタージによる抑圧とハンガリーへの亡命者の様子を映した短いフィルムを流し、その後七時八分、外相ホルンが声明を読み上げた。それは、「東ドイツ国民は、以後直ちにその旅券のみでハンガリーから出国できる」というものであった。ブダペスト市内に設けられた難民キャンプでは、テレビの前に東独市民が集まり、声明の翻訳を聞いて、笑う者、泣き出すもの、踊りだすものなど、異常な興奮が支配した。夜半、ハンガリー・オーストリアの六つの国境検問所の制止棒が上がり、東独国民は、トラバント、ヴェインブルクという東独車で、また赤十字が手配したバスでオーストリアへ脱出した。その数約六〇〇〇人といわれ、その後数週間で約五万人が脱出し、バイエルンに設けられた難民キャンプに収容された。

最初のドラマであった。

第二章　ベルリンの壁の開放

第一節　亡命問題

チェコスロバキアへの脱出の波

ハンガリーの「緑の国境」の開放は東ドイツばかりでなく東欧各国の政府にも衝撃を与えた。まず、東独政府を動揺させ、怒りの渦に巻き込んだ。東独政府は、同盟国ハンガリーの裏切り、ソ連の冷たい姿勢に怒り心頭に発した。開放直後の九月一二日の政治局会議で、ミッタークは憂慮すべきはハンガリーで開いた穴をいかに埋めるかであり、さもなければ出国申請の嵐がくるであろうと述べた。そのため南部の旅券事務所の閉鎖と、公安当局による不法出国希望者の取り締まり強化を提案した。しかしその後もハンガリー経由での亡命者の波はやまず、プラハ・ワルシャワの西独大使館の籠城者も増え続けた。

ついで東欧各国の保守派の連携も萎えさせた。ハンガリーが改革派でまとまり、ポーランドが六月下旬に総選挙を実施し、「連帯」が勝利するなかで、八月、戦後初めて共産党員以外の人物が首相となるマゾベツキ政権を誕生させた。またソ連のゴルバチョフが東欧での改革に干渉しないという姿勢を示したため、ルーマニアは主導権を握れず、チェコスロバキアも相当に動揺し始めた。それを示すのが八月下旬から始まるプラハの西ドイツ大使館に押し掛けた亡命者の扱いであった。脱出の波はハンガリーにのみ向かったのではなかった。一部はプラハに向かい、西ドイツ大使館に籠城したのである。

その数は九月下旬で約四〇〇〇〇人といわれる。八月、東独の亡命問題専門家で弁護士のフォーゲルやクレンツが説得のためプラハを訪れたが成果はなかった。そして九月一〇―一一日ハンガリー・オーストリア国境が開放されたのち、プラハ経由で脱出をはかる波は急増し始めた。この事態に対応すべく、西ドイツ政府は大使館の増援体制をとり、チェコスロバキア政府はこの措置を黙認したのである。

ニューヨークでの交渉

七月二〇日心不全で倒れ、その後療養中であったゲンシャーは、九月二三日定例となった国連演説のためニューヨークに飛び立った(GE:13-24)。特別機には万が一に備えて、手術用具一式が積み込まれ、医師が同乗した。二七日午前、国連総会で演説した。そのなかでゲンシャーは、東ドイツとポーランドの国境問題(これは、ドイツ東部国境問題もしくはポーランド西部国境問題といわれた)に言及した。この問題は、四五年八月のポツダム協定では、平和条約の締結をもって最終的に処理すると規定されていた。東ドイツは、そこで決められた暫定国境を五二年の条約で最終国境として承認したが、西ドイツは現在の国境を尊重するとしたものの、最終的画定には同意していなかった。また西ドイツ政府与党内もこの問題で意見が分かれており、コールの属するCDUは慎重な姿勢を、ゲンシャーの属するFDPは承認積極論の姿勢を示していた。対外的にも国内的にも厄介な問題をあえてこの時点で取り上げた理由を、ゲンシャーは、ドイツ統一問題が浮上することが予想されるなかで、この問題に沈黙することは、東ドイツが存在することによって東部国境が保障されているという見解を黙認することになるためであったと説明している。彼の演説のポイントは、「ポーランド国民は、ヒトラー・ドイツによって起こされた戦争の犠牲者である。安全な国境のなかで暮らすという権利が、我々ドイツ人による領土要求によって現在もまた将来も問題とされることはない。我々は、未来のより良きヨーロッパのためにポーランドとともに活動する。領土の不可侵がヨーロッパでの平和的共存のための基礎である」というところにあり、現有国境を承認することを明らかにしたものであった。これは、東部国境問題に対するゲンシャーの一貫した立場であり、その後紛糾をみせる同問題に対する布石であった。

国連での演説を終えた二七日の午後、ゲンシャー・シェワルナゼ会談がソ連の国連代表部大使公邸でもたれた。テーマはゲンシャー演説に先だってシェワルナゼがその演説で述べた、西ドイツの報復主義への警告に関してであった。シェワルナゼは、自分の演説は、九月一一日のブレーメンで開催されたCDU党大会で、コールが旧ドイツ国境で再統一をなすと述べたことに言及したものであると述べた。ゲンシャーはこれに反論し、コールの立場は自分と同じであると強調し、八九年六月の西ドイツ・ソ連共同声明の立場で不変であることを理解させた。そして東ドイツの改革が不可避であること(そのことは、八八年九月のニューヨークでの会談でもゲンシャーはシェワルナゼに伝えており、そのときシェワルナゼは同意しなかった)、東独市民の不満は物質的なものではないことを伝えた。さらにプラハとワルシャワの西ドイツ大使館での東独市民の籠城問題解決のための支援を要請した。シェワルナゼは、ゴルバチョフにその旨を伝えることを確約した。

因みにシェワルナゼはニューヨークでハンガリー外相ホルンともすでに会談しており、そのとき、シェワルナゼは何人ぐらいの東独市民が西ドイツに移住すると思うかと尋ねていた。ホルンは、だれも確かな数は分からないが、少なくとも二〇〇万人には達すると思うと答えていた。これを聞き、シェワルナゼは、「行こうと思っている者を引き留めることはできない。暴力で引き戻すことは許されることではない」と述べていた（GH：327）。

シェワルナゼとの会談後の二七日晩、ゲンシャーは西ドイツの国連代表部で東独外相フィッシャーと会談した。これは毎年の慣行となっていた。今回は二人だけの会談となった。問題は当然、亡命問題であった。ゲンシャーは、解決策として二つの案を提示した。第一案は、プラハの西ドイツ大使館に籠城している東独市民に出国に必要な海外渡航許可をチェコスロバキア駐在東独領事から発行させ、その者をプラハからブンデスバーン（西ドイツ国鉄）で直接西ドイツに連れてくる案である。第二案は、特別列車を仕立て、東独経由で西ドイツに連れてくる案である。フィッシャーも解決の必要性を理解しており、ゲンシャーの案をホーネッカーに直接伝えると約束した。しかしゲンシャーはフィッシャーがベルリンに戻る週末まで待てないとして、直ちに連絡をとるよう要請した。

翌二八日朝九時、ゲンシャーは電話でフィッシャーにプラハの西ドイツ大使館の状況を説明し、これを受けてフィッシャーも直ちにベルリンに伝えると約束した。またヨハネス・チェコスロバキア外相にも協力を要請した。ヨハネスは、ボンとベルリンの問題であり、チェコスロバキアは関係ないという立場を明らかにした。しかし、ゲンシャーは、チェコスロバキア政府がプラハでの事態の処理に協力的であるため、それ以上強く言わなかった。

その日の午後五時、ゲンシャーはシェワルナゼに緊急会談を申し入れた。公用車がなかったためニューヨーク市警察のパトロールカーを手配し、それでソ連の代表部に行った。直ちにシェワルナゼと会談し、事態の深刻さを説明し、出国を直ちに許可することと、大使館外にいる市民を直ちに収容する許可が必要と説明した。シェワルナゼは「子供はいるのか、何人」と問い、ゲンシャーが「多数」と応えると、「彼らを助けよう」と述べ、直ちにゴルバチョフに伝え、ベルリン、プラハにも伝えると約束した。その後西ドイツ国連代表部のレセプションでゲンシャーはチェコスロバキア外相と会談し、人道的な立場から協力してもらいたいと再び要請した。

翌二九日ホテルを出て、空港に向かう直前、東独代表部から電話が入り、三〇日朝ボンの東独代表部代表が新しい訓令をもって外務省を訪問すると連絡してきた。ゲンシャーは外務省ではなく所轄の首相府に出向くよう指示し、その旨を電話でコールとザイタース首相府長官に連絡した。

この間ゲンシャーはハンガリー外相ホルンとも会談し、ホルンから裁断された国境の鉄条網を贈られた。これにゲンシャーは涙を流して喜び、人生の最良のときの想い出であると感謝した。そしてホルンが帰国するにあたり飛行機の席の予約がとれないというと、ゲンシャーは自分の国防軍の特別機に同乗するよう伝え、ホルンと一緒にニューヨークを飛び立った。三〇日早朝ボン・ケルン空港に到着した。

プラハからの脱出

ゲンシャーはその足で首相府に直行し、ノイバウアー東独代表部代表との会談にザイタースとともに臨んだ。東ドイツは第二案をとると伝えてきた。ゲンシャーは釘をさした。「プラハでは事態(この時点で大使館内に約三五〇〇名——筆者)は緊迫している。東ドイツを通過することになれば、東独市民はプラハを離れないであろう。そのため自分が直接プラハに飛び説得し、さらに特別列車に自分とザイタース、政府高官が保証人として同乗するが、それでよいか」というものであった。東独代表部代表は、ベルリンと連絡をとり、了解と返答した。

午後ゲンシャーは、ザイタース及び外務省・首相府・両独担当省の高官とともにプラハへ飛び立った。飛び立つ直前東独代表部から電話が入り、ゲンシャーとザイタースの同乗は認められないと伝えてきた。この件が解決されないまま搭乗機はプラハへ向かった。その直後、外務政務次官のズンドホフを乗せた特別機がワルシャワに飛び立った。規模は小さいとはいえ、ワルシャワの西ドイツ大使館も同様な状況にあった。

機内でゲンシャーは、プラハの大使館で東独市民に何を語るかを考えた。極めて歴史的な事態のなかにあるという想いであった。東ドイツはいま終焉の淵にある。いま起きていることは、東ドイツでの内からと下からの崩壊である。壁の崩壊も射程に入ってきたと。プラハの空港から西ドイツ大使館に直行し、大使の先導で館の最上階に上がり、そこで東独代表部代表に電話した。しかし答えは、ベルリンから何もないというものであった。

ゲンシャーは、最上階のバルコニーから館内にいた市民に呼びかけた。「伝えるために我々はここにきました。本日西ドイツへ出発できることになりました。最初の列車は今日出発します。病人、子供のいる母親を優先させて下さい。経路を説明します。列車はチェコスロバキア国境を越え東ドイツに入ります」。ここで不安の声があがる。「聞いて下さい。列車は停車しません。あなた方は列車から離れることはできません」。そして動揺を静めるため、自分も東ドイツからの亡命者であり、あなた方が何を感じているのか何が不安なのかはよく分かっていると懸命に説得した。そして列車に西ドイツの政府高官が同乗することを説明して納得させた。

その後東独市民は、大使館の外にすでに待機していたバスでプラハ郊外の駅に向かった。東独国有鉄道の特別列車が六列車用意され、一番目の列車は、三一日午前一時プラハを出発した。この特別列車で約六〇〇〇名がチェコスロバキアから脱出した。またその直後ワルシャワからも亡命者を乗せた特別列車が東独経由で西ドイツに向かった。

なぜ東独経由だったのか。それは列車のなかで出国証明を許可し、正式の出国者として処理するためであった。しかしゲンシャーによれば、東ドイツはそれで致命的な間違いを起こしたという。特別列車が東ドイツを通過することによって東独市民が受ける心理的効果を過小評価していたのである。

列車に同乗した西ドイツ外務省官房審議官のエルベによれば、早朝東独領土内に入ると、ラジオが、東独政府は「人道上の理由」から大使館への亡命者に出国証明を与えると三〇分ほど繰り返し放送した。このニュースを聞いて、線路に東独市民が集まり、白いハンカチを手にして列車に向かって手を振った。白いハンカチは、誰かが出国許可を獲得したときのシンボルであることをそのとき知ったという。また途中の駅で数百人の治安警察職員が列車に乗り込み、三人一組になって身分証明書を取り上げていった。最初の人間が証明書をとりあげ、二番目の人間がそれを調べ、三番目の人間が黒い鞄にそれをしまうという具合であった。それに代わる証明書などは一切発行しなかった。そして列車が駅を離れるとき、駅員は帽子を脱ぎ亡命者に挨拶を送り、また駅の労働者もヘルメットを脱いで同じように挨拶を送った。数百人の国鉄警察と治安警察がいるなかでのことであった（Kiessler : 28-44）。

非合法に亡命しようとした者が、何ら処罰もなく東ドイツに戻り、そこで正式の出国証明書をもって出国する。この処理方法は、市民が行動を起こせば東独政府も折れるということを実証し、東独権力のもつ権威を著しく低下させてしまった。

またこの問題でソ連が、ホーネッカーに圧力をかけていたのは確かであった。ホーネッカーは一〇月に予定されている東独建国四〇周年記念式典にゴルバチョフが出席することを望んでおり、そのためにもソ連の意向を聞かざるをえなかった。

第二節　八九年東独——脱出の原因

移住と旅行の現実

問題は、なぜ八九年になって東独からの逃亡が増大したのかである(Jarausch:29-43)。

まずその歴史的な背景を簡単に説明しておく必要があろう。東ドイツ建国以来、西ドイツへの移住が続いていた。一九五〇―六一年までに三四五万四〇〇〇人に上っていた。このような移住を防止するために作られたのが、六一年八月のベルリンの壁であった。このため移住は六二年には二万人までに低下し、七〇年までで総計約二三万人であった。そして七〇年代は、東ドイツで移住の規制が強化され、経済が好況であったこともあって、移住は約一三万人でしかなかった。八〇年代に入ると、東独市民が個人の権利を自覚し、人権意識も広まるなかで、移住の希望が増大した。そのため八〇年代には、移住許可者が約一五万人となり、第三国経由での移住は三万六〇〇〇人となった。そのため逃亡は、二万六〇〇〇人にまで激減した。加えて年間一〇〇〇人に対して一人一〇万マルクで買う「自由のための交換取引き(Freikauf)」で移住した者が約一万四〇〇〇人いた。八八年までの総計は約二〇万三〇〇〇人であった。

さらに海外旅行の自由が問題となった。八八年一一月の旅行規則によれば、年金生活者は、招待者が費用を負担すれば三〇日間まで西側を訪問でき、青年及び労働年齢者は、親族の慶弔のときのみ西側への旅行が許可された。この規則に関しては、厳しい制限が加えられたという批判がある一方、明確な規定を定めたことにより恣意的な措置に制限が加えられたことを評価する意見もあった。ただし、親族が西側にいるか否かによって旅行ができるかどうかが決まることになるため、この差別への国民の不満は強かった。しかし西側への私的旅行は厳しい制限をうけたものの、ポーランドを除く東欧諸国への旅行は理由を説明する必要もなく基本的に自由であった。八八年には約二八〇万人が西ドイツを訪問し、約三九五万人が西ベルリンを訪問し、そのなかの約半分は年金生活者以外であった。また数次旅行許可を求める申請者も増大していった。

さらにソ連でペレストロイカが始まり、ハンガリーとポーランドでも改革が進展をみせると、東独指導部の頑迷さが際立ってきた。しかも経済も悪化していった。このなかで八九年に入り、正式の旅行・移住希望者が増大していった。それが様々な理由で許可されないことが明らかになると、非合法の手段である「逃亡」が増大することになった。八九年一月私的旅行申請者のうちの五分の三の約九万五〇〇〇人が許可され、五月にはその五分の四の約一五万六〇〇〇人が許可された。また移住申請に関しては、八八年の一年間で許可は約二万九〇〇〇件であったが、八九年前半だけで申請は約一三万三〇〇〇件に達し、そのなかで約三万九〇〇〇件のみが許可された。ホーネッカーは西側への旅行の可能性を広げることによって事態を沈静化しようとしたが、そのことを国民に知らせることはなかった。この時期の治安警察の報告によれば、東ドイツからすでに非合法に脱出した者は一二五％増となっており、申請不許可者の不満も高まっていた。

しかし夏になると逃亡の波は急速に膨らんでいった。西側のテレビによる報道、ハンガリーの国境の開放は、いままで旅行を危険すぎると考えていた国民も刺激し、「ここでは何も変わらない」という絶望感から逃亡の決意を固めさせた。それを偽装させたのが「ハンガリーでの休暇」であった。八九年夏二〇万人以上の東独市民がハンガリーなどでウアラオプ（長期休暇）をとっており、この千載一遇の機会を逃すことはない、という心理が市民の間に広まっていった。そして東独政府が公式に見解を表明しなかったことも、逃亡の流れを加速させた。

東独政府がどのような対応をとれたのか。確実なことは、指導部は逃亡の原因を東ドイツの敵による隠れた攻撃と認識したことであった（真実を見たくないがゆえに、そのように認識しようとしたのか。それともそのような陰謀史観に毒されていたのかは分からない）。恐らく出来うることは、東独でも改革を始めることであった。しかし、対応らしい対応ができないまま事態が悪化していった。

逃亡への対応

九月一〇―一一日にハンガリーの国境が開放されると、九月末東独政府はハンガリーへの旅行を禁止した。それを見越したように東独市民はプラハ、ワルシャワへ脱出した。ここで起きたのが、先に説明したプラハでの脱出劇であった。一〇月三日東ドイツは、チェコスロバキアとのビザなし旅行を禁止した。翌四日、ドレスデン中央駅で、亡命希望者と警察との衝突が起きた。

四日、ドレスデン中央駅に東独各地から亡命希望者が集まり始めた。彼らは、プラハから亡命者を乗せた列車に同乗することを希望して集まっていた。チェコスロバキア国境が閉鎖された今、この列車だけが亡命を可能とさせる残された道であった。その数は約二万人に達したという。夜になり、警察とデモ隊の間で小競り合いが起こった。これをみて、治安担当政治局員ミールケとドレスデンの党第一書記であったモドロウは、ドレスデン市内がコントロール不能になることを恐れて、二二―二三時にかけて国家人民軍に支援を要請した。国防大臣はこれを受け、直ちにドレスデン方面を管轄する第三軍管区の地上兵力を「高次戦闘準備」態勢に置いた。一〇〇名を単位とする部隊が編制され、機関銃なども携帯させた。この部隊の一部が警察支援のために投入された。天安門と同様な事態が起きる危険性がでてきた。しかしその後デモ隊が静かに行動したため、六日になり国防大臣は先の命令を解除した（Hertle 1996a: 78-80）。

東独政府の一部の役人は、この間旅行法の改正を検討し始めていた。

九月下旬中央委員会公安担当局長ヘルガーは、旅行問題を検討し、意見具申を行った。三つの選択肢があった。一つは西ドイツが東独市民を承認することを条件として旅行法の緩和を行う。第二が国境を一時的に全面閉鎖し、西ドイツの東独市民の承認を条件としてクリスマス前に旅行法を緩和することを告知する。第三が、国民として義務を負っている者（国家安全保障上の機密保持者、徴兵対象者など）以外全員に旅券とビザを与えるというものであった。ヘルガー自身は、第三の選択肢を勧告した。理由は、第一の選択肢が条件とする、西ドイツによる東独市民の承認は考えられなかった（西ドイツは東独国家が正式の国家として存在することは一貫して否定しており、東独国籍を正式に認めることはありえなかった）。第二の選択肢の国境全面閉鎖は挑発ととられ、不測の事態を起こす可能性があった。したがって、第三の選択肢こそが、長期的にみての唯一の道であり、こうしても逃亡者は数万から数十万の単位でとどまるであろうというものであった。

一〇月上旬、ヘルガーはクレンツにこの資料を渡し、ホーネッカーは四〇周年記念式典の際にこの内容の演説をなすべきと提言した。一〇月三日クレンツはこの文書をホーネッカーに渡したものの、彼が薦めた措置は第二の選択肢であった。しかもホーネッカーが採った措置は、クリスマス前に新しい措置をとることを言及しないまま、ただ東ドイツとチェコスロバキアの国境を閉鎖することを告げただけであった（Hertle 1996a: 71-72）。

第三節　東独での抵抗

「我々はここにとどまる（Wir bleiben hier!）」

自由を求める声は東独国内でも、デモと反体制勢力の結集となって強まっていった。

まず「革命の首都」となるライプツィヒでデモが本格化していった。九月中旬には「新フォーラム

（das Neue Forum）」、「デモクラシーは今（Demokratie Jetzt）」、「民主的新生（der Demokratische Aubruch）」などの政治団体も形成されていった。

このような動きに対する東独政府の対応については、東独解体直後から刊行された東独政府要人の回顧録を基に描かれてきた。しかし現時点では、当時の政府内の文書が利用できるようになり、それらを総合的に判断して、当時の政府の反応を描く研究書が刊行されている。そのような研究が強調していることは、①東独政府は早い段階から、軍、治安軍、警察、労働者グループなどの自警組織を武力使用のために投入する準備を進めていたこと、②回顧録では武力使用に消極的であったと主張している政府要人も、未だに確定されない部分も多いが、武力使用の準備などの動きに同調していたこと、③しかしながら、東ドイツで天安門事件のような軍の武力投入という事態が起きなかった理由は、デモ隊の数の多さから武力投入の実効性が疑問視され、そのために武力が投入できなかったこと、である。

膵臓ガンで入院していたホーネッカーは、九月二二日退院して職務に復帰し、直ちに各地区の第一書記に、「その大衆的基盤が確立されないように、敵対的行動を萌芽のうちに摘み去る」よう指令をだした。国家治安省は、国家緊急事態に備えて約八万六〇〇〇人の「敵対的・否定的人物」のリストを作成しており、命令一下逮捕・拘禁できる準備がなされていた（Hertle 1996b:110）。しかし九月上旬から小規模のデモが組織され始めた。拠点はライプツィヒのニコライ教会であり、毎月曜日の夕方、ここでミサを終えた後、街頭に繰りだした。この定例デモが本格化したのが九月二五日であり、「新フォーラム」の結成許可をもとめたデモに約八〇〇〇人が参加した。このデモは、敵対的行動がもはや「萌芽」の状態ではないことを示した。同日、「新フォーラム」の申請不許可が通告され、翌二六日、国家治安省は、敵対的反対派の結集を妨害するための各種工作をなすよう指令をだした。さらにホーネッカーは、一〇月七日の四〇周年記念日にむけてベルリンの治安維持と挑発行動防止のために指導力を強化するよう命令をだし、それを受けて二七日国防大臣は、一〇月六－九日の間、ベルリン周辺配備の国家人民軍一五〇〇人をいつでも投入できるよう準備態勢の命令をだした（Hertle 1996a: 78）。

一〇月二日のライプツィヒのデモは約一万人の規模となり、警官隊と衝突した。四日の夜、先に述べたようにドレスデン中央駅で亡命希望者と警察の衝突が起き、そこに軍が投入されたものの軍との衝突には至らなかった。六日の夕刻、ゴルバチョフを初めとする社会主義国首脳も参加して建国四〇周年記念式典が挙行された。「自由ドイツ青年」という名称をもつ社会主義統一党の青年組織の約一〇万人が、ホーネッカーとゴルバチョフを初めとする来賓の前を行進した。翌七日午前には東ベルリンの目抜き通りで軍事パレードが行われ、午後には東独各地で祝典が挙行された。しかし東ベルリンでは表面的な祝賀の雰囲気とは裏腹に、市民が独自に行動をし始めた。九月から七のつく日に、アレクサンダー広場に人が集まり集会をもっていたが、この日も午後五時ごろから数百人の若者が集まり、討論を行っていた。その後デモにうつり、その時のシュプレヒコールは、いままでのような「我々は脱出するぞ」ではなく、「我々はここにとどまる」に変わっていた。デモは、ホーネッカー主催の晩餐会が挙行されていた共和国宮殿に向かった。アレクサンダー広場からウンター・デン・リンデン通りを真っ直ぐ行けば宮殿であるが、途中のシュプレー河の橋で警察が防御ラインを引き、デモ隊が宮殿に近づかないようにデモを押しとどめた。その間にデモは数千人規模に膨れあがり、口々に「ゴルビー、ゴルビー」、「我々が人民だ」、「ゴルビー、助けて」と叫んだ。その後デモ隊は整然と反転して、プレンツラウアー・ベルク地区に向った。目標はそこにあるゲートゼマーネ教会であり、そこでは数週間前から政治的逮捕者に対する釈放を祈禱するミサが開かれていた。その時警察の輸送車が現われ、周辺の通りを一斉に遮断し、同時にデモ隊と小競り合いが起った。さらに前進しようとするデモ隊の前にたったテレビのレポーターは、「一九五三年六月一七日の蜂起以来、東ドイツで東ベルリンで最大規模の抗議デモが起きています」と伝えた(Chronik der Wende:9-10)。ゲートゼマーネ教会付近では、デモ隊と警察との流血事件が起こり、約一〇〇〇名が逮捕された。しかも拘置所での取り扱いは極めて非人道的であったため、後日そのための調査委員会が設置されたほどであった(Maier:148-149)。デモの波は東独各地に広がるとともに、流血の事態が憂慮され始めた。一〇月七日の記念式典までは東独指導部は武力使用を控えていた。しかしそれが終わった今、指導部が本格的に武力で弾圧してくる可能性が高くなったのである。内外の目は一〇月九日のライプツィヒの動きに向けられた。

一〇月九日ライプツィヒ。「東独一〇月革命」を決した日であった。警察・公安部隊・軍・自警団が武力介入する姿勢を公然とみせ、朝から緊迫した雰囲気が張り詰めていた。前日ホーネッカーは全地区の第一書記に、武力衝突を事前鎮圧するよう指令しており、それに応じて国家治安省のミールケも、治安省の全部隊に緊急事態に備えて準備体制に入るよう命令していた。この方針にそってライプツィヒ警察本部は、九日の集会を禁止させることを決め、そのために警察、国家治安省の武装部隊約八〇〇〇人に加えて、一般党員五〇〇〇人を動員していた。

デモの拠点であるニコライ教会は、午後一時には満杯となっていた。教会の近くにあるカール・マルクス大学社会科学部の筋金入りの党員は党からの命令で教会に潜入したものの、直ちに発見され教会から追い出されていた。その周りを警察や自警団が取り囲み、彼らも流血の事態を予想して緊張していた。一触即発の危険が高まった。

午後五時ミサが始まると司祭が声明を読みあげた。同時に街頭では、市のスピーカーがこの声明を流していた。声明の署名者は、ゲバントハウス・オーケストラの首席指揮者クルト・マズアと地区党書記局の三人の書記、ニコライ教会の司祭、政治漫談士であった。声明は市民と党の対話を約束し、「静かな対話が可能となるように、冷静を保ってほしい」と訴えた。マズアは数週間前から、ニコライ教会の隣にあるゲバントハウスのコンサートホールでベートーベンのエロイカを録音しており、隣のニコライ教会の動きは熟知していた。七日のベルリンでの流血事件を聞き、九日のライプツィヒの事態に憂慮を深めていた。そこで九日の午後党の地区代表と会い、共同声明を申し入れた。そしてデモが平和裡に行われる限り武力行使はしないという約束をとりつけ、声明文の作成にかかった。声明の内容は、双方の武力不使用を訴え、それが実現すれば当局との話し合いが可能であると述べていた。この意味でこの声明は、当局とマズア及びニコライ教会司祭との「安全のためのパートナーシップ」といわれた。恐らくこの声明がマズア達だけで、また当局だけで発表されていたら、この声明はほとんど効果がなかったであろう(Maier:144)。

この声明の効果もあって、七万人にのぼるデモは、「我々は人民である、暴力反対」を叫んで平静なまま市内を行進した。一〇月九日のライプツィヒのこのデモが、東ドイツの革命が、「穏やかな革命」となるか、ルーマニアのように内戦となるかの分かれ道であった。

流血の事態が回避された理由として、ホーネッカーは武力行使を主張したものの、クレンツなどがそれに反対し、これによって第二の天安門事件が回避されたという説が、かつては流布していた。しかしいまでは、このような見解は否定されている。先に説明したように、ベルリンの指導部は、武力挑発があれば武力投入することを決定していた。デモ対策に約八〇〇〇名の武力部隊が待機しており、ニコライ教会から共和国広場にむかうデモ隊を阻止しようとしていた。しかしニコライ教会からデモ隊がでてくるという決定的段階で、ベルリンの国家治安省内のテレビ・モニターで同市の動向をライブで捕捉していた幹部は、デモ隊の数のあまりの多さに驚いた。「一度に何千の群衆があちこちの角からでてくる」のであった。デモ隊の数があまりにも多すぎるため阻止ラインが簡単に破られ、治安当局もデモ阻止から警察の安全確保に命令を変更せざるをえなかった。その後治安部隊はデモに何ら介入せず、デモ隊はニコライ教会から市内中心部を平穏に行進することができた。

同じ九日ドレスデンでは、前日のデモに対し流血を避けるべく市長のベルクホーファーがデモ隊との対話を確約し、それにそって市内のカテドラルなどで対話集会が開催されたが、それには二万二〇〇〇人の市民が参加していた。これが後に述べるように、東独政府にショックを与え、党内権力闘争が始まることになる(Hertle 1996a:81-82; Maier:142-146)。

一〇月一六日一二万人、二三日三〇万人、三〇日三〇万人とデモの波は高まり、全国各地に広がっていった。(治安警察の報告によれば、一〇月一六―二二日は二四件デモがあり、参加者は一四万人であった。二三―三〇日は一四五件のデモがあり、五四万人が参加したという(Hertle 1996a:88))。デモ隊の要求内容は、思想・報道・旅行の自由、自由選挙から、次第にエスカレートし、「権力と独裁の放棄」を要求するまでになった。デモの頂点は一一月四日の東ベルリンでの五〇万人のデモであった。このデモは、演劇関係者、芸術家によって準備され、当局によって許可された最初のものであった。東ベルリン市内は朝からデモ一色となり、共和国宮殿などの市の中心部前の行進は数時間に及んだ。デモ参加者は、思想・報道・集会の自由に加えて、自由選挙の実施、社会主義統一党（SED）の権力独占の放棄、「新フォーラム」の承認を要求した。東ドイツ史上最大規模のデモは、東独国営テレビが史上始めて中継した。デモの後アレクサンダー広場で集会が開かれ、主催者の芸術家に加えて、ハイム、ヴォルフなど世界的にも著名な作家が演壇にたった。この三時間にわたる集会も生放送で伝えられた。放送の最後の言葉は、「市民は再び自分達の言葉を見いだしました」であった。

後手にまわる党の変革

国外への大量脱出と国内での日増しに高まる民主化要求という二重の政府への揺さぶりのなかで、社会主義統一党（SED）の対応は改革を小出しにし、しかも後手にまわった。

党イデオロギー担当政治局員のクルト・ハーガーは、一九八七年四月西ドイツの『シュテルン』で、ソ連のペレストロイカについて「隣の家が絨毯を張り替えているからといって、自分の家の絨毯を新たに張り替える必要はない」と、東独SEDの磐石の支配体制を豪語していた（Chronik der Wende: 23）。しかし前例をみない「下からの圧力」の前に、SED体制は脆さを暴露していった。七七歳になるホーネッカー党書記長・国家評議会議長は、八月胆嚢の手術をし、いずれ辞任するのではないかという噂は当時から流れていた。九月下旬に職務に復帰したホーネッカーが、大量脱出、改革要求などの事態の深刻さをどれほど正確に認識していたのかは疑わしい。一〇月上旬英紙とのインタビューにおいて、ホーネッカーは、市民の大量流出について、直接的には扇動によるものであり、間接的には一九四八年の通貨改革でドイツ通貨が二つに分断されたことによる東独経済の疲弊のためだ、と語るだけであった。また建国四〇周年記念の行事に出席したゴルバチョフは、一〇月七日午後政治局員との会談のなかで、改革の必要性をとき、その際「遅れて来る者は、命でもって贖うことになる（man nicht zu spät kommen darf, sonst werde man von Leben bestraft werden）」と述べた。このゴルバチョフの言葉は、公然と東ドイツの姿勢を批判したものとして大々的に報道されたが、後にゴルバチョフ自身は、自国のことに照らして述べただけであって、東独指導部を批判する意図はなかったと弁明している。しかしこの言葉は直ちにマスコミに伝わり、東独指導部の頑迷さを強く印象づけることになった。内外からの改革圧力のなかでＳＥＤは、部分的譲歩に乗り出すかどうかをめぐり党指導部内に亀裂が深まっていった。

一〇月九日のライプツィヒでのデモの成功は、指導部を大きく動揺させた。その直後、公安担当の政治局員ミールケは情勢を報告し、事態は極めて悲観的であり、国民の党への信頼は急速に失われており、事態は東独蜂起の五三年六月一七日直前に極めて近いと述べていた（Hertle 1996a: 82-87）。ミールケの報告には根拠があった。というのは、ミールケをトップとする国家治安省は、五月中旬になされた地方選挙が不法であると抗議する小規模の集会が教会などで開催されて以降、監視体制を強化し、八月三一日に開催された地区本部長会議でも、不満が広まっていることが報告されていたからである

(Maier: 151-152)。さらに一〇月八日には、国家治安省の情報部門の中核をなす「中央評価・情報グループ」は、「社会主義国家と社会秩序は極めて危険な状態にある。……党と国家指導部が状況を掌握し、緊急に必要な変革のために適切な措置を講ずる能力をもはや失っていると、多くの党員・専従職員が公然と述べていると、党員は信じている」と報告していた(Maier: 153-154; Hertle 1996b: 117-118)。

では、党の政治局はこのような動向に無反応であったのであろうか。まずホーネッカーが病気療養中の間はミッタークが政治局会議の議長を務めていたが、会議の雰囲気はホーネッカーが復帰するまでは重要なことは決定できないというものであった。さらに九月下旬にホーネッカーが復帰した後も、彼自身は四〇周年記念式典を最優先させ、そのためには余計なことは起こしたくないと決意していた。路線を変更するためには、ホーネッカーを解任せざるをえないことが明らかになった。しかし内心これを期待しても、誰も鈴をつける者はいなかった。四〇周年記念式典にやってくるゴルバチョフに期待がかけられた。しかしゴルバチョフは、ホーネッカーとの会談でも政治局との会議でも、指導部の交替を要求することはなかった。八日帰国のため飛行場に向うリムジンに乗り込むとき、政治局の改革派に「遅くなる前に行動しろ」と要請したという未確認情報がある一方で、駐東独ソ連大使には、東独情勢に介入しないよう厳命していた。恐らくゴルバチョフは、ホーネッカーを解任させるのでもなく、またその体制を是が非でも支えるのでもなく、事態の推移を見守ろうとしたのであろう。

政治局のなかでも東ドイツを取り巻く内外の情勢が深刻であることを認識し、ホーネッカーの現状維持路線を修正しようとする試みも起きた。

ホーネッカー解任の宮廷クーデタのきっかけは、九日のライプツィヒでのデモへの対応であった。クレンツは、ホーネッカーの強硬姿勢を予想して、駐東独ソ連大使に自分の方針は異なることを伝え、ソ連の姿勢を知ろうとした。ソ連大使は、「いかなる事態でも抑圧的手段に訴えてはならない、特に軍によるそれはあってはならない」と答え、クレンツはソ連が自分と同じ方針であるという確信をもった。このことで自信をもったクレンツは、八日ヘルガーとともに、一〇日から始まる政治局会議で報告を行い、ホーネッカー路線の部分的修正を試みることを企てた。報告の内容は、大量逃亡の原因が東ドイツにもあることを認めること、国民と対話する用意のあることを明らかにすることであった。そしてクレンツは政治局の他の幹部と個別に接触し多数派を固め、同日報告案をもってホーネッカーと会った。彼はホーネッカーが同意するであろうと思っており、また陰謀と誹られることを嫌がった。しかしホーネッカーは、「これは降伏宣言だ」として断固拒否し、政治局会議にこれを持ち出すならば、責任をとってもらうとまで脅した。だがクレンツは、彼が得た多数派の支持を頼りに政治局会議に報告をもちだす方針を変えず、九日全政治局員に文書を送付した。

一〇―一一日の政治局会議では、ホーネッカーは冒頭、自己の路線を擁護し、必要な措置は今後の中央委員会、九〇年六月に開催予定の一二回党大会で決定すると述べ、党大会以後も書記長を継続する意欲すら示した。政治局会議の議論は白熱した。一層の強硬論を主張する者、柔軟路線を提唱する者と、混乱を極めた。またここでなされた経済報告は深刻な物資不足と外貨不足を明らかにするものであり、経済立て直しが急務であることを明らかにした。ホーネッカーはこの危機を克服するためには、社会主義を強化し反革命に対するイデオロギー闘争の強化と、反革命には必要であれば武力行使も辞さないと述べた。一方クレンツは、先の文書を何とか党声明に盛り込むことに成功したものの、会議では敗北者となった。この政治局会議に、クレンツは選挙法の改正も提案した。五月七日の地方自治体選挙で開票疑惑がいわれ、その批判に答えようとするものであった。ホーネッカーはこの提案に激怒した。「真実を語った。捏造か否か、捏造である。捏造の責任者を厳しく処分しなければならない」。その責任者は他ならぬクレンツであった。会議後の一二日、政治局は国民との対話を強調する一方で、「人々を惑わせ、わが国の憲法に則った基盤を変えようとする目論みをもった提案、デモには反対である」という声明を発表した(Hertle 1996b:120-122:Dok. 1)。

クレンツは失脚間際に追い込まれた。ホーネッカーへのクーデタを実行しなければならなくなった。東ドイツではすでに八〇年代の初頭から前国家評議会議長のシュトーフとクロリコフスキーが、ホーネッカーとミッタークの対西ドイツ接近政策と経済政策を批判して「伝統派」といわれるグループを政治局で形成し、ホーネッカーの解任をもとめてソ連と接触をとっていた。八九年に入り東ドイツの経済情勢が危機的であることが明らかになると、経済改革を求める政治局のグループもホーネッカーの解任を求め始め、後継者として両グループともクレンツに接近し始めた。この時点ではクレンツは自分の後見役であるホーネッカーを解任することには抵抗し、むしろホーネッカーが病気で勇退することを望んでいた。しかし七月から九月下旬までホーネッカーが手術のため入院したことは、危機的な時期に指導者の不在という事態をもたらし、このことへの不満が党の幹部に広まっていった。それはホーネッカー復帰後一〇月一二日にもたれたホーネッカーと地区第一書記の会議の際に、数人の第一書記が公然とホーネッカーを批判したことにも示されていた。

一二日クレンツは、シャボウスキーらと相談し、実行計画を練り始めた。一三日、クレンツは、一六日のライプツィヒでのデモに対する措置を協議するため、ライプツィヒに飛んだ。後にクレンツは、デモに対して強硬措置に固執するホーネッカーに反対したこと、それがホーネッカーを解任した理由であるとしているが、事実は違っている。クレンツはライプツィヒでの協議の後、帰りの飛行機のなかで対応措置を考え、デモを妨害するためすべての措置をとること、ただし警察力の投入はデモ隊が暴力化した場合に限ること、そして火器の使用は禁止するという方針を決めており、これにホーネッカーも同意していた。一六日ベルリンの内務省で、クレンツはライプツィヒからライブで送られてくる映像をホーネッカーとともにみながら、デモの動きを追いかけていた。一二万人が参加したこの日のデモは平穏に終わった。それに先立つ一四、一五の両日、クレンツらはシュトーフをはじめとする政治局の同調者と協議を続け、一七日の政治局会議でシュトーフがホーネッカーの解任決議を提出することを決めた。一五日晩での最終的な票読みは、二一人の政治局員のうち一二人を固めたというものであった。票数はぎりぎりであったが、警察・治安・軍関係の政治局員の同意を得たことが彼らに自信を与えた。「ソ連なくして東独なし」と言われたように、クーデタの成功にはソ連の同意が必要であった。一五日晩クレンツはモスクワを訪問する労組議長に、ゴルバチョフと会ってホーネッカー解任を伝えるよう要請し、翌一六日これを聞いたゴルバチョフの返事は、好意的ながらも東ドイツの国内問題に介入するつもりはないというものであった。しかし最後に「幸運を祈る」と述べた。

一七日政治局会議が開催され、冒頭シュトーフがホーネッカーの解任案を提案した。この案について全員が発言し、ホーネッカーに関する不満を述べ、全員が賛成であった。ホーネッカーが口を開いた。怒りに満ちた攻撃的な口調で抵抗した。「解任しても事態は変わらず、むしろ党は譲歩するという印象を与える。継続と革新をクレンツは謳っているが、改革の中身が問題である」。しかしホーネッカーは最後に折れ、辞任を飲んだ。翌日の中央委員会でホーネッカー、ミッターク、ヘルマンが辞任し、クレンツを後継者として選出することが決まった。

一八日午後一時五五分、ホーネッカーは中央委員会に現れ、辞任声明を読みあげ、クレンツを後継者に指名した。声明の後会場ではしばらく沈黙が支配し、その後拍手が会場全体を包んだ。議長のシュトーフがホーネッカーに謝辞を述べ、ホーネッカーは病気のためこれで退場することを告げ、ホーネッカーは拍手につつまれながら静かに会場を去った。表決が始まり、全員一致でクレンツが後継者に選ばれた。また一票の棄権で、ミッターク、ヘルマンの政治局員からの解任が決定された。しかしクーデタには「ファラオの呪い」が付きまとった。クレンツがホーネッカーによって後継者に指名されたことは、国民の間でのクレンツへの信頼を初めから無くしてしまったのである（Hertle 1996b: 123-132）。

ホーネッカーの解任とクレンツの就任は、東ドイツの「転換」と言われた。しかしホーネッカーが予言したように、クレンツは明確な改革のビジョンをもってはいなかった。就任した一八日の中央委員会の演説で、「政治的対話」路線を打ち出したものの、その狙いは党の政治的・イデオロギー的攻勢を強め、社会主義の基盤を強化することにあった。だが、この方針に従って行われた各地での対話集会はことごとく失敗した。集会に集まった市民は口々に党への不満を述べ非難を浴びせたのである。先にも説明したように、一〇月一六－二二日に二四件デモがあり、参加者は一四万人、二三－三〇日には一四五件のデモがあり、五四万人が参加するというように、デモは増大し、要求内容は、思想・報道・旅行の自由、自由選挙から、次第にエスカレートする状況にあった。対話集会を主催した地区本部からは、対話集会は逆効果であるとして中止を求める意見が吹き出してきた。そのため対話集会を行い、デモへの警察の投入は行わないという方針が揺らぎ始めた。三一日の政治局会議でこの問題が討議されたが、結論はでなかった。一一月一日クレンツはモスクワを訪問し、ゴルバチョフと会談したが、ゴルバチョフは対話の継続を強く求め、そのためクレンツはそれを確約せざるをえなかった。しかし、先にも説明したように一一月四日には、ベルリンで大規模の抗議集会が予定されており、その際デモ隊がベルリンの壁を突き破る可能性も予想され、その場合に備えて戒厳令の布告も検討すべきだという意見も政治局では強まっていた。

状況に押されるように、党でも改革を明確に打ち出す意見が強まっていった。

党独裁を維持したままの対話路線を打ち出したクレンツの最大の課題は、党は信用できないという国民の強い不信のなかで、対話路線を言葉でなく実行でどう示すかであり、一向に改革が進まないことに対する不満は、一〇月二三日、三〇日のデモの盛り上がりで示された。この時期デモの要求は、党独裁の放棄に重点を移しており、「社会主義的土台」の重要性を強調するだけで、具体的な改革策といえば、外国旅行を緩和する旅行法の検討の公表(二四日)や不法出国とデモ・集会で逮捕されている市民の恩赦(二七日)などだけであった。このため国民の要求に応えておらず目をそらすだけだという不信をさらに強めることになった。

しかし無為に時間を過ごしていたわけではなかった(Hertle 1996a:92-98)。この時期の政府内の検討は、国境の開放が示唆され、それが予感されていたことを示している。

改革への障害

党の一部は改革の検討に入っていた。一つは旅行法の改正であり、もう一つは経済再建であった。

旅行法の改正

焦眉の問題が旅行法であることは、党指導部も理解していた。一〇月三日にチェコスロバキア国境が閉鎖され、東独市民の国外旅行が全面的に禁止されたことにより、東独市民の不満は高まった。そのため一〇月一一日の政治局声明は、今後の改革のカタログの一つに旅行法の改正をあげた。

旅行法改正を担当したのは、九月下旬にこの問題を検討し、クレンツに提言していた中央委員会公安担当局長のヘルガーであった。一〇月一〇日彼は、この問題に関係する省庁の担当者を招集し、先の提言内容を説明して検討に入った。この協議で先の三つの選択肢のなかで、第三の選択肢を採ることで一致し、この方針にそって旅行法改正の原案を作成することが決められ、省庁間のチームが設置された。この協議の報告をうけたクレンツは、一六日この問題に関係する大臣、中央委員会の局長を招集し、旅行法改正の素案を二四日の政治局会議で検討し、次いで閣僚会議で改正法案を協議し、それを公開した上、八九年中に人民会議で法案を可決するというスケジュールを決めた。これを受けて一八日、クレンツは旅行法改正を準備中であると中央委員会で報告したのである。

二四日の政治局会議は、改正旅行法を早急に審議すること、改正法案を公開するため、その趣旨を明確にすることを決定した。翌日の党機関紙『ノイエス・ドイチュラント』は、政治局決定として、「全ての東独市民は旅券を申請する権利、及びビザを取得の上海外に旅行する権利を有する」旨決定したと報じた。

しかし旅行法の改正は、党にとってそう簡単に決められる問題ではなかった。というのは、旅行法を改正して国外旅行を大幅に自由にすれば、まず有能な市民が逃亡し、東独経済に打撃を与えることが確実であった。八九年当初からこの時点まで国外逃亡者の増加による生産の落ち込みは約二〇億マルクと試算されていた。ついで国外旅行のための外貨が決定的に不足していた。ハンガリーやチェコスロバキア並みに市民に外貨との交換を認めることも不可能であった。

そのため三一日の政治局会議に提出された改正法案には、三つの大きな制約が加えられた。一つは、旅行期間を三〇日間にまで制限すること、第二は、旅券交付不許可の個別的理由(治安など)を明示することに加えて、閣僚会議に旅券交付不許可の包括的権限を与えること、第三が、旅行のための持ち出し外貨を一五マルクにまで制限し、一五東独マルクを一五ドイツマルクと交換するとしたことであった。一一月三日の政治局会議では、改正法案に付けられた制約があまりにも市民を刺激するとして、第二点の交付不許可事由も簡素化され、六日改正法案が公表された。

国民が外貨持ち出し制限に不満であることは明らかであった。一五マルク(約一〇〇〇円)で西側を旅行することは、どのような貧乏旅行でも不可能である。しかし外貨不足を前にしてはこの一五マルクの捻出も困難であった。これを打開するための工作が西ドイツとの間で極秘に開始されていた。

これを担当したのが東ドイツの通商調整局長で秘密警察の大佐であり、クレンツの腹心であるシャルクであった(Hertle 1996b:154-162)。シャルクは、クレンツの就任に華を添えるための目玉となる政策を考え、その一つが、西ドイツの産業の誘致、企業間の提携生産や合弁企業であった。もう一つが持ち出し外貨の問題であった。一人当り一年の持ち出し外貨を一五マルクとし、一〇〇〇万人が国外旅行するとすると、その他を含めた必要な外貨は三億マルクとなり、これは外貨準備不足でカバーできない。そのため、西ドイツと交渉して必要な資金を捻出するという構想であった。西ドイツは、東ドイツのこのような事態を知っており、そのため両ドイツからなる旅行基金を構想していた。しかしシャルクは、これでは東ドイツだけで管理できないとして反対し、西ドイツが三―五億マルクを支払うか東独鉄道の赤字を負担するかどちらかであるとして、この案をクレンツに伝え、一〇月一九日、クレンツはゴー・サインを出した(Hertle 1996b:Dok. 2, 3)。

二四日シャルクはボンの首相府で、首相府長官で両独問題担当のザイタースとCDUの有力政治家ショイブルと極秘に会談した。シャルクは、東ドイツは社会主義体制・SEDの指導性を堅持するものの、その枠内で経済改革、民主化を進めることを確約し、西ドイツとあらゆる分野で協力関係を強化することを提案した。旅行法に関連して、障害は西ドイツが東独市民権を承認していないことにあるとして、承認は無理としても仮の旅行許可などを認めてほしいとし、無制限の旅行の自由を認めるためには、それに伴う経済的負担を両国で解決すべきであるとした。これを聞き、西ドイツの二人の政治家は驚いた。東独経済の窮状が東独高官の口から示唆されたからである。しかし西ドイツ側はシャルクの提案に慎重に対応することをすでに決めており、そのため経済協力に関しては、東独経済の非効率、対外債務などを理由に今後の課題であるとする一方、旅行法に関しては積極的な姿勢をみせ、西ドイツを訪問する東独市民の帰国費用を負担することなどを検討すると答えた(Ibid. : Dok. 5)。

二六日、クレンツはコールと電話会談をもった(Ibid. : Dok. 6)。クレンツは、旅行法改正に関連して西ドイツが東独市民権の非承認の方針を幾分か緩和するように要請したが、西ドイツが認められるものではなかった。西ドイツは東ドイツとの関係を「特別の関係」としており、東ドイツを国家として正式に承認したことはなかった。そのため「二つの国家、一つの国民(Zwei Staaten, eine Nation)」と言われたのであり、国家承認につながる東独市民権の承認はできることではなかった。そのためコールは、クレンツを諭すように、「我々の関係には、原理原則からして一致せず今後も一致しないであろう、一連の基本的な問題がある。そこで二つの可能性がある。一つは、このテーマで話し合い何の結論もえないという可能性だ。それはかなり無駄なことだ。……(もう一つは——筆者)これが正しい道だと思うが、お互いの見解を尊重し、まともな協力ができる全ての分野で、人間の福祉と利益のために協力を追求することだ」と応えた(Ibid. :157)。クレンツは、執拗に「できる限り早く成果がえたい」と迫ったが、コールは言を左右にして、旅行の自由の承認、逮捕者の釈放などを求めた。この時期の東独情勢をみれば、国内からの圧力で東ドイツがより妥協的になることは容易に予想できることであり、クレンツがなぜ足元をみられるような要請を行ったのか、クレンツの政治的力量のなさを示す会談であった。

また、この時期、東独指導部は経済破綻に直面していた。一〇月三一日の政治局会議に、国家計画委員会議長シュエラーを中心とするチームが作成した報告、「東独経済の分析及び結論」、が提出された(Hertle 1996b: Dok. 7)。これが、東独指導部を動揺させた。

この報告は、①生産部門の資本蓄積の低下と住宅建設などによる非生産部門の伸び率の上昇、②消費過剰・物資不足と賃金上昇、国家財政赤字、③対外債務の増大、を指摘し、特に対外債務の支払いのためには、輸出の増大と国内消費の二五―三〇%低下が必要であるという、実現不可能な見通しを述べていた。明らかに東独経済の破産宣言であった。

事態改善のための改革措置も、①生産増強・消費削減、②「市場を志向する社会主義的計画経済の発展」、③原材料の供給国であり機械製品などの購入国であるソ連との経済関係の強化、④西ドイツをはじめとする資本主義諸国との経済関係の強化と東独経済の開放、であり、実現がかなり難しいものであった。事実、この報告自身、このような経済改革は「一九八五年であれば可能であったであろう。しかし今そのチャンスはない」と述べていた。

これが紹介された三一日の政治局会議では、政治局員は衝撃的な内容に驚き、一一月に予定されている中央委員会総会ではその概要だけを紹介することに決定した。さらにシュエラーは、先の報告から一歩踏み出し、国境の開放を梃子にして西ドイツから経済支援を引き出す構想を強調し、「もしこの要求が街頭や企業からだされるようになれば、我々がイニシャチブを握る可能性は失われてしまうであろう」と、国境の開放がすでに大きなテーマとなっていることを警告した。経済改革のために「壁の開放」が説かれるまでに、東独経済は悪化していたのである。

クレンツ訪ソ

三一日の午後クレンツはモスクワに飛び、翌一一月一日ゴルバチョフと会談した。現在明らかにされている東独側が作成した会談記録によれば、その内容は以下のようなものであった(Hertle 1996b: Dok. 9)。この会談記録は、東独情勢、クレンツの考えを明らかにすると同時に、ゴルバチョフが東側指導者と行った会談の全容を伝える数少ない資料の一つであり、ゴルバチョフの国際・国内の情勢分析ばかりでなく、東欧諸国の首脳に対する対応の仕方も明らかにしてくれるので、いささか長くなるが、その内容を紹介しよう。

まず冒頭でゴルバチョフは、東ドイツでも巨大な改革が始まっており、事態が急速に展開する可能性が高いため、事態に乗り遅れないことが重要であり、そのためには、改革の機会を失うことなく、政治的対話を進めるべきであり、さもなければ、事態は一人歩きしてしまう、と警告した。

クレンツは、東ドイツが「政治危機」に陥った経緯を説明し、その原因として、党指導部が国内情勢と国民の心理を見誤ったという短期的要因に加えて、第一一回党大会の方針が現実から遊離していたことを挙げた。そしてホーネッカー解任にいたる状況を説明した。ゴルバチョフは、それはホーネッカーの「偉大な政治的ドラマ」であると思うと述べ、二、三年前に方針を変えていればこのような事態にはならなかったであろうと、ホーネッカー解任に理解を示した。さらにホーネッカーの統治スタイルを批判して、党の統一は異なった意見が存在し、他の人間の意見を尊重することで達成されるのであり、ソ連共産党の中央委員会もすでに議論百出のなかでなされていると説明した。

ついでクレンツは東ドイツの経済情勢を先のシュエラー報告に基づいて行った。そこで彼が強調したのが対外債務であった。

「一九八九年末で対外債務は二六五億USドル、……になります。

一九八九年末の収支は、ハードキャレンシーで
収入　五九億USドル
支出　一八〇億USドル、です。

赤字は一二一億USドルで、このことは、新たな信用供与が必要であることを意味します。このインバランスは今後も増大すると予想されています」

これまでゴルバチョフは東独経済の実情を熟知していると豪語していた。

しかしこの説明には仰天し、「この数字は正確なのか。状況がそこまで危機的であるとは考えていなかった」と応えた。

クレンツは続けて、

「過去の債務支払いのためにも、新たな信用供与を必要とします。現在利子の支払いだけで、四五億USドルを必要とし、これは東ドイツの年の輸出総額の六五％に上ります」

そして東独国民はこの事実を知らされていないと付け加えた。

ゴルバチョフも手の打ちようがなかった。彼のアドバイスは、国民に一般的な形で事実を知らせるべきである、東ドイツに対する原材料供給の継続を確約し、西ドイツとの「原則的かつ柔軟な」関係を継続するよう勧めるというものであった。

しかしクレンツは、東ドイツと西ドイツとの関係に関するソ連の立場を知る必要があった。そこで、「ソ連は全ヨーロッパの家のなかで東ドイツと西ドイツをどのように位置づけているのかを具体的に明らかにしてほしい」と要請した。そして他の社会主義国と違い、東ドイツは「ソ連の子供」であり、

東ドイツに対するソ連の「父権」を認めていることを強調した。

クレンツの質問に対するゴルバチョフの回答は、多岐にわたっていた。

まず数日前行われた、ゴルバチョフの筆頭補佐官ともいうべきヤコブレフとアメリカの国際政治学者のブレジンスキーとの会談に言及して、ドイツ再統一が話題になったとき、ブレジンスキーがそれは「崩壊」だ、と述べたことを紹介した。

ゴルバチョフは続けた。

「最近会った指導者、ミッテラン、サッチャー、ヤルゼルスキ、アンドレオッティはいずれも「戦後の現実」、二つの「ドイツ国家」の存在を前提としている。彼らはいずれも、ドイツ統一という問題が浮上することですら、現在の状況に極めて破壊的であると考えている。彼らはワルシャワ条約機構とNATOが解体することを望んでおらず、ポーランドとハンガリーがワルシャワ条約機構に残ることを支持している。それがどのような結果をもたらすか誰も知らないがゆえに、ヨーロッパのバランスは乱されてはならないのである。

アメリカもいままで同じ立場をとってきたが、いま国内にはドイツ統一に好意的な意見もでてきている。しかし政権は実際にはいままでの路線を踏襲している。

従って最良の政策は、従来の路線を継続することだ。東西ドイツ間でなにがしかの人的接触があることは問題にならず、それをコントロールし管理しなければならない。だが国民の理解を得るために、二、三の修正がなされねばならない。

まず第一が、東ドイツ・西ドイツ・ソ連の三角関係をよりよく調整することだ。ソ連は他の情報源から東西ドイツ間の発展を把握している。ソ連は、アメリカの国家安全保障会議で何が討議されたかをその三日後には知っている。またアメリカもソ連の国内情勢の推移について、それが一体どうなっているのかについてきちんと情報をえている。したがって緊密な同盟のパートナーの間で秘密を持つことをしてはならない。このため昔あっていま機能しなくなった、対西ドイツ政策を調整する共同の機関を復活させることを提案する。

第二が、この三角関係を具体的に観察することだ。ソ連は、西ドイツとの関係を強化する。そうすれば東ドイツもこの関係のなかでより良いポジションをえることができよう。西ドイツは、再統一にむけて支援してくれることを期待して、ソ連と広範な協力関係を築きつつある。いわれるように、鍵はソ連なのだ。アメリカも同様に考えている。アメリカは西ドイツに対して再統一を支持するといっているが、ソ連が鍵だと常に指摘している。ソ連はトランプのババ抜きのババを押し付けられることになる。だがその一方で、アメリカはソ連と西ドイツが政治・経済関係を接近させることを喜んでいる訳ではない。東ドイツにとって重要なことは、西ドイツとの関係を維持し、さらに強化することだ。だがイデオロギー上の敵がそれを利用することのないように、慎重に進める必要がある。

第三に、東ドイツにとってもう一つ重要なことは、西ドイツ以外の国々との関係を強化することだ。この点でソ連との緊密な協力関係も期待できよう。関係強化にはポーランドとハンガリーが積極的だが、彼らにはそれ以外の道はないのだ。ソ連はこの状況のなかで何をするのかと尋ねられるが、ソ連は経済的にはほんのわずかなことしかできない。ソ連が四〇〇〇万人のポーランドを養ってやると考えるのは馬鹿げたことだ。（これは言外にソ連は金融支援ができないことを示唆していた――筆者）」

クレンツは、それは我々の道ではない、と答えた。

ゴルバチョフは、最後に、成果をもたらした従来の路線を継続することが重要であることを強調し、それに付け加えてドイツ統一に関する次のような見通しを披瀝した。

「東西ヨーロッパ間の接近が今後数十年続き、社会体制の違いにもかかわらず統合のプロセスが進展し、精神的・物的相互交流が発展すれば、そのとき何時の日かこの問題は違うように見えてくるであろう。だがこの問題は「今日の日々の政策の問題」では決してない。日々の政策では従来の方針が継続されるべきだ。このことを政治局の同志に伝えてくれるように要請する」

この説明に対し、クレンツは西ドイツとの関係を「脱イデオロギー化」することが難しいことを指摘した。「脱イデオロギー化」は東独社会主義体制の防衛の放棄を意味するからである。ゴルバチョフは、この点は全面的に考え直すべきであるとして、守勢に回るのではなく、相手側に義務や行動を課すような具体的措置を常にとり、攻勢に立つべきである、西ドイツでは統一のようなナショナリズムの問題が大きなテーマとなっており、この状況を利用してコールに常に圧力をかけるべきであるとした。

クレンツは対西ドイツ政策の具体的措置を説明した。それは、国境での火器使用を禁止すること、すでに説明したような旅行法を改正すること、しかし十分な外貨持ち出しができないことを国民に明らかにすること、であった。そして二六日のコールとの電話会談の内容と八日から開催される第一〇回中央委員会総会で示す方向を説明した。

ゴルバチョフは、そこで次のようなコール評価を披瀝した。

「コールは知的な人物ではない、小市民である。彼はこのような階層を最も良く理解できる。しかし彼は巧妙な粘り強い政治家である。レーガンがついには国民の人気をえ、比較的長くそれを維持できた。このことはコールにも当てはまる」

話題は中央委員会総会に移り、総会はクレンツを含む指導部の責任を追及する大荒れの会になるであろうと予想されること、そしてそこで今後の基本方向を提案することを説明した。その一つは急進的な経済改革であり、あくまで社会主義の枠のなかで行い、自由な市場原理は採らないこと、第二が「社会主義的民主主義」に関わることであり、選挙法の改正とならんで、報道の自由、人間の自由と尊厳などの憲法問題を取り上げるとし、「新しい条件のもとでの党の指導的役割」をも討議すること、であった。第三が人事問題であり、ミールケなどの古い指導者が引退することを説明した。シュトーフを高く評価しているゴルバチョフは、彼の留任を求めたが、クレンツは、シュトーフは下部の指導者の信頼を失ってしまっており、引退は避けられないと押し切った。

またデモに関しては、事態は単純ではなく、数人の敵対分子も含まれているが、多くは不満分子か単なる同調者であるとし、四日に予定されているベルリンのデモと集会の対応策も説明した。そして「新フォーラム」の許可は結論がでていないとし、ポーランドの連帯のようなものがでてくることのないようにすると強調した。ゴルバチョフは、この最後の点に関して、国民を敵とみなしてはならないと強調し、運動に許可を与える方向を示唆した。そしてソ連と東ドイツの共産党が今後は同じ路線を歩み、協力関係を一層強化することで一致をみた。

ゴルバチョフは、ソ連の経験を踏まえて、クレンツに以下のような助言をあたえた。まず、事態は急速に進展するため、イニシャチブを失わないようにする、書記長にとって重要なことは、責任感をもち真実を尊重することである、今後の基本方向は、「より多くの社会主義、革新、民主化」である、書記長に期待されていることは「新しい理念とその貫徹」であると。

会談の最後にゴルバチョフは、ソ連の国内情勢をクレンツに説明した。それはゴルバチョフの「ペレストロイカ」の本質を知る上で極めて有用であるので、ここで紹介しておこう。

「いま重要なのは、創造的マルクス主義、レーニン主義の意味での社会主義であり、人間がこれは彼の社会でありエリートの社会ではないと実感できる、人間的、民主主義的社会主義を再生させることである」(Hertle 1996b: 480)

「いまなされている論争は、ペレストロイカにとって真の革命が重要であることを明らかに示している。……対立が内戦のような状態や他の形の流血事件となるようなことは決して許されない。状況は極めて緊迫しているが、問題は純粋に政治闘争である。そうであるがゆえに、社会主義は、さらに進展でき、その完成形態に近づくことができ、その潜在能力を全面的に開花させうる状態にあることを証明することが必要なのである。指導者の交代がいつも動揺をもたらしてきたことが、社会主義の弱点であった。その原因は、国民が決定に参加できないこと、民主主義的メカニズムがいまだ全面的に作動していないことにある。これを全面的に作動させねばならない。加えて社会をさらに強化し、その創造的勢力を動員し、どのような社会主義社会が建設されるべきなのかを明らかにすることが重要なのだ。そのためにあらゆる具体的な提案や建設的なアイデアが求められている。ソ連の現下の問題は、生産手段の私的所有に復帰することを真剣に要求している人々との論争である。この目的のために、私的所有が搾取を意味するものではないことを証明しようとして、マルクスとレーニンからの引用を練り上げている人たちもいる。だが自分の見解は、主要な問題は権力の性格にあるというものだ。権力の助けによって私的所有を人民のためにすることも人民に反するものにすることもできるからだ」(Hertle 1996b : 481)

紹介が長くなった。反ペレストロイカ路線を採っていた東ドイツがペレストロイカ支持へと路線を転換した時、その東ドイツでは反対運動が激化し、改革が焦眉の問題になっていた。そのときの会談であったがゆえに、テーマは多岐に及び、様々な点が協議される必要があった。ではクレンツはこの会談をどう感じたのであろうか。

最大の問題は、西ドイツ接近であった。ゴルバチョフの主張は、三角関係といいながらもソ連・西ドイツ関係重視、つまりソ連の西ドイツ接近に従う形でまたその枠内で東ドイツは西ドイツに接近すべきだというものであった。だがこの主張に従う限り、東ドイツは西ドイツから金融支援などを引き出すことはほとんど不可能であった。また「ソ連は経済的にはほんのわずかなことしかできないのだ。ソ連が四〇〇〇万人のポーランドを養ってやると考えるのは馬鹿げたことだ」と述べているゴルバチョフから支援を引き出すことは出来ない相談であった。クレンツとゴルバチョフとの会談と並行して、ソ連の中央委員会国際部長でソ連有数のドイツ通であるファーリンと東独関係者との会談がもたれたが、ファーリンが提案したことは、西ベルリンを東ドイツにとって香港かシンガポールのようにするという案であった。このようにすれば外貨獲得と国際市場への開放が可能になるというのである。このような荒唐無稽といえる案に乗る時間的余裕はなかった。クレンツは、いま可能なそしてソ連・西ドイツ関係に左右されない、残された選択肢を選ぶ以外になかった。それはシャルクの西ドイツとの交渉にかけることであった(Hertle 1996b: 152-154)。

第四節　ベルリンの壁の崩壊

二つの失敗

モスクワからの帰国後、東独指導部は、まず四日のベルリンでのデモ・集会の対応に追われた。公表を予告された旅行法の改正案は六日、党機関紙『ノイエス・ドイチュラント』及び各地区の党機関紙に掲載された。それに加えて政治局の国民に対する要請も掲載された。それは持ち出し外貨に関する方法などはいまだ検討中であり、今後明らかにするというものであった。

この六日は月曜日であり、ライプツィヒの定例デモの対応に政治局は集中した。しかし掲載された旅行法改正案に対する不満・批判が朝から中央委員会に殺到した。期日が三〇日に制限されていることやビザの申請に条件が付されていることに不満が集中した。ライプツィヒのデモにおいても不満が表明された。その要求は明らかに急進化していた。「世界一周三〇日、資金なし」は穏健なほうで、「法律はいらない、壁をなくせ」、「SEDは去れ」というスローガンが表明された。この日東独各地でデモや集会がもたれ、約二〇万人が参加していた。旅行法改正案が不満を更に大きくしていた。これが第一の失敗であった。

クレンツが期待をかけたシャルクの西ドイツ政府との交渉は六日にもたれた（Hertle 1996b:159-162）。シャルクの交渉ポジションは明らかに悪化していた。ザイタースとショイブルはすでに交渉に消極的であり、それを無視してシャルクは、今後二年内に大規模の新規プロジェクト融資と、九一年から年二〇億―三〇億マルクの借入を提案した。西ドイツ側は融資規模に驚き、それ以上に東独経済の窮状に衝撃をうけた。だが、東ドイツの対外債務を西ドイツが肩代わりするようなこの提案に簡単に応じることはできなかった。西ドイツ側は政府で今後検討することを約束するにとどまった。シャルクのもう一つの使命は、旅行者の持ち出し外貨の問題であった。シャルクは、旅行者に交換率一対四・四で年三〇〇マルクを交換させることを提案したのに対し、西ドイツ側は旅行基金を設立することを提案した。年一二五〇万人の旅行者を対象として約三八億マルクの基金を設立するというものであった。そしてその運営には当然西ドイツ政府も関与するとされた。

シャルク提案に対し、ザイタースはコールと協議した後、支援に関する政治的条件を伝えるとし、翌七日、以下のことを国家評議会議長が明らかにすべきとして、反対派グループの容認、自由な選挙、党の指導的役割の放棄をあげ、東ドイツがもしこのような条件を飲むのであれば、提案された支援を考えてもよい、というものであった。八日コールは連邦議会で毎年なされる「両ドイツ関係情勢報告」において、経済支援の条件として先に挙げたカタログを明らかにした。これは、東ドイツの態度次第では巨額な支援を行うことを明言したものであり、クレンツとシャルクに期待を抱かせた。コールの要求した事項は、八日から開始されている中央委員会総会で採択される可能性が高く、そうすれば西ドイツは経済支援に踏み切ると考えたのである。また、デモの要求に応じて改革要求を認めるよりも、それに先んじて党が承認し、コールとの間で合意を取り付けることが得策であるという判断もあった。そこでシャルクは、八日ザイタースに電話をいれ、九日から始まるポーランド訪問の途中、ベルリンに立ち寄りクレンツと会談することを提案した。だが、コール側はそれを断った。西ドイツからみれば、デモの要求に応じて更なる改革を譲歩する可能性が高いなかで、それに歯止めをかけるような支援を認めることはできなかったのである。

できるだけ早く西ドイツから経済支援を引き出すというシャルクの工作は失敗した。というより、当時の東独情勢をみれば、そもそも成功するはずのない工作であった。東独情勢を客観的に判断することもなく、西ドイツ政府への甘い期待の上にたった工作であった。おそらくシャルクもこのことは気づいていたのであろう。それでもこの工作にかける以外、窮地から脱出する道はなかった。

さらに予期せぬ事態が加わった。東ドイツは一一月一日閉鎖されていたチェコスロバキア国境を開放し、旅券・ビザなしでチェコスロバキアへの旅行を再開させた(Hertle 1996b: 206-207)。予想されたように、西ドイツに脱出することを求める東独市民がプラハの西ドイツ大使館に押しかけた。三日チェコスロバキア政府は、チェコスロバキアに東独難民のための施設を設置する意図はなく、政治亡命者の流出を停止させるか、東独市民をチェコスロバキアから西ドイツに流出させるかのいずれかの措置をとるよう東独政府に要求してきた。同日の夕刻、政治局会議は、プラハの西ドイツ大使館にいる市民を東ドイツを経由することなく西ドイツに脱出させることを決め、四日六〇〇〇人の東独市民が特別列車や車で西ドイツに出た。同日晩のテレビ番組で、内務大臣代理が旅行申請には迅速に対応することを約束し、国民は通常の手続きをとるよう要請したが、国民はチェコスロバキア経由での脱出を望み、四日、五日の週末には二万三二〇〇人が西ドイツに脱出した。一日の開放から総計四万五〇〇〇人がチェコスロバキア経由で脱出した。

一一月七日の政治局会議は、翌日からの中央委員会総会を控えて議題が輻輳していた。

クレンツの中央委員会報告原案の審議から始まり、シュトーフ内閣の総辞職、政治局の新人事、中央委員会に提出される行動プログラム原案などである。予定した議題ではなかったものの、チェコスロバキア政府の要請が急遽取り上げられ、外相のフィッシャーが経緯を説明した。チェコスロバキア政府は、東独市民の西ドイツへの大量脱出がチェコスロバキア国民に動揺を与えることを恐れており、東独政府に大量流出を停止させること、さもなければ「国境の閉鎖を含む、国境に関する何らかの措置をとらざるをえない」ことを伝えてきたと報告した。

これをうけて旅行法について議論がなされ、迅速に対応すべく「常時出国者」に関する旅行法の部分をまとめ、それを施行規則として発効させることを決定した。施行規則とした狙いは、規則であるため策定に参画する担当部署の数が外務・内務・治安の三省に限られ、審議に時間がかかる人民議会とその委員会の審議を経る必要がないことであった。その担当者は外相のフィッシャーとされた。彼は、政治局会議後直ちにソ連大使のもとに駆けつけ、決定の内容を伝えると同時に、チェコスロバキアとの関係で支援を要請した。同時にボンの東独常駐代表部経由で西ドイツ政府にも決定が伝えられた。

施行規則の策定は当初から混乱した。実質的な担当部局が明らかにされなかったため、中央委員会公安担当局長のヘルガーは内務省に原案作成を依頼し、同時に国家治安省の担当のミールケは国家公安省に作成を指令し、七日の午後には国家公安省は第一原案を作成し、内務・外務両省の了解も取りつけていた。そして国家治安省の担当者は、早急な処理を要するため、内務省の新聞発表で、「常時出国者」を対象としてその条件を検討することなくビザを発行することを決定した旨明らかにするよう、ミールケに提案した。事実、処理は時間との競争になっていた。チェコスロバキア政府は八日、東独市民をチェコスロバキアを経由せずに直接西ドイツに出国させるよう要求してきた。それは有無をいわせぬ強い調子のものであり、最後通牒に等しいものであった。それに応じなければ、チェコスロバキア政府が国境を閉鎖する恐れが現実味をおびてきた。

八日から始まった中央委員会総会は最初から大荒れであった。通常の議事進行を変え人事案件を冒頭にもってきた。前日の閣僚会議の総辞職の公表をうけて政治局も全員辞任し、そこで新たな政治局員を選出して新体制の様相を鮮明にしようとしたのである。だが、クレンツが選任した政治局員・同候補の数人は、総会で否決されたり、出身母体の支持を得られないため任命できなかった。またクレンツの数時間に渡る演説の最中、数万人の党員が中央委員会の建物に押しかけ、指導部を批判する始末であった。

一一月九日

九日午前、内務省に四人の担当者が参集した。任務は閣僚会議に提出する旅行規則原案を作成することであった。前日のチェコスロバキア政府からの圧力をうけて、「チェコスロバキア問題」と旅行法を同時に解決することが決められ、そのため施行規則とするのではなく閣僚会議決定とするように変更が加えられていた。そしてこの原案は九日中に政治局と閣僚会議の承認をえて一〇日から発効するとされた。

内務省で協議を始めた四人の担当者(三人は治安省、一人は内務省であるが、いずれも秘密警察の大佐であった)はいずれもこの問題の専門家であった。協議するなかで、「常時出国者」が優遇され、短期の旅行者が従来通りの扱いをうけることは不平等であり、国民の不満をさらに高めることが問題になり、結論として両者を一括して扱う規定を新たにもうけることにし、「外国への私的旅行は、その前提条件(旅行の理由、親戚関係)を明らかにすることなく申請することができる。許可は短期間で通知する。不許可の事由は極めて例外的な場合を除き適用されない」という条項が新たに付け加えられた。彼らの意図は、あくまで旅券とビザをもつ東独市民だけが海外に旅行できることを維持することであり、すでに四〇〇万人が旅券をもち、新たに旅券を申請するものは四―六週間の期間で許可を与えようというものであった。そして、この旅行暫定規則と同じ内容のプレス用資料も作成され、その解禁は一〇日の午前四時とされた。そしてこの原案は、中央委員会と閣僚協議会に送付された。

これが届いた中央委員会では総会が休憩に入っており、一二時から緊急の政治局会議が開催された。クレンツが旅行暫定規則の内容を読み上げ、異論がないまま承認した。この件を中央委員会で担当したヘルガーは、もし古い政治局会議であればこの規則は承認されなかったであろうと回顧し、新任の政治局員は経緯・内容について良く知らないままこの規則を通したと述べている。

一方閣僚会議では、これを持ち回り会議にかけるための準備がなされ、そこで規則の表題に変更が加えられた。原案は「チェコスロバキア経由で西ドイツに向かう東ドイツの常時出国者の状況の変更」であったが、総務部の担当者は内容に対応していないと判断して、「東ドイツからの旅行および常時出国に関する一時的暫定規定」に修正された。そして午後二時半ごろ各閣僚に送付され、六時までに検討を終えるように要請した。

この後の手続きは、東独指導体制の形式主義を遺憾なく示した。閣僚の多くは担当の省庁におらず、中央委員会総会に出席していた。そのため書類は大臣の机の上に置かれただけであった。持ち回り会議では無返答は賛成と決まっており、多くの閣僚は内容を知ることもなく賛成することになった。その間七日の政治局会議での決定に従い、中央委員会でもこの規則が説明されることになった。そのため四時半ごろクレンツは、持ち回り閣僚会議にかけられている規則を、閣僚会議提案として中央委員会で説明し、同案を可決することを決定した。閣僚会議での持ち回り審議の期限がまだきていないにもかかわらず、政治局事務局はこれを決定と同様に扱い、これを各地区の第一書記に電報で送付した。しかし第一書記は中央委員会総会に出席するためベルリンにいたのである。慣行通りに事態を進めると誤算が起きることは、次の手配で決定的に明らかになった。クレンツはこの規則をシャボウスキーに送り、記者会見で明らかにするように要請したのである。閣僚会議の決定事項であるから本来は政府のスポークスマンが、閣僚会議の正式決定後公表すべき事項であった。しかも政府スポークスマンは公表に報道解禁の期限がついていることを理解していた。しかしクレンツは、閣僚会議が中央委員会決定を覆すことがないことから、また決定が衝撃的であることから、中央委員会のスポークスマンであるシャボウスキーに公表をまかせたのである。

この規則の内容の不備に気づいた役所もあった。司法省である。事務次官はこの規則をみて法律的な不備に気づき、担当者と法律上の問題点の検討を開始した。その結果、不服申し立ての措置が採られていないこと、「短期間」及び「極めて例外的な場合」という内容はあまりにも広い裁量権を与えていること、過去の旅行法は失効したとしているが正式の失効がなされていないことなどであった。検討が終わったのは、もはや六時近くであった。そのため急いで大臣が出席している人民会議場にかけ大臣の承認をもらい、異論を閣僚会議事務局に伝えた。そして治安省・内務省に異論が伝達され、彼らは過去の旅行法の失効の部分だけを修正して最終案を確定した。そして最終案が、各地区の担当者に電報で伝えられた。

一方、中央委員会で決定された暫定規定は、そのままシャボウスキーに渡された。プレス担当の彼は、総会にはほとんど出席せず記者対応に追われていた。そのため規定の内容を読む暇のないまま、国際記者会見場にかけつけた。彼は、会見の終わりごろにこの規定を読みあげるつもりであった。中央委員会総会の二日目の会見は、内容が乏しかった。会見が終わろうとする六時五三分になってイタリアの通信社の記者が質問に立ち、「あなたは過ちについて語ったが、先日紹介した旅行法の改正案も大きな過ちだとは思いませんか」と尋ねた。シャボウスキーはこれに対して、旅行の機会拡大の方向で検討してきたことを縷々説明し、最後に今日常時出国者を対象とする規則が決定されたことを明らかにした。記者席がざわつくなかで、いつから発効するのかと質問が飛び、それに答えるかたちで、シャボウスキーは先の暫定規則の記者会見用資料を読みあげた。再び、「いつ発効するのか」という質問が飛び、「すぐだ、遅滞なくすぐだ」と答えた。次の質問は、「西ベルリンにも適用されるのか」

であった。シャボウスキーは規則に目を落とし、「常時出国者は東ドイツと西ベルリンを含む西ドイツ国境を超えることができる」と規則を読みあげた。記者席はさらにざわめき、数人の記者が出口にむかって駆け始めた。その後の質問はもはや聞き取れなかった。七時ちょうど記者会見が終わった。

その直後、アメリカのNBC放送がシャボウスキーと単独記者会見の約束をとりつけていた。記者は、東独市民はどの検問所も通過することができるのかと尋ね、シャボウスキーは別の国を通過して東ドイツを去る必要はないと答えた。壁を通過することもできるのかという問いには、国境を通過することは可能だと答えた。旅行の自由か。そうだ、観光旅行は問題はない、東ドイツを去ることを許可するということだと答えた。

七時一分、NBCのブロコウ記者はブランデンブルク門の前から、第一電をアメリカに向かって送った。「トム・ブロコウ。ブランデンブルク門の前。今日は歴史的な夜です。東独政府は、東独市民が明日の早朝から制限なく壁を通過できることを、さきほど明らかにしました」と。それに続いてロイター、ドイツ通信(DPA)などが第一報を流し始めた。またAP通信が「東独政府は国境を開放すると、シャボウスキーが語った」と伝えた。多くの記者はまだ記者会見場で、シャボウスキーの説明について議論していた。皆が記者会見用説明資料をえようとし始めたとき、東ドイツの通信社のADNがそれを流し始めた。記者会見を見ていた政府スポークスマンとADNの編集局長は、シャボウスキーの記者会見終了直後直ちに連絡をとり、当初の解禁時間を守るかどうかを検討し、もはや流れてしまった以上、即時解禁にすることを決めたのである。

壁の開放

一一月九日の晩、ベルリンは零下であった。そのため多くの人は外出せず、自宅に閉じこもっていた。シャボウスキーの会見は東独テレビで生中継されたものの、旅行の自由に関しては不明な点が多かった。七時半東独第一放送が、海外旅行は即時に前提条件なく申請できると伝えた。同じ時間西ベルリン市長のモンパーは、ＲＩＡＳ（西ベルリン放送）の番組に登場していたが、このニュースを知り、「東独市民に対し私的旅行が前提なく許可されることになりました。これは二八年間、我々が待ち望んだ日です。壁が我々を分断することはありません。明日それが起こるのです」と述べていた。

市民に伝わる情報は混乱していた。しかし八時の西ドイツ第一放送ＡＲＤの定時ニュースが事態を決定的に変えた。トップニュースで「東ドイツ、国境を開く」と報じたのである。このニュースの前から数人が検問所にきて、出国許可をもとめていたが、このニュース後その数は爆発的に増大した。

東ベルリンの中心部の近くにあるのが、ボンルンホルム検問所である。まず九時半この検問所の通行が許可された。警備は強化されていたものの、押し寄せる波に抗しきれず、指令通りに身分証明書に検印を押して通過させた。しかしそれもできなくなり、一〇時半になって検問所を全面開放し、市民は何も提示することなく西ベルリンになだれこんだ。この間、東ドイツのテレビは定時番組を中断して、旅行規則の内容を伝えていたが、一〇時四二分まず東ドイツのニュースが、「国境はいま直ちに開放されました。壁の扉はすでに開放されています」と伝え、その直後ＡＲＤもベルリンからのレポートとしてボンルンホルムの検問所が自由通行になったことを伝えた。一一時を過ぎると他の検問所も自由通行を余儀なくされた。なかでも緊張が走ったのが、チェックポイント・チャーリーであった。ここには西ベルリン市民も押しかけ、東西ベルリンの双方から自由通行を認めるよう圧力がかけられた。特に西ベルリン市民は国境を越えて検問所に押しかける動きをみせ、東ドイツの警察がそれを押し戻すという事態が続いた。にらみ合いが続くなかで東西双方から検問所が襲撃される危険がでてきたとき、夜半の一二時ごろこの検問所も開放された。同じ時刻、アンヴァリド通りの検問所も開放された。しかしここでも混乱が起きた。西ベルリンから東に向かうものと東ベルリンから西に向かうものが一斉に押しかけたため、身動きがとれなくなったのである。この混乱は西ベルリン市長モンパーに伝えられ、彼は「東ドイツ国境を開ける」という生番組にでていたが、それが終わるとすぐ現場にかけつけた。事態を収拾するためには東西ベルリンの警察が協力する必要があった。しかしそれには占領軍の許可が必要であり、関係者を捜し当て許可をえて、双方の警察が事態の収拾にあたった。同じく現場にいた西ベルリン市役所の総務部長は「この晩ドイツ人は半世紀後初めてベルリンに単独で責任をもち、事態をうまく処理した」と記していた。それと同じころ、東ドイツの治安関係者も現場に駆けつけてきた。その一人は「これは東ドイツの崩壊だ」と語り、他の者は「社会主義は敗北した」と呟いていた。その間東西ベルリンの分断を象徴するブランデンブルク門の前は静かであった。一一時近くになって東西ベルリン市民が集まってきた。夜半を過ぎると人は膨れあがり、一時ごろになると東ベルリン市民が警察の阻止ラインを突破し壁に向かった。壁に上るもの、ハンマーで壁を壊すもの、ブランデンブルク門の壁は、分断の終わりを喜ぶ人によって膨れ上り、歓喜のうねりは明け方まで続いた。

第三章　ドイツ、アメリカ、ソ連

第一節　西ドイツ・ソ連関係

ゴルバチョフの登場

一九八五年三月一一日、ゴルバチョフが党書記長に選出された。

米ソ関係は、八一年一月レーガンが大統領に就任して以来悪化の一途を辿っていた。ＩＮＦ（中距離核戦力）配備に関する「ゼロ・オプション」提案（八一年）、ジュネーブでの軍縮交渉の中断（八二年）、ソ連を「悪魔の帝国」とする発言（八三年三月）、ＳＤＩ（戦略防衛構想）の公表（八三年三月）、ＫＡＬ００７便のソ連空軍による撃破（八三年九月）と米ソ関係は冷え切っていた。しかし八四年夏以来徐々に交渉再開の兆しが現れ始めた。レーガンは、同年一一月の大統領選挙を前にして、夫人のナンシーの助言もあって、選挙対策上も米ソ交渉を再開する方向で動き始めた。一方八四年二月アンドロポフの死去をうけて書記長に就任していたチェルネンコは、六月病気療養に入り、ゴルバチョフが書記長代理になると米ソ会談を呼びかける演説を行い、九月国連総会に出席するため訪米したグロムイコがホワイトハウスに招待されレーガンと会談した。

ゴルバチョフの就任以来、ソ連外交は積極化した。しかし先行したのは、西ドイツ以外の西欧各国首脳との関係強化であった。西側の指導者で最初にゴルバチョフと会談したのはイタリア首相のクラクシであり、五月二九日ゴルバチョフと会談し、ＥＣとコメコンとの関係強化を話し合っていた

（AG：28809）。またそれと同じ時期、西ドイツの元首相でSPDの党首であるブラントもモスクワを訪問し、二七日ゴルバチョフと数時間に渡って会談した。これは、いままでと同様に、ゴルバチョフも西ドイツに関しては、与党のCDU・FDPよりも野党のSPDとの関係を重要視していることを示すものであった（AG：28839）。また西欧の訪問国としてゴルバチョフが最初に選んだのがフランスであり、八五年一〇月二―五日パリを訪問した（AG：29241）。また書記長に就任する前の八四年一二月ロンドンを非公式訪問した際、サッチャーと会談し、彼女をして「ついにここに私と仕事のできるコミュニストがいるわ」と言わせていた（AG：28330）。ゴルバチョフは、この段階で西欧の英・仏・伊の首脳とは会談をしていたことになる。

米ソ関係は、八五年三月中旬ジュネーブでの軍縮交渉が再開され、七月上旬には米ソ首脳会談の開催で合意をみた。八月ゴルバチョフは『タイム』とのインタビューのなかで、研究対象としてはSDIを承認してもよいことを示唆して柔軟姿勢を示した（AG：29107）。一一月一九―二一日ジュネーブで米ソ首脳会談が開催され、戦略核兵器の五〇％削減、INFの暫定協定、SDI、検証問題を話し合い、双方が特に対立したのがSDIであった（AG：29375）。

八六年に入るとゴルバチョフは「新思考」外交を大胆に表明していった。八六年一月一五日、二〇〇〇年までに核兵器を全廃し、INFも全廃する衝撃的な提案を行った（AG：29512）。続いて二月二五日から三月六日まで続いた第二七回党大会で、ゴルバチョフはソ連経済の抜本的改革を提案し、外交政策に関しても相互依存と世界の統合化を強調してソ連は平和共存路線を追求すると演説した（AG：29682）。また四月二六日チェルノブイリ原発事故が起きた。グラスノスチの成果を示すように、二八日ソ連はこの事実を公表した（AG:29846）。さらに五月二三日には外務省で演説し、国内改革を推進すべく平和を維持する外交を積極化することを強調し、外交官はグロムイコのような「ミスター・ニエット」であってはならないと述べ、人権問題にも怯んではならないと厳命した。

この間西ドイツとソ連との政府レベルの接触は、他の西側主要国と比較して遅れに遅れをみせていた。コールは八五年三月一四日、逝去したチェルネンコの葬儀に出席したもののゴルバチョフとの会談の機会はなかった。外相レベルでも、七月一日にシェワルナゼが外相兼政治局員に選出され、七月下旬ヘルシンキ宣言一〇周年記念式典ではじめて各国外相に出会ったときも、九月のニューヨークでの国連総会でも、ゲンシャーはシェワルナゼと本格的な会談をもつことはできなかった。政府のそれと比べて非政府レベルの接触はまだ活発であったが、八五年連邦議会を代表して超党派で議員がソ連を訪問したものの、ゴルバチョフと会見する機会はなかった（AG:29920）。しかし八六年六月二五日には、西ドイツのラインラント・ヴェストファーレン州の首相で八七年一月の連邦議会選挙のSPDの首相候補確実といわれていたヨハネス・ラウ（現独大統領）がモスクワを訪問し、ゴルバチョフと会見していた。

そしてゲンシャーが最初にゴルバチョフと本格的に会談したのが、八六年七月二〇―二二日のモスクワ訪問の時であった。

その準備のために、ボンを訪問した各国首脳などから、ゴルバチョフとその政策について情報を収集していた。特に有用であったのが、七月七―一〇日にかけていち早くモスクワを訪問していたミッテランの説明であった。ゲンシャーは一八日、フランス側から説明をうけるためパリを訪問した。ミッテランの説明のポイントは以下のようなものであった（GE:491-492）。

①ゴルバチョフは新しいタイプの指導者で、登場の仕方も会話の仕方も西側の指導者と似ていること。

②ゴルバチョフは主要なパートナーをアメリカと考えており、アメリカとの和解をヨーロッパ経由、特にフランス経由で求めていること。

③しかし、ゴルバチョフは過去の独仏の対立関係から利益をえようとしている可能性も否定できないこと。このため独仏の協調関係を力説する必要があること。

④西ドイツへの姿勢は独特な弁証法の関係にあり、西ドイツに引きつけられると同時に、西ドイツはアメリカとあまりにも深く結びつきすぎると考えており、一種の愛憎感情に支配されていること。

⑤ゴルバチョフにとって決定的に重要なのはSDIであり、この点で妥協が成立しない場合には、すべてが失敗であると判断していること。またINFに関しては、ヨーロッパでのゼロ・オプションに言及したこと、であった。

この当時、ゲンシャーが懸念したのは、西ドイツ・ソ連関係の停滞であった。一九七〇年代に開始された西ドイツの「新東方政策」は、ソ連・東欧諸国との関係を大きく改善し、一九七五年には全欧安保協力会議（CSCE）の創設に寄与するなど、ヨーロッパのデタントの中核となっていた。しかし七〇年代の後半にソ連が中距離核ミサイルSS20を配備すると、アメリカと西欧は巡航ミサイルと中距離核ミサイル、パーシングⅡの西欧への配備を決定し、西欧諸国では戦後最大規模の反核運動が起こったが、一九八三年秋に配備された。この問題が、NATOの前進基地であり、その中軸である西ドイツとソ連の関係を停滞させていた。

ゲンシャーは、ミッテランの助言を聞き、レーニン、スターリン、ブレジネフというソ連の一連の指導者はドイツに特別の関心を抱いてきたが、もしゴルバチョフが新しい指導者であるとすれば、この点でも違うのかもしれないという不安を抱いた。しかしゴルバチョフがフランスを重視しているのは、SDIに反対する潜在的な同盟国と考えているからであり、ゴルバチョフが西ドイツを軽視しているとは思えないというのが彼の予感であった。この点を確かめるのが、ゲンシャーのモスクワ訪問の課題であった。

一九八六年七月二一日、ゲンシャーはクレムリンでゴルバチョフと会談した。

冒頭ゴルバチョフは、西ドイツの言動には必ずしも理解できないところがあり、それは平和的な声明と実際の行動との間に齟齬があることだと切り出した。それに対しゲンシャーは、両国の間には一致点もあれば対立点もあり、したがって両国の対話が重要だとまず一般論で切り返した。

ついでゲンシャーは、両国関係に対する西ドイツの方針を説明した。両国はヨーロッパの家実現の鍵を握っており、他国に与える影響は大きい。その悪例は第二次世界大戦であり、好例は一九七〇年に締結され西ドイツ・ソ連関係を改善させたモスクワ条約である。後者は全欧安保協力会議を創設した一九七五年のヘルシンキ宣言に結びついた。しかしこれに寄せられた期待はすべて実現したとはいえず、未来の展望をさらに拓く必要がある。ここで重要なのは軍備管理と軍縮であり、この点に関する両国の協力は絶えてしまっているが、ヨーロッパの家を実現するためには、各国民が安全にかつ不安から解放されて生活できることが重要なのだ。そしてヨーロッパの真ん中に位置する西ドイツは東西の隣国との関係に常に関心を払ってきており、特にＥＣの枠組みを通して西ばかりでなく東の国とも関係改善に努力してきた、と。

これに対しゴルバチョフは、ヨーロッパの家の建設に西ドイツはあまり貢献していないのではないかと反論した。ゲンシャーは、それは誤解であり、他国を正確に理解することは難しく、そのためにはその国のものの考え方を知る必要があると答え、例としてＣＳＣＥプロセスを説明し、独ソ間の対話は二国間関係ばかりでなく二つの同盟間の関係改善にも繋がることを強調した。

会談は本題に入った。ゴルバチョフは、西ドイツの政策は矛盾している、西ドイツはＩＮＦ配備の積極論者であり、ソ連に最後通牒をつきつけたではないか、アメリカがヨーロッパにＩＮＦを配備したがっているのは理解できるが、西ドイツがそれを要求したのは理解しがたい、と述べた。ゲンシャーは経緯を過去に遡って説明した。ソ連が先にＳＳ20を配備したのであり、それに対抗するためにＩＮＦを配備したのだ。最後通牒をつきつけたというようなことはない。ゴルバチョフは、ＳＳ4とＳＳ5について西側はすでに容認しており、ＳＳ20はそれの近代化にすぎないと主張した。それに対し、ゲンシャーは、ブレジネフもそう説明した、ＳＳ20はアメリカを対象とするものではないと彼は述べたが、我々ドイツ人はヨーロッパに住んでいると反論した、と説明した。さらにゲンシャーは、大陸間弾道ミサイル（ＩＣＢＭ）の世界でパリティが成立しており、次はＩＮＦのレベルで解決策が必要であり、ゴルバチョフの八六年一月の核兵器全廃提案を支持するとし、それにＩＮＦの全世界からの全廃も含まれるべきだと述べ、しかしソ連の東側の国との関係を考慮すれば、それはヨーロッパに限定されないという条件で中間的解決も考えるべきではないかと付け加えた。

次いでゴルバチョフは、西ドイツはモスクワ条約の目的に従っているのかと質問した。この質問は、西ドイツ国内に東ドイツ・ポーランド国境という、いわゆる東部国境について論争があることを知った上での質問であった。それに対しゲンシャーは、東部国境承認の積極論者であることから、ドイツの立場に変化はないと明言した。またゴルバチョフは、対米関係に関して西ドイツをアメリカから離反させる意図はないことを強調し、安全が脅かされていると感じる状況に西ドイツが置かれることは許されないからだ、これは、西ドイツにとってもソ連にとっても好ましいことではない、と理由を説明した。そしてゴルバチョフは、独ソ関係はいまだに過去を引きずっていると指摘し、冷戦時のソ連の政策を説明した。

それに対しゲンシャーは、両国が理解を深めることが重要であり、そのために対話を進める必要があると述べた。ゲンシャーは、ゴルバチョフは明らかに間違った評価に基づいて西ドイツを理解していると判断し、間違った結論を出すことを懸念した。そこでこの会談のポジティブな点を強調することにした。それは、第一に、ゴルバチョフが国の大中小（西ドイツは中である）にかかわらず平等に安全保障の権利を承認したことであった。第二点は、アメリカと西ドイツの間の溝を広げる意図はないと言明したことであった。そこでゲンシャーは、アメリカとの同盟・協力関係は我々にとって不可欠であり、その離反を画策することは非現実的であり、かつソ連の利益にも反することだと述べた。

そしてゲンシャーは、与野党が一致している西ドイツの基本政策は、独仏友好、西側同盟への帰属、EC、締結された条約、そしてCSCEの枠組みのなかで東側の隣国との政策を継続することだと説明した。

ゴルバチョフが、ヤルタとポツダムにもかかわらずヨーロッパは一体化されるべきだとレーガンが述べたが、それをどう思うかと、尋ねてきた。ゲンシャーの答えは、条約で決められた領土の不可侵を守ることが基本であり、ヨーロッパの家を語っているゴルバチョフが分断された家を好んでいるとは思えない、レーガンにとっても西ドイツにとってもゴルバチョフがこの点をはっきりさせることが必要だ、というものであった。話題がドイツ問題に近づいてきた。ゲンシャーは、歴史がこの問題に解答を与えるであろうこと、すべてのドイツ人はモスクワ条約締結の際に西ドイツが手交した「ドイツ統一に関する書簡」に書かれているように統一に向けて努力をするであろうことを強調し、加えて二つの注釈をつけた。一つは、責任のある政治家が統一を歴史に委ねるというのはあまりにも受け身であり、その課題を無視しているとしか言いようがないことであり、もう一つは、全てのドイツ人には当然東ドイツのドイツ人も含むことであった。

そしてゴルバチョフは、どうすれば両国関係が活発かつダイナミックになるかを尋ねてきた。それに対しゲンシャーは、「我々は新しいページを開こう」と応えた。

会談が終わったとき、ゴルバチョフは会談に積極的な意味があったと評価した。ゲンシャーもこの会談の意義を高く評価した。というのは、ソ連の基本姿勢とソ連の西ドイツの位置づけが明らかになったからである。まず、第一は、軍縮問題でゴルバチョフがSDIよりもパーシングⅡの配備のほうを重視していることが明らかになった(因みに、一九九三年に開催されたあるシンポジウムで、一九七九年のNATOの二重決定がソ連外交の転換のそもそもの原因であったとゴルバチョフが証言したことも、この事実と一致している)。第二は、ゴルバチョフの視野にはヨーロッパ全体の展開が入っており、その中での西ドイツの位置づけが明らかになったことであった。それは、ミッテランが説明したように、アンビバレントなものであった。一方でドイツの経済力に対する畏敬の念があり、他方でそれがアメリカの能力と結びつくことへの懸念があった。特にSDIの技術協力について神経質であった。第三は、ドイツ問題のドアが開かれたことであった。いずれもニュアンスを読み取ったものであったが、二つの示唆があった。一つはゴルバチョフがスターリンの発言の引用として、「ヒトラーはきては去る、しかしドイツ国民は残る」と述べたが、それに対しゲンシャーは、「ヒトラーはきては去る、しかしドイツ国民と(一つの――筆者)ドイツ国家は残り続ける」が正しいと訂正したが、それに反論しなかったことであった。もう一つは、ゲンシャーが、ドイツ問題は歴史ではなく、全てのドイツ人によって「ドイツ統一に関する書簡」の意味で解決されようと述べたとき、これにもゴルバチョフが反論しなかったことであった。第四が、ゴルバチョフの改革にかける決意は本物であり、すでにルビコンを渡ってしまったことであった。そして民主化と経済改革は新しい外交政策と密接に関連しており、西側のゴルバチョフ評価はこの内政と外交の関係を見落としていることであった(GE: 493–508; KW: 408–414)。

しかしこの会談で、西ドイツ・ソ連関係が急速に改善したとはいえなかった。米ソ関係は、この関係よりも遥かにダイナミックに進展していた。

「ゲンシャリズム」

八六年九月中旬シェワルナゼがワシントンを訪問し、一〇月アイスランドのレイキャビクで首脳会談を開催することで一致した。前回の会談以来、ゴルバチョフとレーガンは私的な書簡を交換しあい、ＩＣＢＭなどの長距離核ミサイルを全廃し、ヨーロッパ配備のＩＮＦを撤去することなどで方向が一致し始めていた。

一〇月一一―一二日、レーガンとゴルバチョフがレイキャビクで会談した。会談では、ＩＮＦのゼロ・オプション、全ての大陸間弾道ミサイルの一〇年以内の廃棄、爆撃機を含むその他の運搬手段の削減と将来的な廃棄で一致し、さらに戦術核兵器に関してはゴルバチョフはソ連の通常兵力の大幅削減を約束した。核兵器の軍縮交渉でまさに画期的なことが起きようとしていた。しかし最終的な場面でＳＤＩに関し、レーガンがそれの研究・テスト・配備まで主張し、それに対しゴルバチョフは研究と試験にとどめるべきとする要求を譲らず、合意は幻に終わった。最終的には潰えたとはいえ、米ソが核兵器のほとんどの分野で全廃・削減で一致したこと自体「画期的なこと」であった。ゴルバチョフは会談後の記者会見で「劇的場面は多々あったが、レイキャビク――これは敗北ではなく突破口である。われわれは初めて地平線の彼方をみたのだ」と述べたが、まさに「突破口」であった（GO:32-40，引用は38）。

ヨーロッパの目は、米ソの核軍縮交渉に集中し始めた。

ゲンシャーは、シェワルナゼとの本格的な会談を、八六年一一月四日ウィーンでもった。両者ともこの日から始まったＣＳＣＥの再検討会議に出席するためにウィーンに来ていた。しかしこの会談でゲンシャーは、コールのゲッベルス発言の釈明に終始しなければならなかった。一〇月コールは、『ニューズウィーク』とのインタビューのなかで、ゴルバチョフをゲッベルスになぞらえる発言をしてしまったのである。この発言は、大きく報道され、西ドイツ・ソ連関係が再び冷却してしまった。コール・パネン(Kohls Pannen「コールのドジ」)を修復するのが、ゲンシャーのこの会談での課題であった。

会談冒頭でゲンシャーは、コールの釈明書簡を読み上げた。記事は正確ではないと批判する一方で、連邦議会で釈明し、それで決着をつけたいという内容であった。シェワルナゼはこの問題をショーアップするつもりはなく、西ドイツ・ソ連関係を損なうことを恐れていると前置きしながらも、ソ連側が『ニューズウィーク』に連絡して事実関係を解明したが、同誌は記事は正確であり、オン・ザ・レコードのインタビューであったと主張していると追及してきた。ゲンシャーにとっても、まさに説明の通りで、返答のしようがなかった。そのため、先の釈明書簡をゴルバチョフが正しく評価してくれるよう、コールとの長い個人的なつきあいからみて、コールがそのような考えをもっていないことを自分は知悉しており、自分を信頼してほしいと要望する以外道はなかった。シェワルナゼは、ゲンシャーの説明に理解を示し、連邦議会でコールが態度表明を行うことで決着をつけることで了解した。だが、釘をさすように、コール発言が独ソ関係の過去の歴史もあって、ソ連指導部にいかに大きな影響を与えたかを縷々説明した。

このやり取りのなかで、ゲンシャーはシェワルナゼの態度に感心し、彼に敬意をいだくようになった(GE: 516-522)。シェワルナゼは前任者グロムイコと対照的であった。彼の気さくで開放的な姿勢と、「ミスター・ニエット」といわれ、朝食をとりましたかと西側の外交官が尋ねたとき、一呼吸おいて「多分」と応えたグロムイコとの違いを、ゲンシャーも実感したのであろう(Brown: 216-217)。

八七年二月一日ダボスの世界経済フォーラムで、ゲンシャーが演説した。そこでのメッセージは、「ゴルバチョフの発言を言葉通り採る者は、協力する準備を示さなければならない。協力を拒否する者は、自己の利益に埋没してしまうであろう。西側には協力を躊躇するような機会などない。我々はゴルバチョフを真剣に考え、その言葉を真剣にとらえなければならない。東西対立の四〇年を経て、いま大きな転換点にたっている。西側がこのような機会を逃すならば、それは歴史的な過ちといえる。それはソ連を見るときひたすら最悪事態だけを予想していたからだ」

反響は賛否を含め絶大であり、このペレストロイカ全面支持路線は「ゲンシャリズム（Genscherismus）」と表現された。批判の言葉であり、それは英米からきた。ソ連に関して大いなる幻想を抱いているという批判であった。しかしゲンシャーは、その先を考えていた。それは、この機会を逃してはヨーロッパの東西分断の克服はなしえないというものであった（GE: 526-528）。

しかしそれだけであろうか。当時のドイツの国内情勢・国際情勢から以下のことが考えられよう。まず第一は西ドイツ政界の動きである。八七年一月二五日に行われた連邦議会選挙は、与党CDU・CSUが若干票を落とし、それに比べてFDPは九・一%と票を伸ばした。ゲンシャーは、その原因の一つが彼の緊張緩和政策であると分析していた。コールのCDU・CSUが対ソ外交を停滞させているなかで、ゲンシャーはFDPの独自性を明確にするためにも、より対ソ接近を強調する方針をとる決意をしていた。それと関連して、当時CSUのシュトラウスが外相ポストをねらっており、ゲンシャーの外相ポストからの追い落としが選挙前からいわれていたが、FDPの勝利によってその可能性が消えたことも無視できないであろう。

第二に、コールが「ゲッベルス発言」という「ちょんぼ」をしてしまったため、対ソ政策に関与する度合いを低め、そのため対ソ政策の中心がゲンシャーの率いる外務省に移動し、ゲンシャーが独自の対ソ政策を打出す機会が広がっていたことである。さらに東方政策の本家本元であるSPDが選挙で期待したほど票を伸ばせなかったため、ソ連のSPD志向が弱まることが予想され、その穴をうめるかたちで東方政策の継承者であることを内外に明示しようとしたことも無視できない。

事実この選挙以降、「内政のコール、外交のゲンシャー、知性のヴァイツゼッカー」というイメージが西ドイツで急速に広まっていった。

第三に、ソ連との関係において他の西欧諸国よりも西ドイツが関係改善で遅れていることは確かであり、この時点で一挙に関係の強化をはかろうとしたのであろう。この点で無視できないのが、西ドイツ・ソ連関係の最大の障害がINFであり、それとの関係で英仏が巻き返しをはかることが予想されており、それへの先制攻撃としてこの演説を考えたのであろう。事実、三月下旬ソ連を訪問したサッチャーは、INF破棄と事実上のヨーロッパの非核化に強い警戒を示した。さらに、西ドイツ国内でもCDU・CSUではINF廃棄反対の動きが強く、それを牽制するためにもこの演説を行ったと考えられる。

最後は、ゲンシャー自身のこれまでの経験である。一つは彼が一九五〇年代に東ドイツのハレから西ドイツに亡命した東独出身者であり、同じ経験をもつFDPのミフニクとともに他の政治家以上に、東西対立の緩和、東西分断の解消に強い関心をもっていたことである。もう一つは、FDPが八二年に連立のパートナーをSPDからCDU・CSUに切り替えたとき、その理由の一つが「二重決定」を支持するということであった。FDPは、西側もINFを配備することによって、それを梃子にソ連のINFを廃棄させることができると弁明したのであり、INF廃棄を実現することによってFDPの方針が正しかったことを証明しようとしたのである。

ヴァイツゼッカー訪ソ

八七年五月、世界を驚かせる事件が起きた。五月下旬西ドイツのルストという一青年が、セスナ機でモスクワの赤の広場に着陸したのである。ソ連空軍の警備体制の甘さを天下に知らしめた。これを口実に軍の人事が一新された。

八七年七月六―一一日、ヴァイツゼッカー西ドイツ大統領がソ連を訪問した。仕掛け人は、西ドイツ駐在ソ連大使のクビチンスキーであった。彼は、西ドイツ・ソ連関係の改善を希望し、八七年一月下旬共産党中央委員会総会に出席するためモスクワに帰国したとき、事態改善のためヴァイツゼッカーを招待する考えをシェワルナゼに伝え、シェワルナゼもゴルバチョフもこの考えを支持した。問題は、ヴァイツゼッカーの説得であった。彼は、コールの失言を謝罪するためにモスクワを訪問するつもりはなかった。そこで浮上したのが、国家元首としてソ連を国家訪問するやり方であった。このようにすれば、招待者はゴルバチョフではなく、ソビエト最高会議議長であるグロムイコになり、ヴァイツゼッカーも大統領の資格で行動できることになる。そのため訪問地も、モスクワばかりでなくレニングラード（戦争中の同地での攻防戦という過去を克服するために）とソ連の先端産業の集積地であるノボシビルスクも加えられた（KW:417-418）。

七月七日にもたれたゴルバチョフとヴァイツゼッカーとの会談は、実り多いものとなった（GE:543-546; KW:418-425; GO:176-177; TSCH:144-146）。会談に同席したクビチンスキーによれば、会談は以下のように進んだ。

ゴルバチョフ「昨年ゲンシャーと会って独ソ関係を進展させることを約束しましたが、それが実現していないことは遺憾であります。関係を好転させたいというボンの側の希望は我々にも伝えられていますが、実態がそれに伴っておらず、いままでの成果を台無しにしかねないと懸念しております。しかし関係改善が必要であることを確信しております。戦時中でもロシア人はドイツ人を尊敬していましたし、ソ連はドイツを重要と考えていることを強調したいのです」

ヴァイツゼッカー「自分はこの部屋にいる最年長者であり、戦争を最初から最後まで経験した人間であります。自分がモスクワに来たのは、悲惨な歴史が繰り返すことのないよう、それを防ぐ必要があることを若者たちに語ることが自分たちの世代の仕事と思っているからであります。特に人類を脅かしている武器の削減を自分は最重要の政治課題と思っております。ヨーロッパの真ん中に位置するドイツは、戦争を起こしかねないどのような小さな危機にも脅えているのです。そのためには信頼が必要なのです」

ゴルバチョフ「大統領の長期的な視点は理解します。しかし長期的な目標の実現を妨害するような事態があるのです。我々の関係が常に動揺するようであってもよいのでしょうか。我々は英語のドイツ語への翻訳をもう聞きたくありません。我々はドイツとの真剣な関係を求めておりますが、それはいつ可能なのでしょうか」

明らかにコールがアメリカ外交に追随していることへの批判であった。

ヴァイツゼッカーは、これに穏やかにかつ慎重に返答した。

「関係が偶発的事件などによって阻害されてしまうことはよくありません。またそのような事件があることも間違いありません。それはこの一〇年不信が増してきたからです。しかしアデナウアー以来、西ドイツは対ソ関係の重要性は強調してきましたし、モスクワ条約などの一連の条約が関係の礎石であることには変わりはありません」

会談はここで佳境に入る。ゴルバチョフがドイツ問題に言及したのである。

「モスクワ条約にもかかわらず、ドイツ問題が未解決であるとか、東部国境（東ドイツ・ポーランド国境）が未解決であるという意見を最近よく耳にします。そのためドイツ側に協力する意図があるのかどうか疑ってしまいます」

ヴァイツゼッカー「西ドイツがモスクワ条約に忠実であることは微動だにしておりません。この点はコールも同様です。その歴史を忘れてしまう者は、未来も創ることはできません。この点で、ドイツは分断されており、平和への貢献が必要であることを確信しています。特にドイツほど隣国が多い国はなく、ドイツの歴史はドイツ人だけの歴史ではありません、ドイツは隣国との平和と協調を常に必要としているのです」

ゴルバチョフ「他国民の歴史に介入するつもりはありません。政治的に見て、戦後二つのドイツが成立しています。両国とも、平和の維持のために貢献しなければならないという教訓を歴史から学んでいます。そのようなことを越える全てのことは、ドイツの隣国に正当な懸念を生むことになるでしょう。ヨーロッパそして世界の一〇〇年後がどのようになっているのかは、歴史が明らかにするのです(Die Geschichte werde klaren, wie die Lage in Europa und in die Welt in hundert Jahren aussehen werde)」(KW:421; GO:177)。

この発言に、ヴァイツゼッカーを始めとするドイツ側は驚いた。戦後ソ連の指導者は一貫してドイツ問題は解決済みとしており、戦後の現状が変更される可能性を指摘することは決してなかったからである。

これに対しヴァイツゼッカーは落ち着いて答えた。

「現状を尊重しなければなりませんが、将来のより安全なヨーロッパのために西ドイツはソ連の良きパートナーにならなければなりません」

そしてコールの挨拶をゴルバチョフに伝えた。

ゴルバチョフも、コールに謝辞を伝えるよう要請し、「モスクワはドイツとの関係を新たに熟慮しており、西ドイツの利益、世界における西ドイツの地位を新たな方法で検討しています。安定した西ドイツがなければ安定したヨーロッパはないとモスクワは確信しております。自分たちの本来の立場を放棄することなく、より重要な一歩を踏みだす可能性を両国はもっているのです」と述べ、全てをコールに伝えるよう要請した。

ヴァイツゼッカーは、それを確約した。この会談に双方は満足した。ゴルバチョフは、ヴァイツゼッカーとの会見は「まことに建設的であり、効果があった」と回顧している(GO:177)。

「貴方側が一〇〇年後どのようになっているのかは，歴史が決定する」

それ以上に，この会談は西ドイツ・ソ連関係の改善にとって重要な意味をもった。問題は先の，「ヨーロッパそして世界の一〇〇年後がどのようになっているのかは，歴史が明らかにするのです」というゴルバチョフの発言が，何を示唆するのかであった。

しかしその前にゴルバチョフの発言を正確に再現する必要がある。会談議事録が公開されていない以上，関係者の回顧録を検討しなければならない。ゴルバチョフの外交アドバイザーのチェルニャーエフの回顧録によれば，ゴルバチョフの先の発言は，「貴方側が一〇〇年後どのようになっているのかは，歴史が決定する」となっている（TSCH:144）。

では，この発言は何を示唆しようとしたのであろうか。

まずゴルバチョフである。彼は『回想録』のなかで，就任当初はドイツ分割の絶対的正しさを受け入れていたが，これを永久に封じ込めておくことができるのかという疑念はあったし，この発言は，「原則としてドイツ民族の再統一を除外しなかったが，政治の場で提起することは時期尚早」という考えを表明したものだ，と述べている（GO:176-177）。

そしてチェルニャーエフも，ドイツ再統一を排除しないという意味であり，ゴルバチョフはその当時すでに，ドイツ問題の解決と西ドイツ・ソ連関係の正常化が国際関係改善の基礎であるという意見であった，と証言している（TSCH:144）。また，中欧問題を研究する気鋭のイギリスの政治学者アシュは、一九九二年にチェルニャーエフにインタビューしたとき、ヴァイツゼッカー訪問の時には、ゴルバチョフはすでに、ドイツ問題の解決と、ソ連・ドイツ人民の正常な関係なくしては、ヨーロッパにも世界にもいかなる回復もないと、心のなかで思うようになっていた、と語ったと紹介している。同じアシュのインタビューによれば、ゴルバチョフの側近中の側近であったヤコブレフは、八五年の就任時からゴルバチョフはドイツ統一を計算にいれていただろうと述べ、シェワルナゼも八七年までには自分もゴルバチョフもドイツ統一は不可避と考えるようになっていたと述べ、ゴルバチョフの「一〇〇年」という表現は国内世論を刺激しないための暗喩でしかなかったとも述べている(Ash 1993:108-109)。

これらの証言は、「ドイツ問題がオープンである」という立場をこの時点で表明したことで一致している。

しかし、このような証言への反論もある。クビチンスキーは、その『回顧録』のなかで、ゴルバチョフは当時ドイツ再統一が不可避であると考えていなかったし、その方向で意識的に活動することもなかった。ゴルバチョフは、東ドイツを失うことを欲していなかったし、八九年の出来事は事態の圧力に押されたものである。八八年以来モスクワは、事態をコントロールできなくなっており、ただその進展に対応したのにすぎない、と記している(KW:421-422)。

このような証言の違いは、ゴルバチョフの対ドイツ政策が一体どのようなものであったのかという問題と深く関係している。ゴルバチョフのドイツ政策はいかなるものであったのか。それは一貫性をもっていたのか、それともその場その場で状況に押し流される形で決定されていったのか、という問題である。この問題への答えは、もう少し後で出すことにしよう。

ところで国際政治において、あるメッセージがどのような意図のもとに発せられたかという問題と同様に重要なのが、相手側がそれをどのように受けとめたのかというパーセプションの問題である。西ドイツ側は、どう受けとめたのであろうか。

ゲンシャーは、後の関係筋との会談から総合的に判断して、これは「ドイツ問題がオープンであることを明確に言明したものと確信した」と述べている。

彼は、そのように確信した理由として以下のことを挙げている。それは、タス通信がこの会談について、ドイツ問題はオープンではないと、わざわざ伝えたことである。ゲンシャーは、この報道は、ゴルバチョフの立場に反対する勢力がいることを意識してなされたものであり、このことが逆に自分の確信を裏付けてくれたと述べている（GE:544）。

加えて、次のエピソードを紹介している。グロムイコの招待の晩餐会でヴァイツゼッカーが演説した。ところがグロムイコは、ソ連国民の気に入らない箇所は削除して新聞に掲載するようクビチンスキーに指示した。そのため翌日の『イズベスチャ』に掲載されたヴァイツゼッカーの演説は要旨になってしまった。そこで西ドイツは抗議し、グラスノスチを問題にした。そのためシェワルナゼとチェルニャーエフは、全文を掲載するようゴルバチョフに要請するが、ゴルバチョフは立場を明らかにしなかった。そして、ヴァイツゼッカー演説の全文を翌週違う新聞に掲載することで落着した（TSCH:145-146）。

この事件をゲンシャーは次のように解釈した。当時ゴルバチョフが置かれていた政治状況の文脈のなかでゴルバチョフの発言を理解することが重要であり、彼に課せられた制約のなかでゴルバチョフがわざわざあのような発言をしたことは、ドイツ問題はオープンであるという立場を表明したものとしか理解できないとしたのである。これがゲンシャーの解釈の方法であり、この意味でゲンシャーの証言の意味は大きい。

レイキャビクの米ソ首脳会談以降の西ドイツ外交の最大の問題は、ドイツ統一というはるか先の問題よりも、INF問題であった(GE:569-576)。八七年夏、米ソ合意の兆しがでてくるなかで、西ドイツ政府内ではINFに関して射程の短い短射程戦域核戦力(SRINF)を除外すべきとするCDU・CSUと、それも含めるべきというFDPとの間で亀裂が走り、連立与党はやっとのことで六月一日、INF条約から西ドイツに配備されている七二機のパーシングIAを除外することを条件として条約を支持すると決定した(AG:31066)。

しかしこの条件が米ソ合意の障害になり始めた。七月のヴァイツゼッカーのモスクワ訪問のとき、ゲンシャーはシェワルナゼとこの問題を話し合い、協議をもつことで合意していた。八月中旬ゲンシャーが南仏で休暇を過ごしているとき、西ドイツ駐在ソ連大使のクビチンスキーが早急に極秘に会談したいと申し入れてきた。一八日休暇先の南仏でゲンシャーはクビチンスキーと会い、INF交渉で米ソともパーシングIAの廃棄で一致しており、西ドイツの態度が障害になっているというシェワルナゼからのメッセージを聞いた。ゲンシャーは直ちにボンに戻り、コールにシェワルナゼのメッセージを伝え、パーシングIAの廃棄に合意するよう説得した。コールは逡巡した後、翌日廃棄に合意すると連絡してきた。そして八月二六日政府はその旨を公表すると同時にクビチンスキーにも連絡した

（AG:31369）。

この西ドイツの態度変更を受けて、ＩＮＦ交渉は加速し、九月一五日―一七日のワシントンでのシュルツ・シェワルナゼ会談で「原則」合意に達した（AG:31439）。最終合意は、一一月二三―二四日、ジュネーブでの両者の会談で成立した。一二月七日ゴルバチョフがワシントンを訪問した。八日から三日間の首脳会談に臨むためである。ワシントンはゴルバチョフ人気で湧き立った。八日歴史的なＩＮＦ全廃条約が調印された。いままで核兵器を制限することはあっても、それを削減するどころか廃棄する条約は史上なかった。同時に、魅力的な夫人のライサを同伴して熱狂的に歓迎する人たちのなかに平然と入っていく姿はテレビで放映され、ゴルバチョフはメディア・スターさながらであった。この姿は、西側の人々に、ゴルバチョフは世界を変える男であるという印象を強く与えることになった。

この時点から、米ソの関係が逆転してくる。ゴルバチョフ自身が劇的に変化するソ連の象徴となり、世界を変える男としてその言動が世界のメディアにのり、その大胆な提案によって、ゴルバチョフが米ソ関係の主導権を握ることになった。一方レーガンは精彩を失っていった。六月一二日ベルリンで、ベルリン建都七五〇周年記念式典が、ミッテラン、エリザベス女王などが出席して盛大に行われた。この式典に参加したレーガンは到着後八〇〇〇人ほどのデモ隊に取り巻かれながら会場に向かい、ブランデンブルク門の前で、「この門をあけろ、壁を壊せ」と演説していた（AG:31135）。このあたりがレーガンの絶頂期であったかもしれない。アメリカ経済の「双子の赤字」は国際的に大問題となり、ドルの下落が進み、ニューヨーク株式市場が大暴落した「ブラック・マンデー」が起きたのが八七年一〇月のことであった。国内政治的にも八六年の中間選挙で共和党の上院支配は終わり、またイランの武器貿易とニカラグアのサンディニスタ政権に反対するコントラへの支援が、イラン・コントラ事件として大問題となった。またSDIも議会が国防予算を三分の一にまで削減し、しかも宇宙空間での実験を禁止してしまった。ゴルバチョフがワシントンにくる三日前レーガンは、この国防予算を承認せざるをえなかったのである。同時にINF全廃条約は西側同盟国に亀裂を走らせることになった。

「脱イデオロギー化」するソ連外交

この間、東ドイツ・西ドイツ関係も変化をみせていた(Ash 1993:167-176)。八七年九月七―一一日までホーネッカーが西ドイツを公式訪問したのである。ホーネッカーの西ドイツ訪問が国際的関心を最初に呼んだのは、八四年二月アンドロポフの葬儀の際コールとホーネッカーが始めて会談をしたときであった。そのときコールは、以前シュミットが招待したものの見送られた西ドイツ訪問を再度申し入れたのである。しかし同年九月中旬、国際的な関心を集めていたホーネッカーの訪問は延期された。当時いわれたように、この延期はソ連の反対によるものであり、これはいまでは資料からも実証されている。その後東西ドイツの関係は停滞するのではないかと予想されたが、奇妙な形で関係をむしろ強化していった。一つは東ドイツのなかでドイツ・アイデンティティを強調する動きが起きたことであった。例えば、東ドイツの著名な歴史学者による非マルクス主義的なビスマルクの伝記(邦訳、エルンスト・エンゲルベルク『ビスマルク』海鳴社、一九九六年)が公刊を許され、しかも西ドイツでも出版されたことであった。また一九八五年はルター生誕四〇〇年記念にあたり、この記念をより大々的に行ったのが東ドイツであった。また第二に、西ドイツの閣僚や政治家の東ドイツ訪問も活発になっていった。このような流れは、東ドイツのソ連ばなれの傾向として注目された。そのなかでホーネッカーは西ドイツ訪問に固執し続けた。八六年四月東ドイツ側がホーネッカーの西ドイツ訪問を再度ソ連側に尋ねたとき、ゴルバチョフは、自分よりもホーネッカーが先に西ドイツ訪問することをソ連国民にどう説明するのか、と反対した。しかし、ヴァイツゼッカーの訪ソ直後の八七年七月下旬、東ドイツが再度ホーネッカーの西ドイツ訪問をソ連に打診したとき、ソ連は反対することはなかった。

国家元首などの公式訪問の際には、ボンの政府街を走るアデナウアー通りにそって国旗が並ぶのが通常であるが、ホーネッカーが到着した日のボンもそうであった。ホーネッカーはコールともに軍の栄誉礼をうけて公式訪問を始めたのである。西ドイツは、東ドイツを国家として承認していないにもかかわらずである。歓迎晩餐会のスピーチでコールは、ドイツ統一を強調した、ホーネッカーはそれを黙って聞いていた。公式訪問を終えたホーネッカーは生まれ故郷のザールブリュケンを訪問した。一九三〇年代に共産党活動を開始したホーネッカーは、これまで故郷の地を踏むことはできなかった。西ドイツの多くの人は、高齢のホーネッカーの最初にして最後の故郷訪問であろうと感じていた。

ホーネッカーの西ドイツ訪問は、ソ連に深刻な影響を与えたと思われる。モスクワ・ベルリン・ボンの関係のなかで、ベルリン・ボン関係がはるかに先行し始めたからである。このことをソ連は二重の意味で憂慮した。一つは、ベルリン・ボン関係が強化され、西ドイツが東ドイツへの支援を強化すれば、東ドイツの改革は進展せず、東ドイツが保守派の牙城となり、それがクレムリンに逆流する危険である。もう一つは、ソ連抜きで東西ドイツ関係が好転していけば、ドイツ統一の鍵をにぎるのはソ連であるという公理が次第に崩れていく危険であった。

八七年秋、INF交渉の妥結を前にして、またアフガニスタンからの撤退問題もアメリカとの協調もあってめどがついてきた段階で、またレーガン政権がイラン・コントラ事件でレイム・ダック化し、任期も残り一年を残すだけとなるなかで、ゴルバチョフは核軍縮を基軸とする対米関係を優先させる対外政策を見直し始めた。折りしも一一月にはゴルバチョフの『ペレストロイカ』が刊行されていた。この見直しは、八八年六月の第一九回党協議会まで続き、ゴルバチョフの側近のチェルニャーエフによれば、それは「外交政策の脱イデオロギー化」であり、ペレストロイカの最大の障害はイデオロギーの分野にあって、特に「古い対立を志向している、イデオロギーと理論の神話やドグマを一掃する」ことであった(TSCH:167-170)。

この見直しの過程は明らかではないが、その一例は知ることができる。ソ連のシンクタンクである世界社会主義体制経済研究所の対外政策部門の長であったドイツ専門家のダシチェフが、八七年一一月二七日にソ連外務省に提出した報告である(Ash 1993:109; Levesque:69-74; Brown:245)。この報告は、中立化を条件にドイツ統一を認めるのが他の選択肢よりもよいという超刺激的な結論を出していた。その理由は、東ドイツ経済の悪化であり、東ドイツのなかに統一への願望が強まっていることであった。加えて、西ドイツでも統一要求が強まっていること、他の西側諸国はドイツ統一への関心を弱めていること、そのなかで鍵を握るのはモスクワであるという判断が西ドイツで強まっていること、そのため西ドイツはNATOからの離脱を統一のための安いコストとみなすようになっていることも指摘していた。以上のような分析にたって、ダシチェフは、このような提案を行えば、西ドイツ世論の支持をうけ、西側に対して攻勢をかけることができると提言したのである。この報告は外務省の出席者から猛反撃をくらい、政府に採り入れられることはなかった。しかし彼自身の証言によれば、シェワルナゼだけがこの批判に加わることはなかったという。筆者は、数年前モスクワで開催されたある国際会議で、ダシチェフと会う機会があったが、そのとき彼が強調したことは、東ドイツ経済の悪さと統一要求の潜在的な高まりにソ連が気づいていれば、あのような形でドイツ統一は進まなかったかもしれないということであった。これは単なる一つのエピソードかも知れないが、この時期ソ連指導部のなかで非公式にドイツ問題を含む外交政策の再検討がなされていたことは、ホーネッカーもソ連大使から報告を受けていたと証言（Ash 1993: 109）しており、見直しがなされていたことは間違いのない事実であろう。

では、この時期の見直しの成果は何なのであろうか。

それは三つの次元で進められたと考えられる。

(1) 第一の次元は、イギリスのソ連研究者ブラウンがまとめたように、「新思考」を前面に打出したことである。そして、これはいままでのマルクス・レーニン主義の国際政治観を全面的に切り替えるものであったがゆえに、イデオロギー闘争であり、「脱イデオロギー化」であった（Brown: 221-225）。まず核兵器なき世界や環境問題などの「全人類的価値」を全面に掲げた。この考えはゴルバチョフの側近がすでに主張していたことであったが、ゴルバチョフは八七年二月の「非核の世界と人類の生存」のフォーラムでの演説でこれを強調した。「全人類の普遍的価値」を優先させたことは、従来のマルクス・レーニン主義の国際関係理論の基礎にある「階級的視点」を否定するものであった。ついで資本主義と社会主義の戦争不可避論を否定した。さらに「平和共存論」も否定した。なぜなら「平和共存論」は国家間の戦争を否定するものであっても国内で進行する階級闘争を否定するものではなかったからである。「全人類の普遍的価値」が優先され、階級を超えて維持し促進すべき価値とされたのである。

「平和共存論」に代わってゴルバチョフが打出したのが、両体制間の「相互依存」と「統合」であった。これは、マルクス・レーニン主義のテーゼである社会主義の最終的勝利を否定するものであり、同時に両体制の収斂を前提にしていた。収斂の方向と結果を現す言葉が、「文明」ないしは「文明化」であった。ここで意味する「文明」とは、明らかに西欧文明であり、八九年一一月の『プラウダ』の論文は、ソ連もこの西欧文明に属しており、その維持と発展が課題であることと、デモクラシーと自由がその中核的な価値であることを明言した。

(2) 第二の次元は、第一のそれと関係するが、日々の国際政治の基本方針も変化していったことである。

① まず対米政策である。八八年五月二九日―六月二日にかけて、レーガンがモスクワを訪問した。この四回目の首脳会談はその内容よりも米ソ関係の緊密さを世界に示したことで象徴的な意味をもった。かつてソ連を「悪魔の帝国」と呼んだレーガンが、いまゴルバチョフとともに赤の広場にいるのである(Brown:238)。ゴルバチョフの政策は、このように築き上げた協調関係を土台にして、核軍縮や通常兵器軍縮で攻勢をかけ、軍拡競争という経済的負担を削減し、政治改革の障害となっている軍部・軍産複合体の政治的力を削ぎ落とし、さらに軍縮の実現などでソ連国民の支持を動員することに

あった。おそらくこの延長上にはヨーロッパでの二つの軍事ブロック、NATOとWTOとの大幅改編も想定していたであろう。

この点で興味深いのが、八八年一一月二五―二六日ミッテランがモスクワを訪問したとき、ゴルバチョフと交わしたやり取りである(JA:132-134)。ミッテランの訪問の目的は核軍縮が英仏の核兵器にまで及ぶことを警戒して、フランスの保有する核の意味をゴルバチョフに明らかにすることと、翌年七月に予定されているフランス革命二〇〇年祭にゴルバチョフを招待することであった。

ミッテラン「ウィーン、ジュネーブであれ、どこであれ、(通常兵力の――筆者)軍縮への圧力を緩和する必要はない。……フランスは全ての領域で応ずる用意がある。しかし核兵器に関しては、フランスの能力が米ソと比較できるようになった時点でしか軍縮できない。あなたは核兵器から解放された世界を語っているが、あなたはロマンチストだ」

ゴルバチョフは楽しそうに、「ロマンチストだって。その表現を認めましょう。だが私は現実主義者でもあるのです」と答えていた。

会談の終了間際にまたこの問題に戻って、ゴルバチョフはサッチャーとも同様なやり取りをしたことを紹介した。「サッチャーさんはもっとはっきりと、私がユートピア主義者だといいました。そこで彼女に言いました。貴方は私をユートピア主義者と考えています。ですが、いまではすでに核軍縮協定が存在しているのです。彼女がいつの日か我々の(核軍縮の――筆者)プロセスに参加した日を思い起こすことができるようになれば、私は彼女を評価します。しかし、彼女が道徳的な議論で核兵器の維持を正当化する努力をするかぎり、私は彼女と意見を異にします」ときっぱりと述べていた。

ゴルバチョフの核軍縮にかける熱意をしめす発言であった。

②対西欧政策の本格的検討が、八七年三月のサッチャーのソ連訪問後から始まったことは、チェルニャーエフが証言している。八八年の初頭に「ヨーロッパ研究所」が創設され、所長には「アメリカ・カナダ研究所」の副所長であったジュールキンが就任し、「ヨーロッパ共通の家」の本格的検討にかかった(Brown:243)。ゴルバチョフが「ヨーロッパ共通の家」という言葉を最初に使ったのが八四年一二月のイギリス訪問のときであり、また八五年一〇月に最初にパリを訪問したときもこの言葉を強調していた。これは全欧的な観点から検討されたといってよい。まず軍事面では、NATOとWTOという二つの軍事ブロックの役割を、軍縮と協調関係の強化を通して、比重を軍事的なものから政治的なものに移すことが目標とされた。その場合の枠組みとなるのがCSCEであった。ついでECとコメコンとの関係強化がはかられた。ゴルバチョフの就任以前、ソ連は独占資本主義の強化、NATOの下部構造としてECを承認していなかったが、国家間の相互依存を強化するものとして位置づけるようになり、八八年六月にはECとコメコンは共同宣言を出し、八月にはソ連はECと外交関係を樹立した。この背後には、八七年七月にECが単一市場の形成を正式に決定し、ECの統合の強化が鮮明になったことがあった(Levesque:41-42)。さらにこれと関連して、ヨーロッパにおけるアメリカの役割を見直したという分析もある。「ヨーロッパの共通の家」は、西欧とアメリカを切り離す分断工作と批判される可能性が強かった。そしてこのような批判は、対米政策も対西欧政策も阻害する危険があった。さらに八八年にはポーランド、ハンガリーでの動きが示すように、東欧諸国は流動化の兆しをみせており、さらにドイツ統一まで考慮するとなると、WTOを維持するためにもアメリ

カがヨーロッパで果たす重しの役割を無視することはできなかった。このため八八年後半から「ヨーロッパの家」のなかにアメリカを含む見解が表面にでてくることになった（Levesque：49-51）。

③そして東欧政策である。ゴルバチョフの東欧政策には種々の論議があるが、確実なことは、この見直しの過程を経て、東欧諸国に介入しないという方針がより明確に表明されたことである。そのキーワードは「選択の自由」であった。まず八八年六月二八日から七月一日まで開催された第一九回党協議会は、事実上の党大会といわれ、国内面では党と国家の関係の見直し、立法機関の創設、選挙での複数候補制の容認など、政治改革の方向に大きく踏み出した会議であった。その報告のなかで、ゴルバチョフは「新思考の中心的位置を占めるのが選択の自由という概念である。主要で一般的な国際問題が文明の生存となるとき、国際関係のこの原則の普遍性を確信するものである」と述べていた（Brown：225）。

以上の三点を核とする政策の大胆な変更を明確に表明したのが、八八年一二月七日のゴルバチョフの国連演説であった。長大な演説は三つのメッセージからなっていた。まずソ連外交の「脱イデオロギー化」を明確にしたことであった。「我々は、進歩が全人類の共通の利益にたってなされる新しい時代に突入しつつあります。この事実を進展させるためには、人類の共通の価値が国際政治の優先順位を決定しなければならないのです。……この新しい段階では、国際関係がイデオロギーから解放される必要があるのです」と。ついで大胆な軍縮提案である。「新しい歴史的事実は、兵器の過剰な蓄積という原則は防衛のための合理的で十分な原則に取って代わられるということです」として、ソ連赤軍兵力の約一〇％にあたる五〇万人削減、東西対立の軍事最前線である東ドイツ・チェコスロバキア・ハンガリー駐在ソ連軍の一〇万人撤退、東西国境配備の五〇〇〇両の戦車を含む一万両の戦車の撤退および廃棄、八五〇〇門の大砲などの撤退を提案した(Levesque:48)。この大胆な通常兵力の削減提案は、翌年からウィーンで始まるヨーロッパ通常兵力削減交渉をにらんだものであり、同時にINF全廃条約後、新たな課題になることが確実な短距離核兵器の削減もにらんだものであった。西側は、通常兵力でのソ連の優位を理由に、短距離核の削減には抵抗していたのである。

続くメッセージが、東欧諸国の選択の自由であった。「我々にとり選択の自由の原則の必要性は明らかである。……選択の自由の原則は普遍的な原則であり、それには例外はない」とし、この原則は「社会主義、資本主義の双方のシステム」に妥当することを強調した。この「選択の自由」は、東欧諸国ではブレジネフ・ドクトリンの放棄を意味した。さらに東欧の市民が自由にその政治路線を決め、政府を選べることも意味した(Brown:225)。

しかしこの演説は失敗であった。演説はあまりにも長大であったため、そのなかであまりにも多くのことが語られたため、マスコミは軍縮提案のみを大きく報じ、その他の扱いは小さかった。しかしながらソ連が対外政策を大きく転換したことは確かであった。

(3) 第三の次元は人事と党機構改革である。緊急の中央委員会総会が終わった八八年九月三〇日、大幅な人事異動と党機構改革が発表された。まず中央委員会の機構改革であり、書記長と書記からなる制度を改め、政策担当ごとに改組しそれを部として、書記のもつ権限を大幅に制限したのである。この一環として外交政策に大きな影響を与えていた中央委員会の国際担当の部局も改組され、国際関係委員会のもとに国際局と社会主義国局を合併して国際部を置いた。これと連動して書記の担当ポストも変更された。

これと関連して人事も刷新され、グロムイコが政治局から離れて最高会議議長となり、保守派の重鎮リガチョフが副書記局長から農業問題担当書記となった。一連の人事で目立つのが外交関係を改革派が抑えたことであった。中央委員会国際関係委員会委員長にヤコブレフが就任し、ゴルバチョフ・シェワルナゼ・ヤコブレフという体制が出来上がった。さらにKGB議長にもヤコブレフの友達であるクリュチコフが就任した。また国際部長にはソ連最高のドイツ通であるファーリンが就任した。

ゴルバチョフは、公的・私的アドバイザーを外交問題では積極的に活用した。

まずそのインナー・サークルにいるのが、①ペレストロイカの産みの親で、国内・国際問題の全般に渡ってゴルバチョフを支えたヤコブレフである。中央委員会宣伝局に長く勤め、五八—五九年には交換プログラムでコロンビア大学に留学した経験をもっていた。改革派的言動で七三年からカナダ大使に転出した。八三年アンドロポフがモスクワに呼び戻し、世界経済国際関係研究所（IMEMO）の所長に就任した。八五年七月党中央委員会宣伝局局長、八六年三月中央委員会書記、同時にイデオロギー担当政治局員候補、八七年から党政治局員となり、イデオロギーと外交問題を担当した。しかし彼はその地位よりもゴルバチョフの盟友として様々な問題にあたった。
②続いてチェルニャーエフである。八六年二月ゴルバチョフの外交問題アドバイザー（実質的にはホワイトハウスの補佐官に近い）となる。彼は、ゴルバチョフの側近中の側近として、ゴルバチョフが外国の要人と会談する際にはノートテーカーとして同席した。長いこと中央委員会国際局の局次長を勤め、外交問題の検討や要人の演説原稿の執筆を行っていた。彼も改革派であった。彼のメモワー

ル『ゴルバチョフと運命をともにした二〇〇〇日』(潮出版、一九九四年)が邦語でも刊行されている。

③この二人の他に、インナー・サークルでゴルバチョフが重視した人物としてシャフナザーロフがおり、アンドロポフが中央委員会社会主義国局局長の時代その下の次長として働いていたが、八六年秋に筆頭次長となった。彼はソ連政治学会の会長も長いこと務め、改革派として有名であった。その後チェルニャーエフと同様、ゴルバチョフのアドバイザーとなった。さらに、V・メドヴェージェフがおり、八六年三月中央委員会書記兼社会主義国局局長となり、主として東欧問題を担当した。八八年秋の中央委員会の改組でイデオロギー担当中央委員会書記となった。

④改革派が多いゴルバチョフのアドバイザーのなかで異色なのが、アフロメーエフである。八八年までソ連軍参謀総長であり、その後ゴルバチョフの軍事問題アドバイザーとなった。保守派の参謀総長モイセーエフや国防大臣ヤゾフとは異なり開明的で知られていた。しかし通常兵器の軍縮には彼は消極的であった。そして九一年八月のクーデタを支持し、失敗後自殺した(Brown:232-233)。

⑤外務大臣のシェワルナゼもこのインナー・サークルで欠かせない人物であった。グルジアの第一書記以来、隣のコーカサスの第一書記であったゴルバチョフとは盟友関係にあり、六四年以来外務大臣(七三年以来政治局員)としてソ連外交を牛耳っていたグロムイコ外交を転換させるべく、外務省に乗り込んだ。ゴルバチョフが、外交に無経験のシェワルナゼを就任させた理由として、盟友関係ばかりでなく、政治局員となれる大物政治家が必要であったこと、外交を積極化するため西側首脳・外相と渡り合える人物が必要であったこと、さらにゴルバチョフの首脳外交に対立するのではなく、それを補佐する人物が必要であったことが指摘されている(Brown:215-216)。しかし九〇年一二月グル

ジア問題と関連して、突然辞任した。

⑥以上のトップレベルの他に、この時期の対外関係で無視できない人物として、シェワルナゼの腹心となった外務省のタラセンコがいる。外務省官房付審議官であるが、事実上の補佐官であり、シェワルナゼと要人との個別会談には彼が同席した。そして彼は、外務省内のドイツ派としばしば対立した。ドイツ派には、外務省の重鎮である第Ⅲ欧州局長のボンダレンコ、八一―八三年ジュネーブでのSALT交渉のソ連代表として名声をはせ、八六年―九〇年まで駐西ドイツ大使を務め、帰任後副大臣となったクビチンスキー、さらに七〇年ソ連・西ドイツ間のモスクワ条約締結時にドイツ課長であり、七一―七八年西ドイツ大使をつとめ、SPDを中心に西ドイツ政界と深いパイプをもち、八八年から党中央委員会国際部長となった、ソ連のなかで最高のドイツ通であるファーリンがいた。この外務省のドイツ派は、グロムイコ路線を支持するものではなかったが、ゴルバチョフ外交にも批判的であり、ソ連の国益軽視、軟弱な交渉などと批判することが多かった。

コール訪ソ・ゴルバチョフ訪独

ヴァイツゼッカーのソ連訪問後、西ドイツ・ソ連関係は徐々に好転し始めた。八七年一二月西ドイツ政界の大物シュトラウスがモスクワを訪問した。彼が自家用飛行機でモスクワまできたことが話題となったが、連立与党の要人が訪問するなかでコールのみが例外であることが顕著になってきた。

八八年一月一七―一九日シェワルナゼがボンを訪問した。就任以来、初めてのボン訪問である。訪問に先立つ一五日、『プラウダ』は一九一七年以来初めてソ連駐在西ドイツ大使との会見を記事として掲載していた。シェワルナゼは、ゲンシャーとの会談でＩＮＦ全廃条約で西ドイツがみせた協力を称え、それと同時に短距離核ミサイルに関するゼロ・オプションを検討するように要請した。そして西ドイツ・ソ連との定期協議に関する議定書、さらに七八年以来五年ごとに更新されることになっている経済協力協定をさらに五年更新した。そして関心の的であるコールの訪ソに関しては、シェワルナゼは記者会見で八八年前半にはありえないと説明した（Ash 1993:110-111；AG:31869）。

しかし二月七―一一日モスクワを訪問した、バーデン・ヴュルテンベルク州首相のシュペートが、コールからの要請で訪ソの打診を行っていた。シュペートは、「すでにフランスとイギリスを訪問したゴルバチョフが、西ドイツを脇においていることに極めて神経質になっている」と説明していた。この会談で、コールの八八年秋の訪ソとゴルバチョフの翌年の西ドイツ訪問が合意された。ソ連側は、この相互訪問によって「関係の質的向上」を明確に示す成果が必要であると要求していた（Ash 1993:111）。

さらに党国際局のドイツ担当であるポルトガロフが前年の秋、ＣＤＵに対して、東方政策を党として明確に承認するよう求めていたが、それに応えるように八八年六月ＣＤＵは党大会でそれを認める外交方針を採択した（Ash 1993:32, 112）。

夏になると、ポーランドでの労働者のストライキ、ハンガリーでの改革の始動、そして政治改革に大きく舵をきったソ連での第一九回党協議会をみたことによるのであろう、ゲンシャーは、予測が不可能なほどの激動が東欧で生ずるという結論に達したという（GE:582）。民主化のプロセスがソ連、ポーランド、ハンガリーに拡大し深化する。東ドイツもチェコスロバキアもその波から無縁ではないであろう。そして大規模なデモがまずは、メディアランドである東ドイツで起こるであろうというのが、彼の分析であった。九月ニューヨークの国連総会の際にシェワルナゼと会談し、東ドイツでデモが起きたときどうなるかが話題になり、今回ソ連が東ドイツに介入した場合には、西側は五三年六月一七日のベルリン蜂起への弾圧のときとは異なった対応をとると警告した（GE:584）。

八八年一〇月二四―二七日、コールがやっとソ連を訪問した。鳴り物入りの大代表団であった。コール、ゲンシャー、環境大臣、科学大臣、農業大臣、そして国防大臣も加わっていた。西ドイツの国防大臣による初めてのソ連訪問である。さらに大物政治家も加わった。CDUの副党首で右派と知られているドレッガー、安全保障問題の専門家のリューエである。なかでも目を引いたのが西ドイツ財界の大物も参加したことである。クルップ、マンネスマン、フォルクスヴァーゲン、ドレスデン銀行のトップ経営者、そして独ソ経済の鍵を握るドイツ銀行からは会長のヘルハオゼンが参加した。

コールは、ゴルバチョフと会談して二人の間に急速に個人的な信頼関係が生まれた、と説明した。ゴルバチョフも、「純粋に人間同士の関係、さらには実務的関係を求めるコールのアプローチは私を感動させた」「指導者間に信頼関係が生まれれば、多くの困難な問題が、より簡単に、より迅速に、余分な外交的手続きや形式なしに解決できる」と述べた（GO:179）。この会談の成果は、まさに個人的な信頼関係が生まれたことであった。この会談で、ドイツ問題がどのように話し合われたのかは分からない。コールの回顧録によれば、コールがドイツ問題に言及したとき、ゴルバチョフは、二つのドイツが存在していることは、第二次世界大戦が作り出した現実であり、ドイツ人の感情は理解するが、歴史を書き改めることはできないと述べた、という(KO:39)。この会談で、八九年六月にゴルバチョフが西ドイツを訪問することが正式に決定した。

この訪問の際、環境・農業・学生交換・文化交流などに関する協定が締結された。同時に財界は商取引、合弁会社の設立など三四の商談をまとめた。なかでもジーメンスなどが受注した総コスト一〇億マルク(八〇〇億円)以上といわれる高温度原子炉の建設と、ドイツ銀行が与えた三〇億(二兆四〇〇〇億円)マルクの信用供与が目を引いた。まさに政財界総掛かりでの、対ソ関係改善であった(AG:32676)。

これに続いて一一月二五—二六日、ミッテランが再びモスクワを訪問したことはすでに述べた通りである。伝統的な仏ソ関係の復活かという憶測もあったが、先に紹介した通り、核軍縮問題では物別れに終わっていた。

八九年に入り一月中旬、ゲンシャーとシェワルナゼが会談した。両者ともウィーンで開催された第三回CSCE再検討会議に出席していたのである。シェワルナゼは、いまや兵器の撤去ではなくヨーロッパの分断の克服が課題になってきたと語り、ゲンシャーに衝撃を与えた。そして昨年九月にゲンシャーが述べた、東欧での激動に関する予想に反論し、東ドイツのすべての情報を収集すると、東ドイツは安定しているという結論に達したと伝えた。八九年夏に大規模デモが起こるというゲンシャーの予測を裏付けるものはないというのである(GE:589)。

しかしシェワルナゼの観測は長くもたなかった。五月一二—一三日、シェワルナゼは翌月になされるゴルバチョフによる西ドイツ訪問の最終的準備のためにボンにきたが、一三日代表団による会議の前、シェワルナゼはゲンシャーと二人だけの会談を求め、ウィーンでゲンシャーの東ドイツ情勢に関する予想に反論したが、いまでは新しい結論を出している。東ドイツでの新しい展開を助ける方向で努力していると述べた。このため共同声明草案作成の協議で、シェワルナゼは役人の反論をほとんどうけつけず、会談を成功させることに傾注した（GE:613）。

たぶんこれ以降、八月にホーネッカーが入院する前のことと推測できるが、ヤコブレフが東ドイツを訪問しホーネッカーと会談していた。そのとき、ホーネッカーは何故ソ連指導部は危険な政策を続けるのかと尋ねたが、ヤコブレフは、それは選択や政治的意見の問題ではなく、客観的で不可避という必要性の問題であると述べ、「ペレストロイカがなければ、我々は一〇月革命と同様に暴力的な革命に遭遇することになるであろう」と警告していた（Levesque:83）。

八九年六月、社会主義圏に激震が走った。六月四日中国では天安門事件が起きた。同じ日ポーランドでは、議席に限定がありながらも自由選挙が行われた。一八日の第二回投票の結果、自由選挙の部分で連帯が全ての議席を獲得した。そしてハンガリーでは一六日ナジの再埋葬式が行われた。

六月一二日昼ゴルバチョフがボン・ケルン空港に到着した（GO:181-186）。ソ連側もこの会談に力を入れたことは、随行にはシェワルナゼ、ヤコブレフ、アフロメーエフが加わっていたことに示されていた。西ドイツはまさに熱烈歓迎であった。ドイツの大衆紙『ビルト』は、ゴルバチョフに抱かれた女学生の写真で一面をつぶしていた。ゴルバチョフが行くところ行くところ人々は「ゴルビー」と叫んでいた。まさに「ゴルバチョフ・フィーバー」であった。

一二日、ヴァイツゼッカー主催の歓迎昼食会の後、一回目のコール・ゴルバチョフ会談がもたれ、翌一三日に二回目の会談と随行団による全体会合がもたれた(AdBK: Nr. 2, Nr. 3, Nr. 4; GO: 184-186; KO: 40-51)。発表された会談議事録によれば、会談のテーマとなったのは、①ブッシュ政権の評価であった。ゴルバチョフは同政権に「矛盾した感情」をもつと述べたのに対し、コールは、ブッシュはレーガンの影から抜け出すことができるのか否かという課題を負っていること、ブッシュは太平洋岸出のレーガンと異なり大西洋岸の出であり、これはヨーロッパにもソ連にも都合のよいこと、また国内では社会的弱者などの難しい問題を処理しなければならないことを説明した。②ついで話題は、東欧諸国の変革の問題に移った。ゴルバチョフは、社会主義圏では巨大な変革が起きており、それは極めてセンシブルな過程であり、外部から影響力を行使しようとするのは有害であると述べた。さらに、東欧諸国での改革はその国が置かれている条件のなかで遂行されるべきであり、変革は異なった方法でなされるべきことを強調した。コールはそれを理解すると言明した。③ついで、ブリュセルで行われたNATOサミットについて論議が続いた。この問題は次節で説明することにしたい。

ドイツ問題に関しては、一三日の晩コールが公式の晩餐会の終了後、ゴルバチョフを公邸に招待し、その後深夜散歩することになり、ライン川沿いにある公邸の壁に上って河をみながら、「ライン河のように統一の奔流は制止できない」と語ったところ、ゴルバチョフは反論しなかったと、コールは後に述べている(KO: 44)。

またチェルニャーエフによれば、ドイツ問題で一致をみなかったものの、共同声明は、ソ連の対ドイツ政策では東ドイツよりも西ドイツを優先させること、ヨーロッパの建設において西ドイツが重要なパートナーであること、東ドイツに対しては、ソ連は統一をも含めて東ドイツ国民の意思を尊重することを、明確にしたものだと述べている(TSCH:259)。

一方、ゲンシャーもシェワルナゼと一二日午後会談した。テーマは、①五月下旬に起きたNATOサミットとブッシュの西ドイツ訪問(シェワルナゼは軍縮問題、とくにSNFに関心をみせた)、②全欧的対話の促進(シェワルナゼは、ヨーロッパの将来に関して全ヨーロッパ大の対話が必要であることを強調し、ウィーンでのCFE交渉、CSCEの信頼醸成措置交渉、CSCEサミットに関心を示した)、③東ドイツ情勢であった。

東ドイツ情勢に関しては、シェワルナゼが東ドイツの経済情勢は他の社会主義国よりもよいと述べたとき、ゲンシャーは次のように反論した。「東ドイツの労働者は、その状態を他の社会主義国の同じ業種の労働者と比較したことは一度もない、西ドイツのそれと比較しているのだ。東ドイツの労働者も、ソ連で始まったように民主化を望んでいる。あなたは年頭ウィーンで「さび付いた鉄のカーテン」と述べたが、いま状況はさらに進展している。鉄のカーテンはすでに崩れた」。これにシェワルナゼは反論せず、真剣に聞き入っていた。そしてゲンシャーをしっかりみて、シェワルナゼは、「全ての社会主義国がデモクラシーになるであろうと、私は確信している」と断言した。

この会話を通して、ゲンシャーは、時期が熟せばベルリンの壁も崩れるだろうと感じたという。「モスクワは時代の兆候をすでに察知している。そのため、同盟国(とくに東ドイツ)に対する決定と努力が西側の圧力に対する屈服とみなされないようにしている。信頼を生み出し、東側の新しい政策を西側への降伏と感じさせないようなヨーロッパの環境を求めている」ことを強く意識させられたという(GE:628)。モスクワでは賽はすでに投げられた、ただ西側の警告に追い立てられた者という印象を与えないようにしているのだ、これがゲンシャーが出した結論であった（GE：628–629）。

翌一三日の朝、ソ連大使公邸でゲンシャーはゴルバチョフと朝食しながら会談した。この会談でゲンシャーは、「ヨーロッパは結集しなければならない。このプロセスにドイツも含まれることになろう。現状は、だれにも良い効果をもたらしていない。それはヨーロッパ人の意識に合わず、ドイツ人の意識に合うものでもない。しかし、双方の一方が今後の展開を自分の個人的な勝利とみなしてしまうならば、よりよい将来展望は開けないであろう」と述べた。この発言はゴルバチョフの琴線にふれた。ゴルバチョフは「まさにその通り」と答えたのである。

ゲンシャーは先の結論への確信を深めた。ゴルバチョフとシェワルナゼは、二人とも民主化を支持している。それは分断の克服を意味する。しかしこれをソ連側の敗北とみせてはならないのであった（GE：629–630）。

会談を終えた一三日の夕方、コールとゴルバチョフは共同宣言を発表した。同時にゲンシャーとシェワルナゼは一一の協定に調印していた。それは、投資保護、経済界各層での相互協力、学界・大学間の相互協力の強化、文化センターの設置、教師・学生の相互交流、若者の相互交流、労働災害保護の専門家の育成、中毒症対策、原発事故の早期情報開示、原発施設に関する情報交換に及び、加えてホット・ラインの設置であった。

共同宣言は、画期的なものであった。二一世紀を前にして人類が共通に取り組まなければならない課題、「ヨーロッパ平和秩序」ないしは「ヨーロッパ共通の家」を構築するための諸課題、安全保障問題の諸課題を指摘し、それに共同で取り組むことを約していた。二国間の共同宣言でこのような広範な課題を扱ったことが、まず異色であった。しかしソ連・西ドイツ間の共同宣言であるかぎり、この関係に固有な問題もあわせて言及された。まず第一が、両国の優先課題として、「歴史的に育成されてきたヨーロッパの伝統を継承し、そしてヨーロッパの分断の克服に寄与する」ことを挙げたことであった。第二が、西ドイツが要求してきた「自決権」をソ連が認めたことであった。共同宣言は、次のように言っている。「いずれの国家も、その政治・社会体制を自由に選択する権利を有する。諸国民の自決権の尊重をも含めての国際法の原則と規範の制約なき承認」が平和と協力のヨーロッパの礎石であると明言した。このことの意味は絶大である。というのは、共同宣言を引用して説明すれば、東ドイツ国民と国家は「その運命を自由に決定する」権利と「その国家間の関係を主権的に形成する」権利を有することになるからである。こなれない文面からして、「自決権」の解釈がソ連と西ドイツと異なっていることが推測できるが、東ドイツ国民がその体制を自由に決定でき、統一をも決定できるという解釈も許すほどの文面であった（Kaiser : Dok. 9）。

ところで先に説明したゲンシャーの結論は、直後に作成された外務省の政策企画室のそれとも一致していた。「九〇年代のソ連の対ドイツ政策の新しいアプローチの可能性」と題するこのレポートは、ソ連の対独政策専門家の意見も分析して作成されたものであり、①ペレストロイカの内的論理が外交政策の新思考を導きだしたこと、②ソ連は東中欧におけるその国益を新たに規定する必要があること、③ソ連にとって、東西ヨーロッパの双方で起きているダイナミックなプロセスと現実をより強く考慮することが不可欠になっていること、その際、ECが社会主義国に対して大きな魅力になっていること、④ドイツ問題は極めて深刻に検討されており、ブレジネフは決着ずみという姿勢であったが、ゴルバチョフはこの点で「静止はない」と常に臭わせていること、それが八七年のヴァイツゼッカーへの言明であり、八八年一月シェワルナゼが述べた、「歴史はいかなる憲法にも忠誠を誓わない」という言明であった。

この分析から、ゲンシャーは二つのことを確信した。一つは、ヨーロッパの統一はドイツを中心にするだけでは実現しないことであり、統一問題をヨーロッパの次元で扱うことであった。統一問題の「ヨーロッパ化」である。二つめは、「ヨーロッパのそしてドイツの分断の克服に近づきつつあるのであり、そのためすでに展開しているプロセスを攪乱要因から解放することがより重要になっている」ことであった(GE:633-634)。

その後七月二〇日ゲンシャーは持病の心臓発作で倒れ、長期療養を強いられる。

第二節　アメリカ、西ドイツ、ソ連

西ドイツ・アメリカ間の亀裂

八七年一二月に米ソで締結されたINF全廃条約は、ヨーロッパの戦略環境を大きく変化させた。軍縮問題の焦点は、通常兵器と短距離核戦力(SNF)の削減問題に移っていった。そのなかで八八年になって問題となったのが、アメリカが西欧に配備しているランス・ミサイルの近代化であり、その是非について西ドイツで大きな論議が起こっていた(GE:581-593)。この問題は、NATO内部にも亀裂を走らせた。アメリカ・イギリスが近代化を唱え、イタリア、ベルギー、デンマーク、ギリシア、ノルウェーが反対した。また西ドイツ政権内部でも対立が起こり、ゲンシャーはランスの近代化を早期に決定することが、軍縮交渉そして東西間の緊張緩和に水をさすとして強硬に反対し、CDU・CSUはアメリカの主張に同調していた。さらにこの対立を増幅したのが、西ドイツの反対が、ヨーロッパの非核化や西ドイツの中立主義に対する懸念と結びついたことであった。このような状況のなかで、ゲンシャーは、八九年一月ウィーンのCSCE再検討会議において、NATO内の拒否派の諸国と交渉を続けていた。そして一月二〇日アメリカでは、ブッシュ政権が活動を開始した。

ブッシュ政権の外交・安全保障問題の布陣は、安全保障担当大統領補佐官がスコウクロフトであり、彼はニクソン政権時代に安全保障担当補佐官であったキッシンジャーの下ではたらき、フォード政権では彼自身安全保障担当補佐官であった。国務長官はベーカーであった。彼は、ブッシュの友人であり、ブッシュの選挙戦を指揮していた。それ以上にレーガン政権では財務長官として活動し、ドル安・円高のなかで通貨外交をとりしきった辣腕は評価されていた。この時代の彼の活動は、塩田潮『大蔵省vs.アメリカ』に詳しい。スコウクロフトの下に元CIA副長官のゲイツがおり、国家安全保障会議(以下NSC)の実際の切り盛りをしていた。ベーカーの腹心は、財務長官時代から彼の懐刀といわれた、三五歳のゼーリックがいた。また国務省の政策企画室長には、レーガン政権時代国防省とNSCに勤めていたロスがいた。彼らがベーカーのインナー・サークルを構成した。その外に国務省のドイツ派ともいえるヨーロッパ局長のザイツ、その下の審議官に、西ドイツ大使館の総務参事官であったドビンスがいた。そして国務省のゼーリックの大統領府でのカウンターパートが、NSCのヨーロッパ・ソ連担当局長であったブラックウィルであった。この二人のラインが、ワシントンにつきものの、ホワイトハウスと国務省の対立を押さえていた(ZR:20-24)。

しかし新政権の動きは鈍かった。「大きな夢を抱くべきだ」とブッシュが発言したがゆえに、時流をみるに慎重であった。政権に就任する前の一二月、ブッシュはスコウクロフトに、ゴルバチョフ提案に応ずるのではなく、「大胆で革新的な」ことをしたいと述べ、同時に「馬鹿げた短期的な」ことはやりたくない、とも述べていた(BS:8-9)。政権は、共和党右派の批判もあって、レーガン政権のゴルバチョフとの蜜月関係には慎重な姿勢を示していた。特に、スコウクロフトは慎重であった。彼は、ゴルバチョフの改革はソ連を再強化するためのものであり、ソ連の軍事的優位を変更することなく、アメリカを出し抜くのではないかという懸念をもっていた(BS:13-14)。ホワイトハウスは従来の政策のレビューを行ったが、方針はなかなか確立されなかった。そのため、新政権には哲学や戦略がなく、漂流しているのではないかという批判が強まり、大統領の忍耐もそろそろ限界に近づいていた。三月ホワイトハウスは、積極策に転ずることを決めた。様々なイベントを起こし、そこでアメリカのイニシャチブを明らかにするという演出である。晩春の西欧訪問とNATOサミット、初夏の東欧訪問とパリのG7サミットという外国訪問である。その間、対西欧政策をレビューした政策文書NSR－5が完成したが、その作成過程でNSCと国務省の見解の違いが明らかになった。NSCはドイツ問題を取り上げるべきだと主張したが、国務省はこの問題を突出させることに消極的であり、NSR－5もその方向でまとめられた。また対ソ政策のレビューも新味がなかったため、ブッシュは新たな検討をもとめ、NSCはもはや封じ込め政策の時代ではないという内容の政策文書を作成し、それが五月一二日のテキサスでのブッシュ演説「封じ込め政策を超えて（beyond containment）」の柱となった（ZR：24-26）。

一方、ベーカーは前年一一月から一月までの政権移行期間中外交問題を検討し、最初から米ソ関係を最重点に置くことを決めていた。ソ連は没落する大国であり、東西関係の枠組みのなかで、この没落の国際的影響を生産的かつ平和的方向に誘導すること、つまりソ連帝国の没落のソフトランディングに寄与できれば、無限の可能性が開けるという考えであった。その進め方も検討していた。それは「国内から国外へ」というものであり、まず何を達成したいのかを明確に定め、ついでそのためにどの機関に影響力を行使すればよいのかを検討すべきという考えであり、ベーカーが重視したものは、まず官僚、ついで議会、そしてプレスであった。これを行った後、アメリカ大陸を固め、ついで同盟関係を強化するというものであった（JB：54-56）。

NATOに関しては、ベーカーは、ソ連の脅威の低下とともに求心力が弱まっていると認識した。それに対応して、NATOを変化する環境に適応させることが課題となった。さらにECとの関係も問題であった。ECは強化されつつあり、そのなかでヨーロッパのなかの力関係はボンに傾いていると認識した（JB：57-58）。焦点のSNFについては態度を決めかねていた。というのは、各国は新政権が近代化方針を引き継ぐと思っているが、一二月のゴルバチョフの国連演説で世論はソ連側に傾いており、いま国際世論をめぐる闘いに負けそうな状態にアメリカは置かれていると考えたのである。このため挨拶と意見交換をかねて、ベーカーは二月上旬、NATO諸国を歴訪した（JB：85-86）。

二月一〇日ベーカーは、ブッシュとともにカナダを訪問し、カナダはアメリカのイニシャチブを要求した。ベーカーはついでイギリスに向かいサッチャーと会談した。サッチャーは、SNFの近代化の推進を強硬に主張し、西ドイツのコールは国内政治を考慮して指導力を発揮していないので、コールに圧力をかけるべきだと助言した(JB:87-88)。

その翌日の二月一二日、ベーカー国務長官は西ドイツを訪問した(GE:592-597)。コールとの会談で、コールはイギリスから指図されることに強い不快感を示し、「サッチャーは他人のミサイルで、やれやれといっている」と文句を言っていた(JB:88)。ゲンシャーとの会談では、ゲンシャーは持論のSNF近代化消極論を披瀝し、次のNATOサミットで全体構想(Gesamtkonzept)を検討したいとし、両者はNATOサミットを五月に開催することなどを協議した。その後、ベーカーは他のNATO加盟国を訪問し、大陸各国では反対論が強いことを知った。そしてオランダ首相からは、近代化と軍備管理の抱き合わせ案を受け取った。

三月六日ゲンシャーは心臓病で療養を迫られていたが、それを押してウィーンで開催されたヨーロッパ通常兵力(CFE)交渉に出席した。そこでベーカーと会ったが、SNFを話題にはしなかった。七日会議の間の意見交換から、ゲンシャーは強硬派が巻き返しをはかっているという印象をもった。ゲンシャーの演説では、ヨーロッパ平和秩序にむけて段階的に進むことの重要性を強調した。ゲンシャーは帰国後手術を行い、四月中旬から仕事に復帰する。

一方ベーカーは、ウィーンのCFE会議の間、ハンガリー、ポーランドの外相と会い、両国の改革につき意見を交換していた。またシェワルナゼとも会談をもち、ペレストロイカが不可逆的である旨説明をうけた。その後ワシントンに戻り、ブッシュに会談内容を報告した。この報告をうけてブッシュは、ポーランド、ハンガリーに対する支援と両国訪問を決定した。さらにベーカーは、シェワルナゼとの会談から、ゴルバチョフがＮＡＴＯサミット前後に新たな軍縮提案を行う可能性を感じたと報告し、そのときまでにアメリカも新たな構想を提示する必要があるとブッシュを説得していた(JB:67-68)。

三月にワシントンでは、政策レビューをめぐってＮＳＣと国務省との間で意見対立が起きたことは前に簡単に触れたが、対立点は二つあり、一つが対ソ認識・政策、もう一つがＳＮＦであった。この点をめぐって現状維持派と積極派とが対立したのである。現状維持派がＮＳＣであり、積極派が国務省、特にベーカー側近であった。

第一の対ソ政策に関して、前者は、ソ連は弱体化しており時間がたてば譲歩してくるので待機主義で十分であると主張した。後者は、ソ連は根本的な改革に取り組んでおり、それを推進させるためには積極的な対応が必要と譲らなかった。ベーカー自身は、ゴルバチョフの基本戦略は、西欧諸国と西欧の世論を味方につけて同盟を分断し、欧米関係を弱体化することにあり、それに急いで対抗し主導権を回復することが重要と考えていた。ＮＳＣの提唱する待機主義では、アメリカの選択肢は狭まるだけであり、環境をさらに悪化させるだけと、批判的であった(JB:70-71)。ベーカーは、先のＮＡＴＯ諸国歴訪のなかで、このような見解をもつにいたったのである。

第二の対立点が、ＳＮＦ問題であった(JB:91-93)。ベーカーはＳＮＦの近代化に消極的になっていた。ＳＮＦはソ連の通常兵力の優位に対抗するためにあるのであり、従って通常兵力の均衡が達成されればＳＮＦの近代化は必要がなくなるというのが、最大の理由であった。他の政治的理由もあった。

通常兵器削減によって東欧からのソ連軍の撤退を引き出し、それによって西ドイツからのアメリカ軍の撤退も進み、西ドイツで根強いアメリカ軍の駐留に対するルサンチマンも解消出来ること、さらにソ連外交の非軍事化を促進させ、それが国内によい影響を与えることが期待できることであった。しかしこれには在欧米軍の撤退という犠牲を払う必要があり、在欧米軍の存在が欧米関係の基礎と長い間考えてきた国防省は反対し、NSCも慎重な姿勢を崩さなかった。

四月になりヨーロッパ外交は一挙に活発化した。七月まで一連のサミットと首脳外交が繰り広げられることになる。ゴルバチョフは、複数候補制を導入した人民代議員選挙を終え、四月アイルランド、キューバを経て、五—七日までイギリスを訪問した(AG:33218)。またこの時期、ECは通貨統合にむけて一歩踏み出していた。四月一四日スペインのグラナダで開催されたEC外相会議で、ドロールは経済通貨連合(EMU)の三段階推進案を提案した。この問題は、六月二六—二七日のマドリッドでECサミットでも協議され、サッチャーの反対もあったが、通貨統合の第一段階を開始することで一致し、これにそってイギリスもいままで参加していなかったEMSの通貨調整メカニズムであるERMに加わることになった(AG:33465)。

SNF問題とNATOサミット

しかしこの時期、西欧諸国の最大の問題はSNFであった。西ドイツ政府は、四月に入り、連立与党間の対立を解消すべく協議を続け、一八日西ドイツ連立与党は、九六年にランスの後継機種を導入するか、製造と配備が不可欠か否かを九二年に決定する、という決定の引き延ばし案も含めたNAT

Oの「全体構想(Gesamtkonzept)」に合意した。

この決定先送り案は、アメリカとの対立を招いた。ブッシュ政権は、SNF問題の鍵は西ドイツであることを早い段階から認識しており、八〇年代初頭の反核運動を意識して、それが再燃することを警戒する一方、近代化決定の延期が、ゴルバチョフの軍縮攻勢もあって、西側に軍縮機運を盛り上げることも警戒していた(BS:57-66)。二四日西ドイツの決定を正式に伝えるべく、ゲンシャーと国防大臣シュトルテンベルクが訪米した。ゲンシャーは、アメリカの姿勢からして訪問しても成果がないことを強調していたが、その通り、ベーカーとの会談は何の成果もないまま終わった。さらに二七日コールは、西ドイツの立場を公表しないようにというブッシュの要請を無視して、所信表明演説のなかで先の連立与党合意を明らかにした。

西ドイツとアメリカとの間に亀裂が走った。スコウクロフトは、「同盟内の重大な危機に陥りそうであった」と述懐している(BS:77)。同時に、サッチャーとの対立は深刻であった。すでに指摘したようにサッチャーは、近代化の即時決定を強硬に主張しており、ブッシュとの電話会談では、「NATOはドイツではない。ボンが同盟を牛耳ることは許さない」とまで述べていた(BS:68)。西ドイツ・イギリス間では政財界の要人が集まって会談する独英会議が毎年開催されるが、それにやってきたサッチャーとコールは三〇日会談した。サッチャーは、短距離核は死活的に重要と即時決定を譲らず、会談は物別れに終わった(TH:358-359, 403-405)。この会談でコールのサッチャー嫌いはますます高ずることになった。西ドイツとアメリカ・イギリスとの対立が明らかになった。

五月一〇日ベーカーはモスクワを訪問した(JB:71-84)。モスクワ訪問を準備するなかで、ブッシュは、二人の間の連絡をさらに緊密にしたいという、ゴルバチョフ宛ての親書を託した。またベーカーは、中米などの地域紛争の解決と同時に、軍備管理問題が過度に強調されていることを是正しようとした。ベーカーによれば、軍備管理問題は、細かな技術的問題に支配され、成功に疑念をもつ官僚によって神学上の対立のようになっており、米ソ関係の進展にあまり役立っておらず、むしろ政治主導で外交・政治関係を好転させ、その結果として軍備管理を進展させることが重要なのであった。

一〇日ヘルシンキ経由でモスクワへ飛び立ち、ただちにソ連外務省迎賓館でシェワルナゼと会談した。初めてのシェワルナゼとの会談である。ベーカーは、ペレストロイカの成功を願っていること、前政権の対ソ政策を継続することを強調し、ただし安全保障問題の分野で新しいアプローチが必要であると説明した。そして東西間の軍縮問題から第三世界の地域紛争を切り離すことを新たに提案した。一方、シェワルナゼは、ソ連のペレストロイカが東欧諸国に及ぼす影響についてのベーカーの質問に、以下のように答えた。東欧諸国の問題は「正統性に関わる問題」であり、「新思考は、選択の自由という基本原則を基礎としている。すべての国民はその運命を決定する自由を、かれらが最もよいと思っている社会体制を選択する自由をもっている」と、過去のスターリン主義の押しつけは間違いであったと明言した(JB:77)。

その晩、ベーカーはシェワルナゼの私邸に招待され食事をともにした。この会談でシェワルナゼとの間に信頼関係を確立したと、ベーカーは述べている。シェワルナゼは、ペレストロイカの経緯を正直に説明したのである。ゴルバチョフが登場してからソ連の経済の停滞に気がついた。経済改革を行うには政治改革も不可欠であり、それには個人が解放され政治の主人公にならなければならないという結論に達した。複数政党制の可能性についてのベーカーの質問に対して、「そのような体制を期待している、一党体制のなかでそのように変化することができる」とまで答えた。そして民族問題に関して、その難しさを説明した。そのときシェワルナゼ夫人が故郷であるグルジアの民族問題のエピソードを説明した。ベーカーは、ソ連外務大臣夫人が微妙な政治問題に口をだしたこと、しかもグルジアの立場を熱烈に支持したことに感動したと後に述べている。

翌一一日一〇時からゴルバチョフと会談した（GO:161-164）。哲学的にして思弁的なゴルバチョフと実務的で即物的な辣腕弁護士ベーカーとの最初の出会いであった。ベーカーが三点を説明したいと実務的に切り出したとき、ゴルバチョフは軽蔑的に三点だけかと応えたという。ベーカーがシェワルナゼに説明したアメリカの新しい姿勢を説明した後、米ソ関係の進展の重要性を強調して米ソサミットの定期会合を提案した。この後、ゴルバチョフはペレストロイカについて説明した。ベーカーはこれを「長いモノローグ」と感じた。そしてやっと軍縮問題に話を移してSTART、CFEについての考えを説明した後、SNFに言及した。今年東欧配備の戦術核五〇〇基を撤去すること、その後アメリカもより抜本的な措置をとれば、九一年までに全ての戦術核を東欧から撤去する準備があると述べた。ベーカーは、これは西側の意見対立をみて軍縮交渉上あまり意味のない提案を西側世論向けに行うという策略と判断した。

この会談を通して、ベーカーは、シェワルナゼの方がゴルバチョフよりもリアリストであると感じたという。ゴルバチョフは、比喩で問題の核心を避ける性癖があると。この会談は米ソ関係を直ちに好転させることはなかった。ソ連はSNF問題を注視しており、アメリカは対ソ関係を推進するためにも、NATO内部の亀裂を修復しなければならなかった。一一日、ゴルバチョフは、ベーカーとの会談の中で伝えた、八九年に東欧配備の戦術核五〇〇基を撤去などの、軍縮提案を公表した(AG:33325)。この提案を西ドイツが歓迎した。

ベーカーは、五月一二日の晩モスクワをたちブリュセルに向かい、NATO外相会議に出席した。ここでベーカーはゲンシャーと会談した(GE:611-612)。ゲンシャーはベーカーを説得し始めた。ドイツ側の主張はSNF近代化をいま決定しないということであって、それを否定しようとするものではない。潜在的な仮想敵国はどこかを考えてみると、短距離核の射程内の東ドイツ、ポーランド、チェコスロバキアは該当せず、ソ連もいまや該当しない。もしそうだとしてもソ連は短距離核の射程外にある。ベーカーはイギリスから強い圧力があることを告白した。それに対して、ゲンシャーはイギリスよりも西ドイツのほうがNATOの軍事力に貢献していると釘をさした。ゲンシャーからみれば、SNF近代化の決定は時期尚早であり、軍事的に無意味であり、加えてこの決定によって東側の守旧派が勢いづき、強硬派に国内引き締めの口実を与えてしまうという政治的なマイナスも予想された。

ベーカーはワシントンに帰国後、ゴルバチョフの外交攻勢のまえにNATOサミットがかすんでしまう危険性をブッシュに報告した。ワシントンは対応を迫られた。五月一二日のブッシュの「封じ込め政策を超えて」演説は、具体的な中身に乏しく、マスコミの評価は芳しくなかった。またブッシュは、ゴルバチョフの新たなSNF提案を気にし始めた。これによってNATOサミットが台無しになる危険があった(JB:94)。

五月一七日ホワイトハウスでブッシュ、ベーカー、スコウクロフトが協議し、アメリカが主導権をにぎるべく、通常兵力削減提案を行うことを決定した（JB：95；ZR：30）。ベーカーは在欧米軍兵力の二五％削減を主張し、ブッシュが同盟内で主導権をにぎる必要があること、通常兵力削減提案はSNFを無意味にし一挙にこの問題を解決し同盟内亀裂を修復できること、ゴルバチョフは通常兵力削減を希望しており、それに適う提案を行うことによってモスクワから更なる譲歩をえることができると強硬に主張し、軍の反対を押さえ込んだ。この結果、米ソの在欧兵力を相互に二五％削減し、アメリカは三万人をソ連は三二万五〇〇〇人を撤退させ、協定を六カ月以内に締結し、九三年までに実施するという案がまとまった。この案は、特使によって西欧各国に事前説明されたが、サッチャーは、SNF後継機種決定を直ちになすべしと強硬に主張していた（JB：95-96；TH：407-408）。

五月二九日ブリュッセルでNATO創設四〇周年記念サミットが開催された。ブリュッセルの空気は張り詰めていた。式典とは裏腹にNATOの亀裂を更に深める危険があった。そのため、NATOの全体戦略の見直しという課題は忘れられ、各国政府の関心もマスコミの関心もSNF問題に向けられた（GE：615-621）。サミットは、各国首脳が演説する総会から始まった。そのなかで、ブッシュは先の在欧米軍・ソ連軍の撤退提案を公表した。在欧米軍・ソ連軍の上限を二七万五〇〇〇人とする提案である。しかしブリュッセルでの協議の中心は、SNFをめぐるアメリカ・西ドイツ・イギリス間の交渉であった。

NATO外相会談は一七時から始まり、西ドイツ・イギリス外相の応酬となった。ベーカーは妥協を模索していた。彼は会議中しばしばゲンシャーのところにやってきて、会議室の隅で密談を繰り返した。しばらくしてベーカーは会議室を離れ、やがて戻ってきた。そしてゲンシャーを会議室の外に連れ出し、「ブッシュと連絡した。これを見ろ」と一枚の紙をさしだした。紙に示されたのは妥協案であった。それは短距離核交渉の削減数をゼロではなく「部分的削減」とするものであった。ゲンシャーからみれば、今近代化を決定しないことが重要なのであるから、この妥協は十分飲めるものであった。西ドイツ・アメリカの合意が成立した。ベーカーは会議でそのことを説明したとき、会議場には安堵感が広がった。しかしサッチャーの姿勢が懸念された。翌朝、総会でサッチャーは、皆が緊張して見守るなかで、昨晩の合意を支持すると言明した。ゼロ・オプションを阻止したことでイギリスの立場は守られたのである。NATOサミットは、「軍備管理と軍縮に関する全体構想」(AG:33365)を発表して終わった。この文書のなかに、通常兵力の削減交渉を早急に進め、協定締結の後にSNFの「部分的削減」交渉に入ること、ランス・ミサイルの後継機種の導入と配備は九二年に扱われることが明記された。西ドイツ政府はこの結果に満足した。

NATOサミットでの決定により、西ドイツ・アメリカ間の協力関係が回復された。サミット後ブッシュはボンに向かった(GE:623-625)。三〇日午後ヴァイツゼッカー主催の午餐会の後、三〇日午後、三一日午前コール・ブッシュ会談、ゲンシャー・ベーカー会談が持たれた。ブッシュは午後マインツで演説し、西ドイツを「リーダーシップのパートナー(partners in leadership)」と位置づけた。

六月一二・一三日のボンでのコール・ゴルバチョフ会談のテーマの一つは、このNATOサミットでの宣言であった。ゴルバチョフは、NATOの最終声明がウィーンでの通常兵器削減交渉などの積極的側面をもつものの、核抑止について声高に述べていること、ランス・ミサイルの近代化が否定されていないこと、米ソの在欧兵力の削減案にも、それがアメリカに一方的に有利であることなどの不満を述べた。これに対しコールは、NATOサミットでの決定にそって、最初にウィーンでの通常兵器削減交渉をまとめること、次に短距離ミサイルの交渉を開始することだ、と説明し、同時に化学兵器を世界全体で禁止することも重要と付け加えた（AdBK:Nr. 3）。

その後の首脳外交は目まぐるしいものがあった。ブッシュは、七月九—一一日、ポーランドとハンガリーを訪問し、その後パリに向かい、一三日から開催されたフランス革命二〇〇年祭と一四—一六日に開催されたG7サミットに出席した（AG:33545, 33560）。日本では宇野首相の女性スキャンダルが発覚し、それへの国際的対応が関心を集めた。一方、ゴルバチョフも首脳外交を活発化させていた。七月四—六日パリを訪問し、ミッテランと会談し、六日にはストラスブールのヨーロッパ評議会で演説し、「ヨーロッパ共通の家」を強調すると同時に、NATOが交渉に入るならSNFを即時削減すると述べ、揺さぶりをかけた（AG:33504）。これで、ゴルバチョフは四月のイギリス訪問、六月の西ドイツ訪問、七月のフランス訪問とわずか四カ月の間に西欧主要国を訪問したことになる。また七月七—八日ブカレストで開催されていたワルシャワ条約機構首脳会議に参加し、ブレジネフ・ドクトリンを正式に放棄した（AG:33518）。

嵐の前夜

八九年の夏になるとソ連の国内情勢が深刻な様相を呈し始めた。問題は三つあった。一つはゴルバチョフの権力基盤が揺らぎ始めた。三月人民代議員の複数候補制による選挙が行われたが、共産党の勢力低下が明確に示された。五月二五日から六月九日まで第一回の人民代議員大会が開催された。その初日にゴルバチョフは最高会議議長に選出された。この大会は、議員が様々な意見を表明し議論した最初の「議会」であり、また同時にテレビで全国に放送された。この流れのなかで注目されたのがエリツィンとサハロフであった。ゴルバチョフは、改革に反対する共産党保守派と同時に改革を不十分とする急進改革派から挟撃される状況に直面しつつあった。

第二が経済問題であった。ゴルバチョフ自身が認めるように経済改革は軌道にのるどころか、インフレが九%ほど進み、生活物資不足も深刻になっていた。七月中旬ソ連の炭坑地帯で炭坑労働者のストが起きた。クズネツクの炭坑地帯で始まったストは、直ちに他の炭坑地帯にも波及し、ソ連最大の炭坑地帯であるウクライナのドネツの炭坑労働者もストに突入した。ゴルバチョフが関係大臣を派遣して説得に努めたが、労働者は承服せず、結局ゴルバチョフが直接乗り出して、労働者の要求実現を保証して事態は収拾の方向に向かった(AG:33656)。

第三が、民族問題であった(AG:33088)。震源地は二つあった。一つはバルト三国であり、先の人民代議員の選挙を通して民族派が台頭した。八九年が一九三九年に締結された独ソ不可侵協定の五〇年にあたり、それと同時に締結されたバルト三国のソ連による併合を認めた秘密議定書を批判し、八月二三日には二〇〇万人以上の人々が人間の鎖の輪を作って、併合に抗議した。また最高会議でも、バルト三国の代表はソ連からの経済的独立を要求し、ソ連との間でバルト三国との協定が審議された。もう一つの震源地は南コーカサスであった。民族対立がグルジア、グルジア内のアゼルバイジャン共和国、ウズベキスタン、カザフスタンなどで激化し、このような民族対立のなかで、共産党はそれを審議するための中央委員会民族問題委員会を九月一九日緊急に招集した。九月一九―二〇日まで開催された中央委員会民族問題委員会の緊急総会では、ゴルバチョフが民族問題に関心を払わなかったことを自己批判したが、分権を強化しながらもソ連の「帝国的」国家構造を維持するという方針を示し、採択された方針は地方の経済的・財政的独立を推進することを謳っていた（AG:33823）。

その間、ブッシュはゴルバチョフとの会談を極秘に打診した。七月パリから帰国の大統領専用機のなかでゴルバチョフ宛ての親書をしたため、少数者が出席する非公式の会談を、プレスを排除して行いたい旨を伝えた。これに対し直ちにゴルバチョフから同意するという返書がもたらされた。しかし問題は開催場所であった。アメリカ訪問にゴルバチョフは消極的であり、スペイン、アラスカなども検討されたが同意をえず、一一月下旬ゴルバチョフがイタリアを訪問するという日程が明らかになった後、マルタ島で開催する案が浮上し、これにゴルバチョフも同意した。この首脳会談をめぐる交渉は完全に極秘にされ、ブッシュは一〇月三一日記者会見で公表し、その直前関係各国にも伝達された（BS:132-133; Oberdorfer:366-368; AdBK:Nr. 69）。

七月二九日、パリでのカンボジア和平会議を利用して、ベーカー・シェワルナゼ会談がもたれ、シェワルナゼはベーカーからワイオミング州のジャクソン・ホールに購入した別荘に招待をうけた。このパリでの会談で話題になったのが、先に説明した炭坑労働者のストライキであった。この点に関連してシェワルナゼは、「民主化、ペレストロイカ、革新は、各個人各家族を含めた我々の社会のすべての部分に影響を及ぼしている。この間我々は革命の決定的段階に達した。いま我々のところで起きていることは実際革命である。古いメカニズムや古い機械は廃棄された、しかし新しいものはまだ全面展開する状況にはない。いまが最も困難な時期である」と説明した。また東欧情勢については、

「東欧各国がどのように改革を進めるのか、どの国と関係を強化していくのかは、東欧各国の国民が決めることである」と明言した(JB:126-127)。

事実、八九年の夏、東欧で起きた変革に対してソ連は一貫して静観の姿勢を貫いた。八月二四日ポーランドで「連帯」のマゾベツキが首相に任命されたときも、直ちにKGB議長クリュチホフがポーランドに飛びマゾベツキらと協議し、国防大臣、内務大臣のポストを共産党が握ること、ポーランドがワルシャワ条約機構に止まることを条件として、この最初の非共産党主導政権を承認した。また八月二一日、プラハで六八年「プラハの春」がソ連軍等によって弾圧された日に、政府に反対するデモが起き、チェコスロバキア政府はそれを圧殺したが、この動きも黙認した。そして、第一章で説明した通り、九月一〇日のハンガリーの国境開放に関しても、ソ連は何ら介入しなかった。

当時、アメリカの政権内の専門家はソ連の動向を真剣に検討していた。九月一一日に提出されたソ連専門家の報告は、ソ連の将来について四つのシナリオを明らかにした。第一は民主化をやめ権威主義的な政治体制に切り替え、その下で近代化を進める。「開発独裁」のシナリオである。第二が、軍部のクーデタがおこり強権政権が登場する。第三が、ゴルバチョフが政権を維持できなくなり、その後ソ連は麻痺してしまう。第四が、ゴルバチョフ政権後、ソ連は解体する、というものである。これによって、ブッシュらは、ソ連の将来の不確定性に対して明確な戦略が必要であることを認識した(JB:131-132)。

九月二一日シェワルナゼがワシントンを訪問した。まずブッシュと会談し、ペレストロイカの現状、民族問題を説明した。夕刻アンドリュー空軍基地からジャクソン・ホールに向け飛び立った。機内でシェワルナゼとベーカーが会談した。話題は、ソ連の民族問題、特にバルト三国の問題、東欧問題、そして東ドイツ問題であり、それに関しては、東ドイツのことは東ドイツが決めると述べただけであった。翌朝ジャクソン・ホールに到着した(JB：140-142)。三日間に九回の会合をもち、米ソ関係の多くの問題を協議し、多くの点で前進があった。しかしシェワルナゼが国内問題、民族問題に忙殺されていたことは、彼が用意された文書を読み上げるだけであり、随行者に助言をしばしば求めたことからも明らかであった。この会談の最大の成果は、START交渉をSDIから切り離すことにソ連が合意したことであり、またこの会談でベーカーとシェワルナゼとの個人的関係が確立したことであった。米ソ関係は、「対立から対話を経て協力へ」という段階にいたった(AG：33799)。

この会談の後ベーカーは、一〇月三日上院の委員会の公聴会、一〇月一六日ニューヨークの外交政策協会(Foreign Policy Association)、一〇月二三日サンフランシスコでのコモンウェルス・クラブ(Commonwealth Club)の演説で、対ソ政策の転換を明らかにした(JB：145-147)。ペレストロイカは革命であり、経済を超えてソ連社会全体、そして世界全体にかかわるものである。米ソ関係をさらに好転させるためには、ペレストロイカとの接点を探ることが重要であり、それは次の五つの領域である。ヨーロッパの分断の克服、地域紛争の解決、軍縮の拡大、グラスノスチと民主化の制度化、経済改革の技術的支援であった。そして今後は、軍備管理よりもヨーロッパと地域紛争を重視すると従来の対ソ政策を変更したのである。そしてペレストロイカの支援を強調した。

一方シェワルナゼは、ベーカーとの二四日までの会談の後、ニューヨークに向かい国連総会に出席した。そこで、プラハの西ドイツ大使館に籠城した東ドイツ市民の脱出に関してゲンシャーから連絡をうけ、それに全面協力したことは、すでに第二章で説明した通りである。一方、モスクワでも九月二八日サッチャーは日本訪問の帰路モスクワにより（GO:164-165; TH:412）、東欧での変革はソ連の脅威にならないというブッシュのメッセージをゴルバチョフに伝えていた。しかしゴルバチョフは、この意見に懐疑的であった。それは、九月一一日ブレーメンでのCDUの党大会で、コールが一九三七年国境を示唆したことに対する批判に示された。シェワルナゼは、その旨をジャクソン・ホールの会談でベーカーに伝え、二六日の国連演説でも西ドイツの報復主義に言及し、ソ連のプレスも難民問題で反西ドイツのキャンペーンを開始した。

一〇月に入り、第二章で説明したように東ドイツ情勢が急転した。ゴルバチョフは、東ドイツ情勢を静観した。一〇月一一日コールはゴルバチョフに電話し、西ドイツの基本方針に変化はないこと、つまり東ドイツの混乱に関与しないことを強調し、西ドイツは事態がコントロールできなくなることを懸念しており、東ドイツがソ連のような改革に取り組むことと東ドイツからの難民が無くなることを希望していると伝えた（AdBK:Nr. 60; KO:105-106）。これに対しゴルバチョフは、首相からこのような言葉を聞くことは重要だが、それが実行されていないのではないかと反論した。コールは、ゴルバチョフの懸念を払拭するため、電話で緊密に連絡しあうことを約束した。二六日にはコールはクレンツに電話した（KO:109-110）。その内容は第二章で説明した通りであるが、その直後コールはゴルバチョフに電話し、クレンツとの電話会談の内容を報告した。クレンツは改革を行うが、それは東ドイツ独自のものであり、ハンガリー、ポーランド、ソ連のようなものではないだろうと。それに対し、ゴルバチョフは沈黙したままであった。コールは、ここからゴルバチョフがクレンツの方針に支持を与えないと直感したという。

ところで問題はこの時点でのゴルバチョフの東ドイツに対する姿勢である。明らかなことは、ソ連の東ドイツ政策が抑制的であり、東ドイツに通常以上の圧力をかけることはなかったということである。そしておそらく、ゴルバチョフはソ連と西ドイツの関係を強化するなかで、東ドイツの将来を位置付けようとしていたと思われる。もし東ドイツで改革が進み東ドイツ国家が維持されれば、時間をかけるなかで国家連合などの形態に移行することを考えていたであろう。そして東ドイツが改革に失敗し、東ドイツ国家が維持できなくなる場合には、鍵になるのが西ドイツであり、西ドイツと統一のテンポ・条件を交渉するつもりでいたのであろう。しかし西ドイツには、クレンツとの会談でゴルバチョフが述べたように、西側各国の同意という大問題があり、この点でモスクワが鍵となっていることも十分認識していたのである。しかしゴルバチョフとしてもベルリンの壁の崩壊を予想していたわけではなく、またその後の東ドイツの急激な変化も予想していたわけではなかった。

その一方東ドイツ情勢の進展から、一〇月になると世界中のメディアが統一問題を取り上げ始め、西ドイツは、統一問題が過熱し一人歩きすることを懸念するようになった。ゲンシャーは、九月ごろから統一問題には言及しなくなり、九月上旬のイーグルバーガーとの会談、二六日ニューヨークでのベーカーとの会談でも、統一問題には言及しなかった。そして九月二五日発行の『シュピーゲル』とのインタビューでも、統一問題はヨーロッパの統一のなかで考えるべきと、主張するだけであった。ゲンシャーもコールも、統一問題がヒートアップするにつれ、西ドイツは統一問題を優先し、ヨーロッパ統合を軽視するのではないか、あるいは西側から離れるのではないかという懸念が西側各国に広まることを懸念し始めた（KO：103）。そこで一〇月二三日コールはブッシュに電話をかけ、西ドイツが東方政策と統一問題に関心をもち、西側・ECとの関係が強化されていないという見解があるが、それは馬鹿げている、と伝えた。これに対しブッシュは、西ドイツの中立主義を云々する新聞報道があることは知っている。しかし、それが西ドイツの立場であるとは思っていない。アメリカは強いNATO、強いECを支持している、と応えた。そしてコールは、東ドイツ情勢がコントロールできなくなる危険があり、そうはならないよう全力を傾けると約束し、ブッシュもアメリカも抑制した姿勢をとることを確約した（AdBK：Nr. 64；KO：104-105）。

そして二四日ブッシュは、『ニューヨークタイムズ』の記者とのインタビューで、ドイツの再統一に関する様々な懸念に自分は同意しない、と明言した（ZR：94）。それに対しイギリスの『タイムズ』のオブライエンが次のように反論した。いままでのアメリカのドイツ統一への支持は漠然としたものであり、しかも理論上のものにすぎなかった。しかし今回のブッシュの発言は、統一への道を妨害する努力にアメリカは反対するという、英仏への警告であると受け止める、と牽制したのである（ZR：95）。

八九年一〇月、ドイツ統一問題は、机上の理論としてではあれ、国際政治の舞台に登場し始めていた。また各国の指導者は、近い将来東ドイツで何かが起こることを感じ始めていた。しかし具体的に何が起こるのかを予測できたものはいなかった。

一一月二日、ボンで第五四回独仏定期協議が開催された。ミッテランは八九年春の段階では、ドイツ統一の可能性を否定していた。五月下旬の訪米の際、ブッシュに対して、次のように述べていた。

「ソ連が強い限り、ドイツ統一は決して起きない」「一九一七年以来、ソ連は包囲という巨大な悩みをもっている」「内戦以来、ソ連は包囲されているメンタリティをもっている」「いまソ連は、東欧問題やバルト諸国の問題などを抱えている。ソ連は再統一を運まかせで一か八かやってみようとしないだろう」「もしドイツ人がそれ（再統一――引用者）を望むならば、私はそれに反対しないであろう、しかしそれを許すだけ第二次世界大戦以来大きく変化していない」「それは、今後一〇年なり一五年以内に起きることはないであろう」「しかも、ソ連はドイツ問題で屈服することは決してないであろう」と（BS:77-78）。

その日のコールとミッテランの会談のテーマは、コールのポーランド訪問、一二月に予定されているストラスブールでのECサミットであった。ついでヨーロッパ統合が話題になり、コールは、ドイツ問題が障害にならないようにヨーロッパを建設する必要があると述べ、ミッテランは、ヨーロッパの建設が、ドイツが再統一することを助けることになろう。もしドイツがヨーロッパの胸の中に深く抱かれるようになれば、ソ連もそれに反対できなくなろう。ドイツ問題はヨーロッパの磁力によって解決されることになろう、と応じた。この発言を聞いて、コールはその旨を記者会見で表明してくれるように要請した（AdBK:Nr.70）。

一一月三日記者会見において、ミッテランは次のように述べた。「私は再統一を心配していない。私は歴史の進展に応じてこの問題を提出することもしない。歴史は歴史だからである。……私は、もし東西ドイツがそれを望み、それを実現できるならば、東西ドイツにとって再統一という懸案は正当なものだと考えている。フランスは、ヨーロッパとその構成国の利益をよりよく実現できるように行動するよう、その政策を適応させることになろう」(JA:331-332)。
ドイツ統一は、この段階ではいまだ軽い存在であった。

第四章　一〇項目提案とその波紋

第一節　壁の開放の後で

ポーランド訪問

一一月九日正午、コールはゲンシャーとともに五日間のポーランド訪問に飛び立った。ゲンシャーは、八日午前に行う連邦議会での演説を準備しながら、「明日、一週間後、一ヵ月後、あるいは三ヵ月後に、壁が開放され、西と東のドイツ人が妨害されないまま出会うことができるようになったらどうするのか」を考えたという(GE:653)。八日の連邦議会では、ポーランドに関する決議が可決された。決議は、ポーランド西部国境に関して事実上承認するとも読めるものの、曖昧な表現であった。

ワルシャワ到着後、コールはマゾベツキと会談、ゲンシャーは外相のスクビシェフスキーと会談した。コールとマゾベツキとの会談では、国境問題、ポーランド在住ドイツ人少数民族問題、第二次世界大戦時の強制労働者への補償問題がテーマであった。コールは、国境問題ではポーランド西部国境に疑念を挟むことはないこと、補償問題では、補償は五三年のロンドン債務協定に違反し、また一二ヵ国以上の国々が同様な申し立てをする可能性があるため、それに応ずることはできないことを説明した(KO:125)。その後夕方コールらは、「連帯」の議長のワレサ、議員団長ゲメレクと会談した。東ドイツ情勢を検討するなかで、ワレサは「東ドイツは第二のハンガリーになることは不可能だと思う。東壁がこれから二週間もつかどうか疑問である」と壁の開放を予言し、事態がコントロールできなくなり、革命的カオスの状態になることに危惧を表明した(AdBK:Nr. 76)。

迎賓館からマゾベツキ主催の晩餐会に出発しようとする直前、ボンの首相府長官ザイタースから緊急電話が入り、シャボウスキーの記者会見内容が伝えられた。即時自由通行とする内容であった。ラドシビル邸での公式晩餐会では、話題は東ドイツ情勢に集中した。スピーチが終わり、食事が始まったとき政府スポークスマンのクラインがコールの席に近づき、連邦議会でドイツ統一のために国歌が歌われたことを報告した。晩餐会が終わった二一時、コールは首相府の広報担当のアッカーマンと連絡をとった。「首相、いま壁が崩れました」「アッカーマン、本当か」「ベルリンの検問所で最初の人間がスタンプをおして通過しました。他の検問所ではすでに通行可能となったという連絡もありますす」「今晩遅く、ジャーナリストと会見する予定だ。それまでに詳細を知らせてほしい。電話連絡を続けるように」

数時間後、再びアッカーマンと連絡。「数百人の東ベルリン市民が検問所を通過しました。他の多くの検問所も開かれました。市民は身分証明書の提示だけで通過しています。これは本当に壁の終わりです」(KO:126-127)。

コールはマリオネット・ホテルに赴き、同行記者との会見に臨んだ(KO:128; TE:17-18)。記者の質問に、ポーランド側を刺激しないように、また性急に統一問題に言及することを避け、「いま世界史が書かれつつある。歴史の歯車は加速して回っている」と応じた。その後側近と同ホテルで協議を続けた。迎賓館に盗聴器がしかけられていることを懸念したものであった。そこでベルリンからのテレビ報道を見、翌日午前の日程だけをこなし、訪問を中断して帰国することを決意した。迎賓館に戻ったのは、午前一時であった。

一〇日、コールとゲンシャーは、無名戦士の墓に献花するなどの公式行事を行い、その間ボンから、一〇日の夕刻ベルリンのカイザー・ヴィルヘルム教会でCDUの集会が予定され、そこでコールが演説する段取りである旨の連絡をうけた。その後、ベルリン市長モンパーが市庁舎前で午後集会をもち、そこでもコールが演説する予定が組まれており、CDUのベルリン市議会議長もそれに同意していると報告してきた。コールは、CDUの集会参加者の一部を市庁舎前に移すよう要請した。コールの側近で首相府で外交を担当していたテルチクは、これはSPDのモンパーの策略であると感じていた。彼は、六一年八月にベルリンの壁が建設されたときアデナウアーが直ちに駆けつけなかったことの轍を踏むことを懸念していた(KO:129-130; TE:20)。

その後コールとマゾベツキが再び会談し、コールは、訪問の中断を申し入れた。当初の一日の中断をマゾベツキは了解した(AdBK:Nr. 77, 497)。しかしその後コールは午後の市庁舎前の集会に出席することが急遽決まったため、午後に予定された大統領ヤルゼルスキとの会談を延期し、帰国予定時間の繰り上げを申し入れた。マゾベツキはそれに強硬に抵抗した。大統領ヤルゼルスキとの会談中止は彼に対する陰謀と考えられる恐れがあると、マゾベツキは述べた。マゾベツキがヤルゼルスキに電話し、コールも電話にでて事態を説明し、ヤルゼルスキは訪問の中断を了承した(KO:128-129)。

この日の早朝、ゲンシャーはゲメレク、ワレサと会談していた。ワレサは壁の開放に衝撃をうけていた。それに対してゲメレクは、壁の開放を祝うといい、統一ドイツが西側に属することはポーランドにとっても良いことだと述べていた(GE:655)。

電話外交

一〇日午後二時にゲンシャーが、二時半にコールがワルシャワを飛び立った。両者ともハンブルクに向かい、そこで専用機から米軍機に乗り換え、そこからベルリンのテンペルホーフ空港に着いた。四カ国占領下のベルリンでは、西ドイツのルフトハンザも軍用機も乗り入れが禁止されていたからである。ベルリン市庁舎にやっと四時半に到着した。ここで、西ベルリン市長モンパー、元ベルリン市長・元首相ブラント、コール、ゲンシャーが演説した。記憶されるべきことは、ブラントの演説であった。ブラントは、「金曜日の夜の出来事は、ドイツの自然に反する分断はなんら実態のないことを証明しました。我々はいま、共に属するものが再び共に育つという状況にあるのです」と演説し喝采をうけた。一方、コールはこのSPD主導の集会に終始不機嫌であり、とくに演説中にブーイングをうけたことに腹をたてていた。そして午後六時半、カイザー・ヴィルヘルム教会でのCDU主催の集会に出席し、チェックポイント・チャーリーを見て、午後八時ボンに戻るためベルリンを出発した。

しかしこの日の夕刻から外交ゲームが始まっていた。先ほどの集会の間に、ゴルバチョフはコール宛の緊急の口頭メッセージをクビチンスキー経由で伝えた。モスクワにとっても予想しなかった事態であった。メッセージは、集会にいたテルチクに夕刻電話連絡され、コールに伝えられた。同じものがブラントにも伝えられた（KW:15）。内容は、ベルリンでの情勢を伝え、群衆に冷静に対応するよう説得することを要請していた。同時刻に東ベルリンでも大集会が開催されており、この二つの集会に集まった群衆が興奮して武力衝突することを懸念したものであった（AdBK:Nr. 80）。コールは、この情報は、KGBなりシュタージなりの改革反対派が東ドイツ駐留ソ連軍を介入させようとして情報操作したものに基づいたものと判断した(KO:131-132; TE:22-24)。同趣旨のメッセージは、米英仏にも送られ、サッチャーは、東ドイツ駐在のソ連軍がデモ参加者から攻撃されることを恐れたものと判断していた(TH:413)。

ベルリンの壁が開放されたときワシントンでは、ブッシュはホワイトハウスの大統領執務室におり、スコウクロフトが興奮して部屋に飛び込んできて、壁の開放の報告を伝えた。ブッシュは直ちにテレビをつけ、ベルリンからの報道を見た。その後、スポークスマンが報道対応のためかけつけ、執務室で会見に応ずることにした。ブッシュは、この事件で興奮したが、それ以上に過剰反応してゴルバチョフを窮地に追い込むことのないように慎重に対応したという(BS:148-149)。

ベーカーは、フィリピンのアキノ大統領と昼食中にシャボウスキーの記者会見のニュースを受け取った。ベーカーはその後直ちにホワイトハウスに出向き、ブッシュとCNNをみながら事態をおい、事態が興奮状態になりコントロールできなくなることを懸念し、モスクワと外交ルートで接触をとった。その後、ゴルバチョフから緊急電報が入り、過剰反応しないように要請し、事態が制御不可能になることを恐れると述べ、それに加えて旧占領国である米英仏ソの大使レベルの四カ国会議の開催を提案し、「戦後の現実、すなわち二つのドイツの存在」を支持するよう強硬に主張した。アメリカは四カ国会議開催提案を直ちに拒否した(SB:150; JB:155-157、原文はZR:107)。スコウクロフトは直ちにテルチクに四カ国提案を伝え、それを拒否することで同意した(TE:26)。

ボンに戻る間に各国首脳との電話会談の時間がセットされた(WW:15)。コールは関係各国首脳と電話会談に入った。二二時コールとサッチャーが電話会談した(AdBK: Nr. 81; KO: 138; TE: 25)。サッチャーはこの日の動きをみて、ラジオで東欧での急激な変化と東ドイツの改革に高い期待をかけることに警告を発していた(WW: 22)。電話会談ではコールは、この日のベルリンの状況を説明し、ついで東ドイツ情勢を説明した。東ドイツはその根幹をやられた。それがどのように展開するか、勿論誰も分からない。東ドイツには現状維持の多数派と、ポーランドやハンガリーの方向に進もうとする少数派がいる。この六週間が決定的に重要だ、と。そして、事態が劇的に進展するならば、そのときは直ちにサッチャー首相と連絡をとる。こちらは事態をショーアップしないように全力をつくす、と。それに対してサッチャーは、「東ドイツが政治的にほんのわずかなことしかしないとしたら、それは大きな誤りであると思う。というのは、人々の要求は、明らかにデモクラシーの方向に向かっているからだ」という判断を伝えた。さらにサッチャーは、ゴルバチョフと会談するつもりがあるのかを尋ね、コールは、ゴルバチョフは極めて不安になっているので、そうするつもりだと答えた。それに続いて、サッチャーは一二月のストラスブールでのEC首脳会議の前に、半日の予定でもよいから英独の首脳会談を提案した。コールは、緊密な連絡を約束して電話会談は終了した。

コールは、サッチャーがこの状況に不快感を抱いているという印象をもった。一方サッチャーは、コールは期待を抑えるどころか、それを一生懸命煽っていると判断した(TH: 413)。

二二時半コールはブッシュと電話会談をもち、コールはベルリンでの状況と東ドイツ情勢の見通しを説明し、クレンツの下では改革に限界があるという見通しを示した。そしてベルリンでの集会を説明し、市庁舎前の集会は左翼によるものであり、教会前のCDUの集会こそが本物であると主張し、そこでアメリカの協力を感謝することを強調したと伝え、アメリカでそのことを強調してもらいたいと要請した。ブッシュはその要請に応じ、記者発表でそのことを強調することを約した（AdBK: Nr. 82）。

一方、ゲンシャーは二三時ベーカーに電話した。ベーカーにつないだとき、ゲンシャーの秘書が「アメリカに幸あれ、今回の全てのことを貴方に感謝します」と感謝の言葉を述べ、ベーカーを感激させた。ゲンシャーも同様に謝辞を述べた。ベーカーは、東ドイツでの旅行の自由から統一までは長い道のりがあり、ここで統一を語ることは時期尚早と述べ、ゲンシャーの反応をみた。ゲンシャーは、東ドイツ市民は旅行の自由を必要としている。次は自由な選挙であるとして、東ドイツ国内の和解が両ドイツの和解の前に必要であるという見解を示した。そしてドイツが自由でデモクラシーであるかぎり、隣国の脅威にはならないと断言した（JB: 156-157）。そして四カ国会議を拒否することで同意した。その後ゲンシャーは、デュマ仏外相、ハード英外相（七月二四日ハウ外相が辞任し、後任はメージャーであった。しかし一〇月二六日ローソンが蔵相を辞任したため、メージャーが蔵相に横滑りし、ハードが内相から外相に横滑りした）とも電話連絡をとった。

一一日、コールは首相府で側近と情勢を検討した。九時一五分ミッテランとの電話会談が始まった。コールは、サッチャー、ブッシュとの会談と同様、ベルリンの状況、東ドイツの見通しを説明した。ミッテランは、コールは感動的な時間を経験していると思うと述べ、それに応えてコールは、政治家として非情に振舞っている、しかし生涯忘れないできごとが起きた、と心情を吐露した。それに、ミッテランは歴史の巨大な瞬間であり、「国民の時」だと応じた（AdBK: Nr. 85）。

その後閣議が開かれ、コールがいままでの経緯を説明し、東ドイツへの経済支援と東ドイツ市民の流入を検討した（WW:26）。その最中の一〇時すぎ、クレンツから電話がかかってきた。コールは、東ドイツ市民が東ドイツに留まるようにすることが重要だとし、早い時期に会談をもつことを提案し、両独関係を担当する首相府長官のザイタースを派遣すると伝えた。クレンツは、事態を沈静化するために西ドイツの協力を要請し、コールも事態を急進化しないことが重要と応じた。そしてクレンツが、統一問題は日程に上っていないと述べたとき、コールは、西ドイツは基本法に忠実であり、クレンツの見解と異なると反論し、ただし再統一はいまだ課題になっていないと述べた（AdBK:Nr. 86; KO: 139-141; TE:31）。

一二時、ゴルバチョフとの電話会談が始まった。チェルニャーエフによれば（TSCH:266）、このころから、ゴルバチョフはドイツ統一は不可避と考え始めたという。またゴルバチョフは、社会主義の前進基地である東ドイツが消えてしまうことによるイデオロギー上の衝撃はあまり心配していなかった。問題は、東ドイツがヨーロッパの心臓部に位置し、それが消えてしまうことの地政学的な衝撃であった。そしてこの当時ゴルバチョフは、ドイツ統一にある種の移行期間を設定しようとしていた。そしてゴルバチョフが恐れていたことは、東ドイツの国内改革がうまくゆかず、そのため東ドイツ市民から統一要求がだされ、ヨーロッパの東西間協調の動きを妨害してしまうことであり、また東ドイツで流血事件が発生することであった、という。

コールは、先の一連の電話会談と同様の説明を行った。事態が急進化することを望まず、東ドイツから国民がいなくなることも望んでいない。そのような脱出は、深刻な経済的負担や問題をもたらすだけだ。クレンツがどれほどの規模の改革を行おうとしているのか、私は知らない。しかしすべてはそれにかかっているとし、相互に緊密な連絡をとることを確約した。

ゴルバチョフは、冷静な対応を強調した。東欧各国で事態が急速に変化しており、そのようなときに連絡をとることは重要であると述べた。そして東ドイツ指導部は自由、民主主義、経済生活の領域での変革のためのプログラムをもっている。進展をせかさないことが重要である。改革にはある程度の不安定が伴うものだ。安定をもとめるならば、責任感と見通しが必要だ。いまは、新しい関係と新しい世界の方向に向かう歴史的な変化のときだ。双方とも無分別な措置で進展を妨げてはならない、と。

コールは、いま閣議で同様な主張をしたばかりだ、もし貴方がそこにいれば、主張が一致していることに驚くであろうと同調し、以下のように続けた。いま歴史的な時を経験している。「洞察力」という言葉を使いたい。それは個人の責任を要求している。いままで、これほど責任のもとめられた首相はいない、と。そして最後に双方とも連絡をとりあうことを確約して会談を終えた(AdBK: Nr. 87; TE: 31-32; KO: 141-142)。

電話会談を終えて、コールはほっとして、複雑な問題を解決したときに彼が好んで使う、「梨の皮が剝けたぞ」と述べた。ドイツ側は、ゴルバチョフが、東ドイツの激変にも介入しないことを確信した(TE: 32)。

一方、ゲンシャーもシェワルナゼと電話会談をもった。シェワルナゼは、一一月八日のコールの連邦議会演説を批判した。ソ連のマスコミも西ドイツに厳しい姿勢をみせた(ZR: 108-109)。モスクワの姿勢は、ゴルバチョフは抑制的であるものの、シェワルナゼは四カ国会議の開催など現状維持に固執していた。シェワルナゼは、一四日モスクワを訪問したフランス外相デュマに、国境の不可侵、四大国の権利と責任を指摘した（TE：35）。またクビチンスキーも、一三日ザイタースと会談した際、重要なことは事態を混乱させないことばかりでなく、東ドイツを主権国家として扱うことだと念を押していた（AdBK：Nr. 90）。

ワシントンも、統一問題でドイツ全面支持というほど単純ではなかった。一一日ベーカーはハード英外相と電話会談し、そこで両者とも、ドイツ統一はかなり先のことであることで一致した。ベーカーは、先のゲンシャーとの電話会談で、統一問題で早急な結論を出さないように警告したが、ゲンシャーは、それに直接応えず、西側との結束を強調しただけであった、とハードに説明した。そして両者とも、フランスと我々の立場を一致させることの必要性で同意した（ZR：107-108；JB：157）。アメリカも統一問題に一歩距離を置いていた。

この日の午後二時四五分、コールとゲンシャーは再びポーランドに向かい、中断していた訪問を再開した（KO：144-148；AG：33966）。一二日から一四日まで続くこの訪問は、延期されたヤルゼルスキとの会談の他に、ナチズムにまつわる各地を訪問する予定が組まれていた。まずナチズムへの抵抗運動で著名なモルトケの敷地がある、シュレージェンのクライザウへの訪問であった。マゾベツキとともにクライザウでのミサに出席し、コールは、「我々はいま歴史を感じている。いま歴史はここにあるのだ、ヨーロッパの真ん中のこの場所においてである」と述べた。また司教は、ナチスの抵抗運動で有名なこの地でドイツの和解が生まれることを願うと説教した。またコールは、アウシュビッツを訪問して献花し、同時にラビとも会談した。

今回の訪問で、西ドイツとポーランドは、若者の交流、環境保護、文化交流などの一一の協定に調印した。なかでも資金供与の面で、西ドイツは二年間で三〇億マルクの政府保証を約束し、七五年に西ドイツが供与した一〇億マルクの大型融資についても、一部の返済を免除するなどの優遇措置が目を引いた。注目されたのが、ポーランド西部国境問題であり、ポーランド側はその最終的承認をもとめたが、西ドイツは譲らず、従来通りの法的立場を繰り返したにとどまった(AdBK:Nr. 89, Nr. 92)。

第二節　一一月二八日、コール一〇項目提案

外交ゲーム

「条約共同体」提案

ベルリンの壁が開放された直後は、ベーカーが言うように、関係各国政府は大きなショックをうけ、ドイツ政策を早急に見直しにかかった時期であった。政府内部でドイツ政策を練り直し、ついで政府内でドイツ政策のコンセンサスを形成し、その後国際的な舞台で検討するというものであった(JB:158)。

また西ドイツも難しい局面にあった。ベルリンの壁が開き、統一問題が急浮上するなかで、この問題を暴走させずに、だが萎えさせないためにはどうすればよいのか、そのために漫然と統一と語って

いればよいのか、それともさらに踏み込んで具体案を作成すべきなのか、そうだとしてそれに対する国際合意をどのように取り付けるのか、また具体案を国際的にどう実現していくのか、各国の意向はどうなのか、検討すべき事項は山積していた。

一一月一三日東ドイツの人民議会は、改革派として有名であったドレスデン地区党第一書記のモドロウを首相に選出した。クレンツはＳＥＤ書記長、国家評議会議長、国家元首の地位を保ったままであった。モドロウは、組閣にあたりＳＥＤ以外の党からも閣僚を選任した。

一四日夕刻、コールはポーランド訪問を終え、ボンに戻った。一六日連邦議会でコールは演説した。演説の第一は、東ドイツに対する支援であった。自由選挙や市場経済の導入などの大幅な政治・経済改革を実行すれば、巨額の経済支援を行うことを明言した。第二のテーマは、統一問題であった。コールは自決権を強調した。「我々は目標の到達点からいまだ遠いところにいる。全ドイツ人の自決権はいまだ実現されていない。東ドイツ国民はその将来を自由に選ぶ権利をもっており、その権利にもとづく東ドイツ国民の決定を我々は尊重する」と。

翌一七日モドロウが東ドイツ人民議会で施政方針演説を行った。政治改革の目標は、「社会主義国家、主権をもつドイツ国家」としての東ドイツの正統性を確立することにあり、「統一に関する非現実的で危険な推測は断固拒否する」と述べ、二つの国家は協調的共存をはかり、過去の条約と「ヨーロッパ共通の家」に基づいて「条約共同体」を構築することを提案した。

モドロウの「条約共同体」提案は、西ドイツ政府を震撼させた。統一問題に関する最初の具体案を東ドイツが提案したのである。これが今後の流れを決める可能性があった。統一問題の流れがコールにとって逆風となる危険がでてきた（ZR:111-112）。というのは、一六日の演説が示すように、東ドイツ国民の自決権を統一問題の基本前提としたため、東ドイツの意向が西ドイツも無視できない決定的な要因となり、東独政府・国民の意思が統一問題を決めてしまう危険性があった。しかも、一一月一九日のライプツィヒのデモで、「我々は人民だ（Wir sind das Volk）」に並んで、「我々は一つの民族だ（Wir sind ein Volk）」のスローガンが登場したとは言え、東ドイツの大勢は、東ドイツ国家の改革とその存続にあり、もし「条約共同体」が東ドイツ国民の「自決権」に基づく意思であると確定されてしまえば、西ドイツの考える「統一」は実現されないことになるからである。

この動きと並行して、各国は手探りで外交を進めていた。各首脳とも関係首脳と電話連絡をとっては、他の国の次の行動、そのタイミングを推し量っていた。

サッチャーの攻勢

そのなかで、いち早く態度を明確にしたのがサッチャーであった。サッチャーは早くも一〇日、ゴルバチョフに対する回答書簡を送付し、事態の早急な進展はヨーロッパを不安定化するがゆえに、安定化をはかるため現在の秩序を維持したまま事態を進展させる方法を考えるべきとし、七二年のベルリンをめぐる四カ国協定を強調していた。これはミッテランにも送付され、ミッテランは、四カ国による反コール連合を示唆するものと判断した（JA:338）。一六日には西ドイツ政府も同書簡を入手した。

一三日、サッチャーは先の書簡の内容に即した演説を行った。東ドイツの目標はデモクラシーの達成であることを認め、ただそれが尚早にならないように時間をかけるべきだと主張した（TH:413;

ZR:114-115)。

このサッチャーの動きも、放置すれば事態をその方向で動かす危険があった。

一方ミッテランは、七月からECの議長国であり、ECサミットなどの開催を提案できる立場にあった。一三日ミッテランは、国内からドイツ問題などで、米ソ両国に主導権を握られてしまうのではないかという批判もあって、状況を支配すべく、一八日にパリでECの緊急サミットを開催することを決定した(JA:339; WW:88-89)。しかしミッテランは、サッチャーと異なり、ECサミットで統一問題に道筋がつけられるとは考えていなかった。ミッテランにとって当面の目標は、「マルタをヤルタにしない」ことであった。

一四日、ゴルバチョフからミッテランに突然電話がかかってきた(JA:339)。ゴルバチョフは、コールが極秘だといって自分に、西ドイツの統一推進派に自分は抵抗すると述べてきたが、自分はそうは思っていないと伝えた。これを聞き、ミッテランは、コールかゴルバチョフかのどちらかが、または両方が嘘をついていると、またそれは嘘ではないとしても願望の表明だと判断した。

同じ一四日モスクワでは、デュマ外相がゴルバチョフとシェワルナゼと会談した。翌一五日会談内容がミッテランに報告された(JA:341)。ゴルバチョフが長々と社会民主主義を賛辞し、当面する最大の課題はドイツの脅威であると強調した由であった。

この日、日本でも訪日中のヤコブレフが土井社会党委員長と会談し、統一問題に言及していた(ZR:117)。『朝日新聞』によれば、「来日中のヤコブレフ・ソ連共産党政治局員兼書記は一五日午前、都内のホテルで社会党の土井委員長と約一時間会談し、東西ドイツの統一問題に触れ「ソ連はドイツの再統一問題に干渉しない。それはドイツ人同士が決めることだ」と述べ、不干渉の立場をとることを言明した。その上で、「米、英、仏の各国はドイツが再統一してほしくないと思っており、ソ連に(統一への)歯止めをかけさせようとしているのではないか」と語った」(八九年一一月一五日夕刊)。

一方ゴルバチョフもモスクワで演説し、統一問題は今日の問題たりえないと主張していた(TE:41)。ソ連側はこの時点では、統一に反対するサッチャーの突出した動きもあることから、西側の動きを注視し、ただ統一反対の元凶がソ連であるというイメージだけは回避しようとしていた。

ところで、そのサッチャーの動きは活発化した。一六日にサッチャーは、ブッシュに書簡を送った(ZR:115; TH:413))。それは、統一問題よりも対ソ関係を重視すべきというものであり、第一に、現在の状況をソ連が不利になるように利用してはならないこと、第二に、そのための具体案としてNATOと同様WTOの存否はその加盟国の決定によって決めるべきとすること、第三に、ドイツ統一はいま取り組むべき課題ではないことを主張していた。そして早急に電話で連絡すると結んでいた。

一七日、ブッシュに電話が殺到した。コール、ゴルバチョフ、サッチャー、ミッテランからの電話である。サッチャーの意向が明らかになるなかで、各国の目はアメリカに集中したのである。サッチャーは、電話のなかで、書簡よりもはるかに強い調子で自説をブッシュに「説教」した。まずブッシュは、サッチャーの言うとおり、ソ連を安心させるような慎重なペースで事を進めるべきということは合意した。しかしサッチャーの「説教」は、そこから始まった。第一に、ドイツ統一問題は多くの感情をよび起こし、生きた歴史を想起させる問題であるため、これを議論することは時期尚早であり賢明ではないこと。第二は、ゴルバチョフがWTOの国境を維持しようとしていることを尊重すべきであることであった。そして二四日キャンプ・デーヴィッドで会談することで合意した。アメリカの方針もまだ決っていなかった。そのため、NSCのスタッフは、サッチャーの強引さに負けるかたちで、ドイツの自決権に同意することを公式には表明しない、統一はいますぐ達成できない遠い目標であることを言明することを起案した。だがスコウクロフトは違った考えをもっていた。何よりも必要なことは、大統領の姿勢が明確であることであった。そこで、ドイツ国民の将来の選択（これには統一を含む）を尊重すること、安定した方法で平和的変革を達成すること、西ドイツの現在の挑戦に対する対処方法に満足していることを明示すべきだとし、ブッシュはこれに同意した。

その後、ミッテランもブッシュに電話した（JA:342）。ミッテランの「マルタをヤルタにしない」という要請に対し、ブッシュは、マルタでの米ソ会談は新たなヤルタではなく、核軍縮などの両国の案件事項を扱うだけであり、国境問題、なかんずくドイツ統一問題を扱うことはないと言明した。

マルタ米ソ首脳会談の事前協議

一八日午後八時パリで、EC臨時サミットが開催された（JA:342-344; ZR:113; KO:149-151; TE:42-43; TH:413-414; WW:91-93）。サミットの前、西ドイツはサミットで、東ドイツの民主化改革の推進、ヨーロッパの東西分断の克服、ドイツ統一に関するドイツの自決権の承認などを盛り込んだ、公式コミュニケを公表させようと画策した。しかしミッテランは、具体的成果がないと予想していたこと、ドイツ統一問題にECは法的に関係をもたないことから、この西ドイツの要請を断った（WW:90-91）。

会議冒頭、ミッテランは四つの議題を設定した。①東欧諸国への改革支援、②国境問題、③ゴルバチョフに対する姿勢、④ECのなすべきことであった。次いでコールが四〇分にわたって発言し、特に全ての国民の自決権を尊重すべきことを強調した。しかし国境問題に、サッチャーがかみついた。サッチャーは、すでに説明したように、ドイツ統一によって国境問題が不可避的におこり、それはパンドラの箱を開けるようなものだと批判した。この後、サッチャーとコールは激しく応酬した。

このサミットでコールは、微妙な雰囲気の違いを感じたという。それはラパロ(Rapallo)であった。西側各国は、西ドイツが統一に熱中するあまり、西側のEC統合を軽視し、東側を重視するのではないかという懸念をもっていると感じた。そのため、そうではないという弁明が、このサミットのハイライトであったと回顧している。

ゲンシャーはこの会議でのコールの対応に不満をもった。そのため別個に開催された外相会議で、ゲンシャーは国境問題に関する自分の姿勢を従前の演説を引用しながら説明し説得に努めた(GE: 662-664)。

しかし、ミッテランが予想したように、具体的成果は何もなかった。この頃から一二月の米ソ首脳会談をめぐる事前協議が本格化した。一一月に入り、ベルリンの壁の開放などの激変があったものの、ワシントンの関心はこの米ソ首脳会談に向けられた(BS: 154-155)。

一七日コールはブッシュと電話会談をもった(AdBK: Nr. 93)。主要なテーマは、IMFによる対ポーランド融資や東ドイツ情勢であった。それに加えてマルタの米ソ首脳会談が話題になり、ブッシュは西ドイツの、特にコールの立場を理解したいため、米ソ首脳会談前にコールと会談することを提案した。しかし日程が折り合わず、コールは、二〇日—二一日のゲンシャーの訪米後、再度電話会談をもち、同時に西ドイツの立場を記した詳細なメモランダムを送付することを確約した。そしてさらに米ソ首脳会談後の三日ブリュセルで会談をもつことでも合意した。

二〇日ゲンシャーはワシントンを訪問し、二一日ブッシュと会談した(GE:664-668)。冒頭でゲンシャーが壁の開放について謝辞を述べた後、直ちに本題に入った。ドイツ統一が浮上したからといって、西側に対する姿勢を微塵も変更することはないことを強調した。マルタでの米ソ首脳会談で米ソ関係がさらに改善されることを期待する。それは中欧・東欧での自由をさらに拡大させ、全ドイツの運命もこの進展にかかっているからだ。ドイツの自決権は孤立しては実現できないのであり、我々は同盟に忠実であり、しかもECの発展に貢献し続ける、と。

ブッシュは、統一問題についてのゴルバチョフの姿勢を説明した。ゴルバチョフは、統一問題を心配している。ポーランド、ハンガリー、東ドイツ、そしてチェコスロバキアの事態をみると、近い将来統一問題が浮上することは間違いない。自分はドイツの自決権などの要求を支持し、統一問題の実現を早めることもできると思うが、いまは待つべきであると思うと語った。

ゲンシャーは、統一問題でドイツが脇役になることを恐れた。統一への要求を主張するのは東ドイツ市民であり、彼らはすでに最近のデモでもそれを要求し始めている。東ドイツで自由とデモクラシーが実現されることは悪いことではない。ただしドイツの単独行動は許されないのであって、NATOとECへの統合は変わることはない。我々はソ連に、安全保障問題で西側が一方的に得するようなことはしないことを伝えるべきであり、その際国境問題が重要な意味をもち、連邦議会での決議にみられるように、東部国境への立場は明白である、と。

そこでブッシュは、マルタ会談の目的は、ゴルバチョフとの個人的な関係を強めること、ゴルバチョフの行動許容範囲がどれほどかの感触をえること、そしてソ連の民族問題と経済情勢を話し合うことにあると述べた。米ソだけでドイツ統一問題に予断を与えることはないという表明であった。その後スコウクロフトと会談し、より直截に西ドイツの立場を伝えた。

ゲンシャーは、ドイツの自決権を行使する可能性を認めることが重要であり、東ドイツでの民主化が進展すればするほど、統一への要求が高まると強調した。

それに対しスコウクロフトは、自決権を語るとき、それは平和条約を意味しているのか、それとも四カ国会議を意味しているのかと質問してきた。

ゲンシャーは応えた。平和条約は西ドイツと西側三国及びソ連との友好関係からみて時代に合わないものになっている。また旧占領四カ国間の条約という方式も現在の状況では避けなければならない。なぜならドイツ問題に関する交渉でドイツが脇役に置かれることは許されないからだ。そのためには六カ国が共通のテーブルにつくことが必要である、と。この六カ国交渉は、後の二＋四交渉となる発想の先駆けであった。

その後国務省でベーカーと会談し、ゲンシャーは「下からの統一」の可能性を示唆したという（TE:56）。これらの会談後ゲンシャーは一抹の不安を抱いた。スコウクロフトが平和条約や四カ国会議に言及したことはショックであった。ゲンシャーは、「アメリカも、ヤルタがすでに過ぎ去ったことに、慣れなければならない」と述べたという（WW:85）。そして二二日ボンに戻り、二三日閣議に内容を報告した。

同じ二一日ミッテランはゴルバチョフに電話していた。そこでゴルバチョフは、コールに伝えてほしいとして、西ドイツとの友好関係は維持する。しかし二つの条件があり、「一つは一般的であれ(いままでの)諸条約(の改定)に言及しないこと、二つめに特に国境に言及しないことだ」と述べた。アタリは、ゴルバチョフが統一問題とは言わなかったことに注目した(JA:346)。同日ミッテランは、一二月に東ドイツを訪問することを発表した。西ドイツをいたく刺激する行動であった。西ドイツは、サッチャー・ミッテラン・ゴルバチョフの連携ができたのではないかと疑い始めた。

その間アメリカでは、ブッシュが記者会見し、西ドイツを支持することをほのめかす返答を記者にしていた(ZR:117)。

「統一に反対している英仏に何か言うことがあるか」という質問に応えて、それはドイツ国民が決める問題である。それを心配する人たちがいることを知っているが、一九八九年という時点では、歴史から学ぶと同時に未来をみなければならない。私の見解は、この件はドイツの国民に決めさせるべきであるということだ、と。

二二日ストラスブールの欧州議会臨時議会にミッテランとコールが出席した。同じ日、フランス政府は、一二月六日ミッテラン・ゴルバチョフ会談がキエフで開催されることを発表した。西ドイツからみれば、先の疑いをさらに強めさせるフランスの動きであった。

二四日サッチャーは、キャンプ・デーヴィッドでブッシュと会談した(ZR:115-116; TH:414-415)。サッチャーは、より明確に意見を開陳した。

現在の状況で最も優先すべき課題は、東欧におけるデモクラシーの確立である。これを実現するためには、安定した環境が不可欠であり、具体的にはNATOとWTOを存続させること、ドイツの運命を自決権の問題に還元させないことが重要である。国境問題、ベルリンの四カ国地位問題、国境の不可侵というCSCE合意がこれから問題となるであろう。しかし焦眉の問題は次の二つであり、一つは国境問題であり、もう一つはゴルバチョフに及ぶ危険である。ドイツ統一はゴルバチョフの敗北を意味する。統一ではなく、それに代えて東ドイツの民主化に集中すべきである、と。

ブッシュは、サッチャーの直言に対し直接反論せず、東ドイツの問題はこの際除外しておいて、他の東欧諸国がWTOを脱退したいとしたら一体どうするのか、そうだとしてもNATOは安定していなければならないと、サッチャーの現状維持への固執を批判した。

これに対してサッチャーは、もしヨーロッパがドイツ統一問題の進展で不安定化するならば、東欧ではデモクラシーは誕生しないと、答えた。

双方の話は完全に平行線を辿り、サッチャーが回顧録で事態は改善されなかったと記している通り、会談は物別れに終わった。

サッチャーのブッシュに対する説得は失敗に終わった。この後彼女の説得はミッテランに向けられることになる。

ところで、この会談はサッチャーの短所を明白に示した。一つは、一途さの裏返しとしての単純さであり、ドイツ問題の複雑な綾を理解していなかった。二つめは、同じ事を何回も繰り返す説教ぐせである。相手がレーガンではなく、自他ともに外交実務能力を誇るブッシュであることを理解していなかった。この会談以降、サッチャーとブッシュの個人的関係、そして英米関係も疎遠となっていく。

電撃行動

二一日首相府のテルチクのもとにソ連から密使が訪ねてきた。党中央委員会国際部のポルトガロフである(TE:49-52; Kuhn:81-82)。ポルトガロフは、ファーリンと同様、SPDに深い人脈をもち、彼らを介して首相府とも恒常的に接触をとっており、その一人がテルチクであった。今回の会談は、ファーリンの命令で、ポルトガロフがテルチクに申し入れ、テルチクが直ちに了承して実現したものであった。

会談でポルトガロフは、手書きのペーパーをテルチクに示し、その前半部分は西ドイツの対東ドイツ政策を様々な点から尋ねたものであり、後半部分は両ドイツの協力関係のあり方を述べ、国家連合にソ連がゴー・サインを出すかもしれないとも述べていた(TE:50-51)。長期的にはドイツ統一を認めるかもしれないことを示唆した文書であっただけに、テルチクはこれに電撃的なショックをうけた。テルチクは、これが一一月二八日の一〇項目提案の切っ掛けとなった、と主張している。

では、ソ連側の意図はどこにあったのであろうか。

まずテルチクに渡された文書は、国際部のドイツ・マフィア(ファーリン、ポルトガロフ、そしてザグラーディンもこれに関係していた)が作成し、その前半部分にはチェルニャーエフがさらに手を入れ、後半部分はチェルニャーエフの支持を得られなかったものの、党国際部がさらに補足を加えたものであった。

党国際部は、ベルリンの壁の開放を先が予想できない出来事の始まりと認識し、両ドイツ国家の接近がこれほど早く進展するとは予想しえず、この接近の時間は長ければ長いほど良いと考えていた。そしてポルトガロフの後の発言によれば、この文書を作成するにあたっての基本ポジションは、不可避な道が早急に進展しないように、展開がどのようなコントロールからもはずれてしまうことのないように枠を設定することであった。そのため、いつの日かドイツ統一となってしまうものの、その中途の形態として両ドイツの接近や国家連合(Konfederation)を想定し、このプロセスが早急に進むことなく、東ドイツの国家性が当分の間維持されるのであれば、それに我々は対応できることを、西ドイツ側に伝えようとした、という。さらに、二つのドイツ国家であれ一つの国家連合のドイツであれ、平和条約の締結がドイツの利益に適うこと、平和条約で占領状態の残滓を漸次廃止していくつもりであることも伝えようとしたものであった、という(Kuhn:82)。

これが党国際部の見解であることは、二四日モスクワでのアタリとザグラーディンの会談からも明らかであった(JA:347)。この会談でザグラーディンは、先の文書よりも踏み込んだ見解を明らかにした。

両ドイツの統合は、双方の利益、とくに東ドイツ国民の逃亡回避という経済的観点から不可避である。それは、ECとコメコンとの間の橋として創設されることになろう。ヨーロッパの経済統合は、我々が認識する以上の速さで進展するであろう。この経済統合は政治統合に進展し、それは国家連合となるであろう。統一ドイツが全体主義の第三帝国であったのは一時期であった。もしドイツ国民がソ連軍の撤退を要求するなら、そうなるであろう。事態の進展は極めて早く電報も追いつけない。アメリカは我々とともに統一ドイツを支持するであろう、と。

アタリは、ソ連の要人が冷静にドイツ統一について語るのを聞いたのは初めてだ、と述べている。ドイツ統一の道筋に関して違いはあるものの、ファーリン、ザグラーディンらの党国際部のドイツ派は、ドイツ統一を見据え、そのプロセスを想定し、統一に至る期間をできるだけ長くするという方針をもったことは確かである。

また駐西ドイツ大使のクビチンスキーも、基本的に同様な見解を抱き始めていた（KW:15-17）。壁の開放直後から、「統一はすでに事実であり、東ドイツはもはやもたない、引き返す道もない」と考えていた。そして本国に対して、東ドイツの存続は時間の問題であり、その時間も限られている旨の電報を何度も打電していた。その理由は、壁が開いた以上、労働者がその四－六倍の給料をもらっている西ドイツとの国境からわずか一〇〇－二〇〇キロのところに住んでいる東ドイツ国民が、東ドイツでどのような改革がなされようが東ドイツに止まるとは思われない。また東ドイツの支柱であるソ連型社会主義モデルが、ソ連で改革されている以上、東ドイツの社会主義には将来がない、というものであった。

しかし、「統一はもはや軌道から外すことはできない」ものの、どのような条件でというポイントは残っており、だからといって統一に反対することは意味がなく、東ドイツが自分の立場を決め、できれば国家連合の構想に立ち返ることが重要であると主張していた。クビチンスキーによれば、シェワルナゼはこの提案を支持したという。しかし本省からの返電は、シェワルナゼの意見は最終的なものと考えてはならず、それはクビチンスキーの考えに関心を示したものであり、貴兄の見解は多くの点で急ぎすぎており、しかも問題点が多いと伝えてきた。

いずれにしろ、ドイツ統一がたとえ遠い将来のことであれ、それを認め、しかもその中間的形態として国家連合などに言及したことは初めてのことであり、テルチクが「電撃的なショック」を受けたのはもっともなことであった。しかし、ポルトガロフのもってきた提案に、ゴルバチョフ・シェワルナゼなどがどこまで承認していたのかを確認しなかったことで、後に禍根を残すことになった。

二一日午後ザイタースが東ベルリンから戻り、首相府で東ドイツ政府との会談内容を報告した（AdBK: Nr. 96; TE: 52-53）。クレンツは、自由選挙、SEDの独裁を規定した憲法第一条の改正を含む急進的改革をすすめる、旅行の自由をさらに拡大しブランデンブルク門も歩行者のために開放するという方針を示し、しかし、社会主義体制の継続、主権国家、ドイツ統一は日程に入っていないことの三原則は維持することを強調していた。

二三日の夜首相府でコールと側近が協議した（KO: 157-160; WW: 97-103）。まず当面の課題を処理する必要があった。一七日のブッシュとの電話会談で確約した「詳細なメモランダム」を作成することであった。それと同時に西ドイツ政府の立場を内外に知らせる広報対策の強化が問題となり、四つのワーキング・グループが形成された。広報問題を協議ののち、テルチクはコールがドイツ政策でイニシャチブをとることを提案し支持をえた。

そこでコールは、モドロウの「条約共同体」案に対抗するために、国家連合（Konfederation）の構想を提示するものの、国家連合であると二つの主権国家を永遠に認めてしまうことになるため、連邦（Federation）をも検討するように指示した。原案作成チームのトップはテルチクであった。二四日作成作業が本格的に始まり、二五日夕刻までに作業は完了した。二五日は土曜日であり、作成された原案はルードヴィヒハーフェンのコールの自宅まで届けられた。コールは土・日をかけて提案を推敲した。これにはファルツの大司教も助言を求められたという。

二七日発表の時刻と事前の措置が検討された。テルチクは夕刻マスコミに、事前に限定説明を行った。

二八日午前九時からの連邦議会でコールは作成された提案を説明した。いわゆる「一〇項目提案」である。その間、テルチクは内外記者に背景説明を行い、一一時にはクビチンスキーに演説原稿を手交し、その後西側三国の大使に対しても同様な措置をとった。そしてブッシュには、先の「詳細なメモランダム」が電報で送付され、一〇項目提案も添付された（AdBK:Nr.101）。

電撃的な行動であり、提案内容を事前に知らされたのはごく少数であり、ゲンシャーもそれを知らされたのは演説の直前であった。

一〇項目提案の概要は、次の通りである。そのエッセンスは、ドイツ統一に関して、「条約共同体」から「国家連合的構造」「連邦」へという道筋を提示したことに尽きる。

第一、なによりもまず、早急な措置が必要である。これは最近数週間の出来事、特に流出の動きと旅行往来の新たな局面から生じたものである。西ドイツ政府は、援助がまさにいま必要とされているところに、即時に具体的な援助をなす準備がある。我々は、東ドイツからのどの訪問者にも年一度支払っている歓迎金［一〇〇西ドイツマルク］が、旅行資金の解決にならないことを知っている。最終的には東ドイツ政府自身が旅行者に必要な外貨を供給しなければならない。しかし我々は、過渡期の措置として旅行基金に資金を拠出する準備がある。その前提は、東ドイツを旅行する際に課せられる［東ドイツマルクとの］交換義務を取り止め、東ドイツへの入国を大幅に緩和し、東ドイツ自らが資金に拠出することである。我々の目標は、両ドイツ間の可能な限りの自由な往来である。

第二、西ドイツ政府は、東ドイツとのあらゆる領域における協力を継続する。これは特に、経済、科学技術、文化について当てはまる。特に重要なのは環境保護の分野での協力の一層の推進である。加えて電話網、鉄道網、航空網の拡張整備も重要である。

第三、もし東ドイツの政治体制、経済体制の根本的変革が拘束力をもって決定され、後戻りできないまでに進行すれば、我々は援助と協力を大幅に拡大する。「後戻りできない」とは、東ドイツ国家指導部が反対派グループと憲法改正、新選挙法について了解することを意味する。我々は、独立した非社会主義政党も参加しうる、自由、平等、秘密選挙の要求を支持する。社会主義統一党の権力独占は放棄されねばならない。経済的援助は、経済システムの根本的改革が実現して、初めて効果がある。官僚的計画経済は廃止されねばならない。もし東ドイツが西側投資に門戸を開き、市場経済の条件を創出し、私的経済活動を可能とすれば、経済的飛躍がおこりうるであろう。ハンガリーとポーランドでは、東ドイツがめざすべき前例がすでに存在している。

これらすべては援助がなされる前提条件ではなく、現実に即した前提にすぎない。

第四、モドロウ首相が就任演説で提案した「条約共同体」に、西独は着手する用意がある。ドイツにおける両独の近さと特別な関係が、あらゆる領域におけるより緻密なネットを必要としているからである。この協力はますます多くの共同の諸制度を必要とする。すでにある共同の委員会が新しい課題に取り組むこともできるし、新しい委員会を設置することもできる。我々が特に考えているのが、経済、交通、環境保護、科学、技術、厚生、文化の分野である。この協力にベルリンが完全に含まれることは当然である。

第五、我々は、さらに決定的な一歩を踏みだす用意がある。すなわちドイツの両国家の間に国家連邦的構造を、その後に連邦を――ドイツに連邦国家的秩序を――創出する目的をもって、発展させる用意である。これは、東ドイツに民主的な正統性をもつ政府が存在することを前提とする。（東ドイツの）自由選挙の後直ちに次のような制度を設立することも考えられよう。

・常時審議し政治的調整をなす合同政府委員会
・合同専門家委員会
・合同議会評議会

もし将来民主的に正統化された、つまり自由選挙で選出された、政府がパートナーとなれば、そのとき全く新しい展望が開けてくるのである。

制度的協力という新しい形態は、段階的に成立し拡大することができるのである。このような融化は、ドイツ史の継続性に根ざしている。ドイツの国家組織はつねに国家連合か連邦であった。再統一されたドイツが最終的にどのようになるのかは、今は誰も分からない。しかしドイツ人がそれを望むならば、統一が実現するであろうと、わたしは確信している。

第六、東西ドイツ関係の展開は、全ヨーロッパ的過程と東西関係に組み込まれている。将来のドイツ・アーキテクチャーは、将来の全ヨーロッパ・アーキテクチャーと接合しなければならない。この点で西側は持続的で公正な平和秩序めざし努力してきたし、ゴルバチョフ最高会議議長と私は、今年六月の共同声明にあるように、「ヨーロッパ共通の家」の基礎について話し合っている。

第七、ECの求心力と魅力は、全ヨーロッパ的発展の不変の要素である。我々はECがさらに強化されることを望む。ECはいま、中欧、東欧、南東欧の改革諸国に予断なく、しかも柔軟に対応することを要求されている。この点に東ドイツが含まれることも当然である。

それ故西ドイツ政府は、一九九二年をにらんで東ドイツの共同市場への入り口を拡大し保障する東ドイツとの通商協力協定の即時締結を支持する。

中東欧、南東欧の改革指向諸国の国民経済をECに接近させ、しかもヨーロッパでの経済的・社会的格差の解消を助ける、将来の特定の提携関係を西ドイツ政府は考えている。

ドイツ統一の実現の過程を我々はヨーロッパの事項と考えている。したがってこの過程はヨーロッパ統合との関係でみなければならない。この意味で、ECは民主的東ドイツにも中東欧、南東欧に他の民主的諸国にも開放されなければならない。ECはエルベ川で閉じるのでなく、東方にも門戸を開放しておかねばならない。まさにこの意味においてECは真に包括的なヨーロッパ統一の基礎となることができるのである。

第八、全欧安保協力(CSCE)プロセスは、全ヨーロッパ・アーキテクチャーの中核であり、精力的に促進されなければならない。今後予定されているCSCEの一連の会議において、我々は、東西経済協力の調整機関や全欧環境協議会などの全欧協力のための新たな形態も考えるべきであろう。

第九、ヨーロッパ分断とドイツの分断の克服は、軍縮・軍備管理の順調な前進を必要としている。

軍縮・軍備管理は、政治的展開と歩調をあわせ、可能なかぎり促進されねばならない。この点は特に、ウィーンでのヨーロッパ通常戦力削減交渉や化学兵器の世界的禁止について妥当する。

第一〇、我々は、このような広範な政策をもって、ドイツ人が自由な自決により統一が達成できるようなヨーロッパの平和をめざし、はたらきかける。再統一、つまりドイツの国家的統一の再獲得が、西独政府の政治的目標であり続ける。我々は、ドイツ統一への道に困難な問題があることを自覚している。とりわけ、東西を架橋するヨーロッパの安全保障構造である。ドイツ問題と全ヨーロッパの発展および東西関係とを結びつけることによってのみ、すべての関係国の利益に配慮しヨーロッパの平和を保障する有機的発展が可能となるのだ。相互に話し合い相互の信頼の雰囲気でのみ、我々はヨーロッパとドイツの分断を平和的に克服できるのである。

第三節　会議外交の季節

一〇項目提案の目的は、統一への関心を明示すること、すでに開始されている選挙戦のなかで他の政党との相違を明らかにすること、そして東独が提示した条約共同体構想で流れができることを阻止することであった、とテルチクは述べている（ZR: 118-119）。

しかしそれだけではなかったであろう。この提案が国際政治にどのような影響を及ぼすかも当然考えていたであろう。そこでその点を整理してみよう（参照 WW: 94-95）。

①まず時期が米ソ首脳会談の直前であったことに注意する必要があるであろう。西ドイツにとっ

て、米ソ首脳会談で西ドイツぬきに統一問題が決定されてしまうことは是非とも回避しなければならなかった。②その危惧のなかで、アメリカが、確固たるとはいえないもののドイツ統一に支持を示したこと。③ソ連も現状維持を強調する一方で、先のポルトガロフの提示したペーパーのように、ドイツ統一を遠い将来のことだとしても認めることを示唆し、反対のみとは断言できなかったこと。④そしてサッチャーは最も鮮明にドイツ統一反対を表明しており、フランス、ソ連を巻き込むような動きを押え込む必要があったこと。⑤またミッテランは、一二月上旬キエフでのゴルバチョフとの会談、一二月下旬の東独訪問などを公表しており、その姿勢は単純に理解することはできないもの の、EC統合の強化で妥協するという手段は確保してあると考えたことである。

一〇項目提案の評価は現時点でも分かれている。成果としては、段階的であれ統一をめざすことを西ドイツが明確に表明したことにより、統一問題を無視できない国際問題としてはっきりと定着させたという点で、「アジェンダ・セッティング」には成功したということである。しかしマイナス面は、関係各国に「内報」しなかったため、西ドイツの単独行動に対する警戒心を植え付けてしまったことである。さらに統一問題を誰が(四カ国、両ドイツ)どのように(二カ国間交渉、多国間交渉)扱うのかという点は残されており、この点の扱いが今後の大きな課題になってゆく。

一二月二—三日のマルタ米ソ首脳会談、四日ブリュセルでのNATOサミット、六日キエフでのゴルバチョフ・ミッテラン会談、八日ストラスブールでのECサミットと続く一連の首脳外交では、統一問題を国際政治の議題とするか否かの攻防が繰り広げられ、同時にその背後ではゲンシャーなどを中心に、どのように扱うのかという点をめぐる交渉も始まっていた。

反　響

一〇項目提案は、ヨーロッパの国際政治に衝撃を与えた。反応は、否定的であった。

ワシントンは、概して好意的であった(ZR:122-124)。演説後、先に述べたコールからのブッシュ宛親書が届いた(KO:171-173)。一〇項目提案の概要に加えて、マルタ会談に対するコールの要望を述べた「詳細なメモランダム」であった。主なねらいは、「私は、我々のドイツ政策の行動範囲を制限するような提案にマルタで賛成なさらないよう、貴殿にこころからお願いする」と述べたように、マルタをヤルタにしないでほしいということであった(KO:173; AdBK:Nr. 101)。同じ二八日クレンツからもブッシュ宛ての親書が届いた。それは、二つのドイツと二つの軍事同盟の存在がヨーロッパ安全保障の基本であることを強調していた。同文の親書がゴルバチョフにも送付されていた(JB:159)。

東西ドイツ政府からの対極的な内容をもつ親書を前にして、また関係各国の反応を分析して、ワシントンは、国際的対立が激化する危険を感じた。そして場合によっては、コールがヨーロッパでもドイツ国内でも孤立する危険性も視野に入れ始めた。ワシントンではコールへの支援が必要という意見が強まっていった。

二九日コールとブッシュは電話会談をもった(ZR:123-124; KO:176-177)。マルタに向けての意見調整が目的であった。コールは東ドイツ情勢を説明し、統一は長期的なプロセスであると言明(この段階ではコールと側近は五―一〇年以内と考えていた)し、ソ連への経済支援にも言及した。しかしブッシュは、ソ連の面子を考慮して経済支援には慎重姿勢を示した。さらにコールは、今後ドイツは単独行動をしないことを確約し、「ドイツ人は幸福である。歴史は我々の手に良いカードを与えてくれた」と述べた。

ブッシュは、マルタではソ連のリアクションを呼ぶようなことはしないと述べ、コールの立場を支持することを確約した。コールは、「ドイツ人は――東西を問わず――注意深く聴いています。自決と統一に共鳴するどのような言葉も今は極めて重要なのです」と電話を終えた。

スコウクロフトは、一〇項目提案に、統一ドイツのNATO帰属と国境問題が含まれていないことに気づいた。スコウクロフトによれば、ドイツがNATOに残留することの理由は以下の点であった。ドイツは西側に根をおろし隣国の脅威を静めること、ドイツは同盟の地理的な中心にあり、しかも第二の経済的・軍事的パワーであること、ドイツとそこにある米軍基地がなければNATOそしてヨーロッパにおけるアメリカの軍事的プレゼンスを維持することが難しいこと、であった(BS:196–197)。

だがベーカーは一〇項目提案にそっけなかった。ベーカーに連絡がなかったからであり、またソ連が苦境にたたされることを懸念した(JB:159)。ベーカーは一〇項目提案直後から関係国外相と電話連絡をとっていた。シェワルナゼは、コール提案は事態を早急に追い求めすぎ、それは混乱と予期せぬ結果を招くと警告していた。

二九日ベーカーはマルタ会談に先立つ記者会見を行った。

記者を前にベーカーは、マルタをヤルタにしないと断言した。そしていまは、改革が成功するように慎重に対応することが決定的に重要であると強調した。記者の関心は当然ドイツ統一にあった。この点を問われて、ベーカーは、個人的見解であるとして、四つの方針を示した。第一は、自決権行使の道が開かれていなければならないこと、現時点ではある種の統一構想が推進されてもまた排除されてもいけないこと。第二は、統一したドイツはＮＡＴＯ、統合されたＥＣに属するばかりでなく、連合国の法的責任と役割を尊重しなければならないこと。第三に、統一は漸進的かつ平和裡に進められなければならないこと。第四は、ヘルシンキ最終文書が規定している国境の不可侵性を遵守することであった。ベーカーの方針は、明らかにコール提案とモスクワの間でバランスをとろうとするものであった(JB:160-161)。

三〇日、ブッシュは米ソ首脳会談を始めとする一連の会議外交に旅だった。

モスクワでは、二八日のコール演説前の二〇―二五日、マルルーニ・カナダ首相、クラーク外相がモスクワを訪問し、ゴルバチョフ、シェワルナゼと会談していた(AG:33983; ZR:124)。帰国後アメリカに伝えられたカナダ側の報告によれば、ゴルバチョフは相当苛立っており、統一問題はソ連の最優先事項であり、西ドイツは今は統一を忘れるべきと述べ、「未熟な果実を食らうものは死す」とまで述べたという。シェワルナゼも、対独戦争の経験からほとんどの欧州諸国はソ連の立場と同じであると述べたという。ゴルバチョフもシェワルナゼも、カナダから関係各国に報告されることを前提として発言していた。

二九日、ゴルバチョフも一日までの日程で、イタリア・バチカン訪問に旅立った(GO:117-124; ZR:126-127; AG:34004; JB:159)。特にバチカン訪問は、宗教を禁止していた共産主義体制の元首の最初の訪問であった。本来であれば、国際的に大々的に注目されるはずであった。しかし世界の目は、米ソ首脳会談、特にドイツ統一問題に向けられていた。この訪問の最中も、ソ連は西側に牽制球を投げることを忘れてはいなかった。二九日、ゴルバチョフは、CSCEサミットを九〇年に開催することを提案した。三〇日ソ連外務省の報道官は、ドイツ統一を望んでいるヨーロッパの国は一つもない、ドイツ統一は議題になっていないと発表していた。また同日ミラノでゴルバチョフは記者会見し、ドイツ統一は長期的には除外できないが、現下の緊急な課題ではない、このテーマを無理に扱うことはない、歴史が決めることだと発言していた。

ロンドン。一〇項目提案の翌日である二九日、ゲンシャーはロンドンに飛びたった。前から予定されていた訪問であったが、急遽イギリス側に演説の背景説明をするのが目的となった。彼自身関与しなかった演説の釈明に向かうのは気が重かった。ゲンシャーはサッチャーとハードと会談した。サッチャーは一〇項目提案に直接言及せず、一一月一八日のECサミットで合意があったと思っていたと不快感を表明した。これに対しゲンシャーは一〇項目提案の内容を説明しただけであった。会談を終えて、ゲンシャーは、サッチャーは統一に反対しており、それは強まっている、もし米仏が接近するとすれば、しかけるのはイギリスであると判断した(GE:675-676)。事実、サッチャーも、その回顧録で、明確にドイツ統一に反対し、そのために行動した、と述べている(TH:416-417)。

パリ。二八日の演説を聞いた後、ミッテランは激怒した。コールはなにも連絡してこなかった。ゴルバチョフはこれを承認しないであろう。この提案は不可能だ。ソ連は我々とともにいる。巨大なドイツを許すことはないであろう。プロイセンの再来だと、叫んでいた(JA:350)。

翌三〇日、ゲンシャーはパリに向かった。午前デュマと会談し、デュマはフランスに事前に連絡がなかったことに抗議した。午後ミッテランと会談した。後にゲンシャーはミッテランとの会談のなかで最も困難な会談であったと述懐している。会談冒頭でゲンシャーは従来まで表明していた立場を強調した。

これに対してミッテランは、ドイツ統一はヨーロッパ統合とともに進む必要がある。さもなければ「ドイツに対して三国同盟(仏英露)が形成されるであろう、それは大戦争という終末を迎えよう」(JA:354)。しかしヨーロッパ統合が先に達成されるならば、統一ドイツは歓迎されよう。ドイツがヨーロッパ統合にブレーキをかけるならば、それを利用してドイツ統一をも阻止しようとする勢力もある(イギリスのことである――著者)。さらにドイツ統一はソ連との関係からも早急に進めてはならない。私は、ドイツ統一は歴史的な必然と考えている。我々はあなた方の味方である。だが統一ドイツのヨーロッパ統一に対する姿勢が問題なのだ。

これを聞き、ゲンシャーは、ミッテランはヨーロッパの誇る政治家だと改めて思ったという。ヨーロッパ統合を強化することではゲンシャーも同じであった。会談後、ゲンシャーは、「フランスなくして何も進展しない、フランスと一緒であればほとんど全てが進む」というSPDの老練政治家ヴェーナーが語った言葉を痛感したという。さらに肝心な問題は、国境問題ばかりでなく、ECとNATOに対する態度であることを改めて思い知ったという(GE:678-681)。ゲンシャーは、ミッテランはドイツ統一を妨害しているのではなく、それに枠を設定しようとしているだけであると確信した(GE:679)。

マルタ米ソ首脳会談

マルタの米ソ首脳会談は、米ソの夏以来の交渉で開催が合意されたものであり、そのため非公式会談とされた。

アメリカは、ゴルバチョフの姿勢が分からないままマルタ会談に臨んだ。ドイツ統一問題に関しても、確たる立場をもってはいなかった。ドイツ統一という目標は従来通り支持し、しかしその一方で四カ国会議や平和条約会議の提案は断固拒否すること、これ以上の目標はもっていなかった。そこでアメリカが注目したのが、ゴルバチョフがイタリアで示した提案であった。そこでゴルバチョフは、「ヨーロッパ共通の家」構想を敷衍して、一九九〇年にCSCEの首脳会議を開催することを提案していた。この会議でドイツ統一問題を協議しようとするものであり、アメリカは、統一問題を討議が長引くCSCEにのせて統一を遅れさせようとするのがゴルバチョフのねらいなのではないかという疑念を強めていた(ZR:126-127)。

一方ゴルバチョフも不安を抱いていた。ブッシュ政権の基本姿勢がどこにあるのか、ペレストロイカ支持なのか消極的なのかについてゴルバチョフは確信をもてないでいた。不安は、ブッシュとの個人的関係を築いていないことによっても拍車がかけられていた。

一二月二日マルタ会談が始まった(ZR:127-131; BS:162-173; GO:165-174)。地中海は大荒れであった。沖に停泊しているアメリカの巡洋艦ベルクナップとソ連の巡洋艦スラヴァで会談が行われるはずであったが、強い時化のために、会談場所は桟橋に係留されたソ連の豪華客船マキシム・ゴーリキーに移された。

まず冒頭の全体会合で、ブッシュが発言し、人権、軍備管理問題、ニカラグアなどの中米問題から米ソ経済協力にいたる約二〇項目に及ぶアメリカ提案を説明した。

それに対し、ゴルバチョフは、それは興味深いと応え、ソ連の以下のような基本的立場を説明した。

我々は歴史的な分岐点におり、昔は予想できなかった新しい問題に遭遇している。重要なことは、このような問題を昔のようなやり方で対処するのかどうかだ。アメリカのなかには古い政策が正しかったと信じている人がいる、しかしブッシュ大統領は時代の挑戦に適う見解をもっていると思う。米ソ関係は、新しい現実に適ったものでなければならない。我々も完全に放棄したとはいわないが、アメリカも古いアプローチを完全に放棄していない。アメリカは教え、他人に圧力をかけることを望んでいると我々はしばしば感ずるのだ。

それに対しブッシュは次のように応えた。

対ソ関係をゴタゴタさせるような派手さや尊大さで対応してはいない。身勝手な発言かもしれないが、私は慎重でおとなしいといわれている。私は慎重ではあるがおとなしい訳ではない。しかし私はあなたの生活をゴタゴタさせるように行動したことはない。それがベルリンの壁の上で飛び跳ねるようなことをしなかった理由だ。

この全体会合のあと、二人だけの会談に移り、そこでドイツ問題も話題になった。

ゴルバチョフは、東欧とドイツに関して次の三点を指摘した。

第一、ソ連と東欧での変化の方向は我々をより接近させるものだ。第二、ヨーロッパの統一が西側の価値に基づくべきであるとアメリカの何人かの政治家が主張することに不快感をもっている。第三、コールはドイツ問題で性急すぎる、それはよくない。

そして一一月二八日の一〇項目提案に言及した。

それは「選挙前のゲーム」のようなものだ。彼のアプローチが事態を台無しにしかねないことをコールに知らせる必要がある。一〇項目提案には答えがでていない点がある。例えば、統一ドイツが同盟の外にあるのかあるいはNATO内に留まるのかなどだ。答えをだすには時期尚早であり、我々はそれを強いるべきではない、むしろ自然な流れのなかで進めるべきだ。何が起こるのかは歴史に決めさせよう。

ゴルバチョフは、明らかにドイツ統一問題が急展開することを警戒していた。

ブッシュはコールを弁護した。

一〇項目提案はベルリンの壁の開放に対する一時的な感情の発露である。コールは同盟の問題を知悉しており、自制的に行動してきた。しかし再統一をスピード・アップさせるように無謀な試みをなすようなことはない。

一二月三日午前、前日に引き続きドイツ問題が話題になった。

前日の会談で押され気味であったブッシュが、今度は切り出した。

ドイツ再統一に賛成しないようにとの要請を受け入れられない。これが高度にセンシティブな案件であることを理解しており、自制して行動するようにしてきた。国境問題に関するヘルシンキ宣言の用語を意識している。

ブッシュは微妙な問題に踏み込んだ。というのは、七五年のヘルシンキ宣言は、戦後国境の維持をうたう一方で、相互の合意に基づく変更は否定していなかったからである。そして、「現状維持を越えたところをどのように理解しているのか」と尋ねた。

ゴルバチョフは次のように答えた。

ヨーロッパの全ての国がより緊密になっていくであろう。我々の見解は全てのヨーロッパ諸国に共有されており、コールはそのニュアンスをも理解しているが、ヘルシンキのコンテクストのなかで何事も行わなければならない。ヨーロッパの安定を向上させなければならないし、ヨーロッパのバランスを維持してきた装置を破壊したことはなかった。

部分的ではあるが、最近の資料公開により、マルタの米ソ首脳会談で、ドイツ統一問題が大きなテーマであったことが明らかになった。ベルリンの壁が開放され、コールが一〇項目提案を突如だしたなかで開催された米ソ首脳会談での、先に紹介したゴルバチョフの発言は注意すべきである。ゴルバチョフは、二つのことを明言した。第一は、ドイツ統一の速度に対する強い懸念である。第二は、「ヘルシンキのコンテクスト」を強調したことである。会談のなかで、ドイツ統一に反対するとは言わなかったのである。

特に第二の点は無視することはできない。というのは、前にも述べたように、七五年のヘルシンキ宣言は、戦後国境の維持をうたう一方で、相互の合意に基づく変更は否定していなかったし、さらに六月の独ソ共同宣言でヘルシンキ宣言に基づいて両ドイツ国民に「自決権」をも認めていたからである。事態が急転するなかで、ゴルバチョフが、「ヘルシンキのコンテクスト」を堅持することを明言し、そこから後退する姿勢をみせなかったことは注目すべきであろう。

そうであるがゆえに、後にアフロメーエフは、ドイツ統一問題で西側に確定的な答えを与えなかったために、ゴルバチョフは国内で強硬な反対に会っていないという印象をブッシュに与えてしまったと非難した（ZR:127-130）。またチェルニャーエフも、この会談でゴルバチョフの悪い癖がでたとし、それは自分の意見をはっきりといわず、調子を相手に会わせてしまう性格だと指摘した（TSCH:130）。

会談終了後、ブッシュとゴルバチョフは一緒に共同記者会見に臨んだ（AG:34012）。米ソ首脳が一緒に記者会見に臨むのは、首脳会談の歴史のなかで初めてのことであった。両者とも個人的信頼関係を築くことができたことが最大の成果であるとし、ゴルバチョフは「我々両者とも、世界はいまや冷戦を終え新しい時代に突入したことを説明しあった」と述べた。しかしドイツ統一問題には言及しなかった。翌日世界の新聞は、「冷戦は終わった」という見出しで、米ソ首脳会談を報道した。

ブッシュは会談を終え、ブリュセルに飛び立った。翌四日のNATOサミットに出席するためである。三日の晩、コールとブッシュがブリュセルのアメリカ大使公邸で会談した（AdBK:Nr.109；ZR:131-132；KO:185-188；TE:72-74）。ブッシュは、米ソ首脳会談の内容を詳細に説明し、ゴルバチョフがコールは急ぎすぎると懸念していたと伝えた。コールは、ゴルバチョフに東ドイツ指導部は事態を制御していないとすでに指摘してきたが、自分も東ドイツでの事態の進展の速さは計算できなかったと弁明した。そして「ドイツ問題はかつてないダイナミズムで進展しており、従ってドイツの首相がどの方向に進展するのかを明示する必要があった」と、一〇項目提案の意図を説明した（KO:187）。

ついで一〇項目提案に入り、コールは、アメリカの冷静な受け止めを感謝した。そして、「一〇項目提案を実現するためのスケジュールは示していない」ことを強調し、西ドイツはヨーロッパの一部であり、EC統合を推進する一員であること、ミッテランとの関係を気遣っていると述べ、西側との統合の継続が一〇項目提案の前提であることも強調した（AdBK：Nr. 109）。

ブッシュは、ゴルバチョフの問題は進展のスピードだと指摘した。コールは、ヘルシンキ最終議定書が一〇項目提案の前提であり、それは国境の平和的変更を認めているが、しかしゴルバチョフを追いつめることはしないと確約した。ブッシュは、統一問題は「大洋の津波」であり、西欧諸国の反応は複雑であって、事態を落ち着かせることが重要であると強調した。

またブッシュが西側各国の反応を訪ねたとき、コールは、反応は様々であると説明し、ミッテランとサッチャーについて次のように説明した。

「ミッテランは賢明であり、自決権に反対することがフランスによくないことを知っている。彼は、すべてが抑制された方法で進展することを、性急ではないことを、そしてドイツ統一とヨーロッパ統合の進展が結びついたままであることを望んでいる」

「（サッチャーとの間には）基本的な対立がある。彼女とチャーチルについて議論したとき、問題はサッチャーがチャーチル以前にいることだといってやった。彼女は、チャーチルが一九四七年にチューリッヒで行った演説を今日にいたるまで理解していない。……サッチャーの考えはもはや時代にあっていない。ドイツ問題について、彼女は戦後はまだ終わっていないと考えている」（AdBK：Nr. 109）

この会談でコールは安堵し、アメリカはコールの味方であると確信した。この会談によって、一〇項目提案で批判を浴び、神経質になっていたコールは自信を取り戻したといってよい。

四日午前、NATO本部でサミットが始まった(ZR:132-134; KO:188-191; TE:73-78; WW:176-178)。この会議で、ブッシュはマルタでの米ソ首脳会談の内容を説明すると同時に、ヨーロッパの将来に関するビジョンを演説した。そのなかで、ドイツ統一を支持するとして、二九日にベーカーが記者会見で述べた四原則を提案し、在欧米軍を維持すること、ECの統合強化を支持すると付け加えた。

その後アンドレオッティ伊首相が自決権で反論し、それにサッチャーも同調したが、他の国はブッシュの方針に同意した。

この会議でサッチャーは孤立感を強めた。ドイツ統一とEC統合について、アメリカに期待するものは何もないと判断し、そしてフランスとの関係強化に以後走ることになる(TH:416)。一方、テルチクは、パリのECサミット、マルタでの米ソ首脳会談、NATOサミットにおいて、ドイツ統一の障害となるものが何もでてこなかったことを重視し、「それどころか信号は青なのだ。用心は必要だが、転轍機は正しく入れられた」と評価していた。

モスクワの寒気

しかし、モスクワは違っていた。

一二月四日ゲンシャーは、ブリュセルでブッシュの報告を聞き、その後モスクワへ飛び立った。同じ日、ワルシャワ条約機構サミットがモスクワで開催されていた。ゴルバチョフは、NATO、WT

Oをともに維持すること、一〇項目提案は先まで行きすぎていると報告していた（ZR：134）。しかしゴルバチョフはコールに対して激怒していた。一〇項目提案に際し一一月一一日の電話会談で約束した連絡がなかったこと、動きを加速する試みを一方的に行ったことに怒りを爆発させたのである（GO：188）。

午後八時、ゲンシャーはモスクワの空港に到着し、車で市内に向かった（GE：682-688；WW：120-125）。途中反対車線に長い車列を目にした。外務副大臣によれば、ワルシャワ条約機構サミットから帰国する東ドイツの代表団の一行であった。迎賓館でシェワルナゼと会談した。モスクワの怒りを感じた。シェワルナゼは強い調子で、独ソ宣言にも拘らず一方的に一〇項目を提案したことは信義に悖る行為だと難詰し、ゴルバチョフは窮地に立たされていると説明した。

翌五日ゴルバチョフとの最も不愉快な会談が始まった。ゴルバチョフがこれほど怒り、厳しいことはなかった。冒頭でゲンシャーは、独ソの友好関係を強調したが、ゴルバチョフは直ちに反論してきた。提案を事前協議なく行ったことであり、提案内容が東ドイツに対する最後通牒的な要求であることであり、一〇項目提案はすべての当事者に対する挑戦であるとまで言い切った。それに対しゲンシャーも反論した。両ドイツの接近の可能性を指摘しただけであって、提案であり最後通牒でもディクタート（Diktat）でもないと弁明した。その後厳しい応酬が続いた。

しかし別れ際に、ゴルバチョフは、「全ヨーロッパ政策と独ソ関係が好転すれば、ドイツ問題でも新たな進展があるであろう」と述べた。これは、明らかに新しいメッセージであった。「ドイツ統一の門はすでに開かれている。すべては、道を全ヨーロッパ的展開の一要素とすることにかかっている」とゲンシャーは判断した。

またゲンシャーは次のような印象ももった。ゴルバチョフは事態に翻弄されているという印象を是が非でも回避したがっている。ゴルバチョフは展開を掌握している主役であり監督であることを望んでおり、守勢に立たされることを望んでいない。もう一つは、東ドイツでの動きをうけて、ドイツ問題には新たな回答が必要であると考えており、別れ際の言葉が示すように、ソ連は統一が不可避であり、環境と時間が問題だと考えている(GE:687; ZR:136; WW:125)。

一方、同時期活発な活動を開始したのがミッテランであった。ミッテランの基本戦略は、統一ドイツを念頭におき、EC統合の強化をはかることにあった。それと同時に、フランス外交の独自性をどう際立たせるかという課題にも直面していた。ECの盟主として、米ソ独の後塵を拝すわけにはいかなかったのである。そのためこの一二月キエフでの仏ソ首脳会談を皮切りに、八日のECサミット、一六日カリブのサン・マルタン島でのブッシュとの会談、二一日の東ドイツ訪問と精力的な外交を展開した。

六日晩のキエフでの首脳会談のテーマは三つあった。一つはマルタ会談の説明、二つめは、EC、CSCEの将来に関する意見交換、三つ目はドイツ問題であった(JA:358-367; ZR:137-138)。しかし最大の問題はドイツ問題であった。マルタ会談の説明に関連して、資本主義の勝利論について長々と反論するゴルバチョフを遮って、ミッテランは、ヨーロッパの最大のテーマはドイツ問題だと話題を変えた。

「一九一三年のヨーロッパに戻ることはできない」、これがミッテランの基本メッセージであった。そのポイントは、「ドイツの均衡はヨーロッパの均衡の以前に達成されてはならない」ことにあった。つまり、ドイツ問題は、西ではEC統合強化に、東では改革にめどがついてから取り組まれるべきものであった。この関係で何よりもECの強化が必要であった。さらに東西にまたがるCSCEも強化されなければならなかった。CSCEは、「平和と政治の取決めの中核」であった。「統一は実現するであろう、しかし大ヨーロッパという枠のなかでだ。一九一三年のヨーロッパに戻ることなど問題外だ」。これがミッテランの基本的な考えであった。そして最後にゴルバチョフは、五日のゲンシャーとの会談を説明した。この会談では、ミッテランが一方的にしゃべっていた。ドイツ統一問題に関しては具体的な提案はなかったものの、ミッテランは、一一月二九日ゴルバチョフがイタリアで提案した、CSCEのフォローアップ会議（ヘルシンキⅡ）を九二年から前倒しして九〇年に開催することを支持すると表明した。

会談後、アタリはザグラーディンと会い、ドイツ問題に介入することにソ連が消極的であることに落胆していると伝え、フランスは、ドイツ再統一が不可避であるとしても、それを望んではいないと、ミッテランよりも踏み込んでいた（WW：156-157）。

ストラスブールECサミットの陰で

一二月八-九日のストラスブールのECサミットの目的は、懸案であった経済通貨統合に見通しをつけることであった（WW：138-146）。この時点でも、西ドイツは通貨統合に慎重であり、制度改革などの政治統合と抱き合わせにしようとし、フランスは通貨統合を推進させ、それを協議する政府間会合を早期に開催させようとしていた。このため事前協議でも、独仏の溝は埋まらないままであった（AdBK:Nr. 108A, Nr. 111）。

ストラスブールのサミットは波乱が予想された。コールはミッテランに譲歩する決意をした。九〇年一二月に通貨統合に関する政府間会議を開催することに合意した。しかし、コールは自分の首相任期中で最も凍りつくような雰囲気でのECサミットであった、と述懐しているように（KO:195）、会議では他の首相から一〇項目提案の背景説明を執拗に要求され、会議はコールへの糾弾に近いかたちになった。特にサッチャーのコール批判は辛辣であった。問題はサミット後に公表されるコミュニケであり、西ドイツ側の要求もある程度受け入れて、多くの条件を課しながら「ドイツ国民が自由な自決権のなかで統一を再び達成する」ことを容認することで妥協が成立した（WW:145-148）。

このサミットの合間にミッテラン・サッチャー会談が二回もたれた。サッチャーは、回顧録のなかで、サッチャー以上にミッテランがドイツ統一に批判的であったと記したことによって、後に世界的に注目されることになった（TH:417）。しかしその後明らかにされたアタリの回顧録による会談議事録によれば、より強硬であったのはサッチャーであった。

まずミッテランは、キエフでのゴルバチョフの姿勢は堅かったと報告した。

サッチャー「四カ国が早急に会うべきである。東ドイツでは国民が日に日に統一要求を強めている。もしそうなれば、ゴルバチョフは管理不可能な問題に遭遇するであろう。CSCEなり四カ国会議によってそのような事態を阻止すべきである。東ドイツ国民は四ヵ国の存在をほとんど考慮していない。ベルリンが自由であるのも、我々によることを忘れてしまっている。コールは、再統一に対してヨーロッパで起きている感受性をほとんど理解していない。我々に恐るべき戦争を課したのがドイツであるがゆえに、ドイツは分割されているのだ。ドイツは日に日にヨーロッパで支配的になっている。ドイツに対してバランスをとることを常に考えることが必要だ。ドイツは支配できないことを確かにする必要がある。ハードは、ゲンシャーに対して四ヵ国会談を説明している。ベルリンのことを話すのであれば、ゲンシャーは賛成であろう。ゴルバチョフはいま不安を抱いている。ドイツの愚か者がソ連軍基地を攻撃したりすれば、結果は恐るべきことになる」

ミッテラン「ゴルバチョフはドイツに対して常にもまして硬かった。彼はゲンシャーとの会談を説明した。彼はディクタートという言葉すら使った。一〇項目提案は、ソ連兵士と家族が住んでいる東ドイツでの感情を刺激するだけだ。ドイツに対するほとんど隠すことのできない怒りだ。しかし、ゴルバチョフは我々同様手段がない。ゴルバチョフは、心理的にも分断を強化することはできない」

そしてサッチャーもミッテランも、コールが事態を加速させていることを批判して、米ソにそれを阻止する力がないことで一致し、今後の方向として、ミッテランは次のように述べた。

「ボンのアメリカ大使は、五年以内に再統一があると語っている。我々にはドイツに向き合う力がない。この状況のなかで戦前にはフランス、イギリスという指導者がいたが、先頭にたって立ち向かうことはなかった。この状態で再びミュンヘンを起こしてはならない」

さらに、ミッテランは、ゲンシャーにいった以下の発言を紹介した。「我々は友人で同盟国だ。しかし我々のなかには、まさに一九一三年のように、ドイツに対してフランス、イギリス、ソ連の間で新たな同盟を準備することを主張する人もいる。あなたには九〇〇〇万人の国民がいるが、ソ連もあなた方に対抗するだろう、あなた方は包囲されるであろう」と。

以後次のような会話が続いた。

サッチャー「まず何よりも、国境を尊重することが必要だ。そして今後一五年の間に東ドイツでデモクラシーが生まれるならば、そのとき再統一を語ることができよう」

ミッテラン「一九一三年、一九三八年のように、フランスとイギリスの間で特殊な関係を構築することが必要だ」

サッチャー「もしそのような協調がなかったならば、一九一四年に我々と別のイギリスがあり、それは戦争の外にあったであろう。ゴルバチョフのメッセージはいま伝えられているところであるが、ソ連は四カ国の再結集を提案している。これはよい。ソ連は変わらなければならない。いまソ連は東側で複数政党制のない唯一の国だ」

ミッテラン「それは確かではない。ソ連の危険は、複数政党制ではあるが、国粋的で軍国主義的な体制となることだ」

サッチャー「あまりにも多くのことが起こりすぎる。それはドイツの件だけではない。もしドイツが支配するのであれば、ドイツは東欧でパワーをもつであろう、ちょうど日本が太平洋でもっているようにだ。我々の観点からそれは許容できないことだ。他の国はそれを妨げるために進まなければならない」(JA:368-371)

しかしこの会談では、英仏の関係強化は話題になったものの、具体的なかたちでの提案はなかった。九日、ミッテランとコールの朝食会がもたれた。そこで、ミッテランは、ゴルバチョフとの会談内容を説明し、国境問題が重要と指摘した(TE:82-84; KO:198-200; AdBK:Nr. 117)。そしてソ連がベルリンで四カ国大使会議の開催を提案していることを伝えた。

四カ国会議の悪夢

一〇項目提案に対する各国の反応は、否定的なものが多かった。しかし具体的な形をとったものはいまだなかった。いずれも警告、不快感の表明で終わっていた。一二月九日ゴルバチョフは、中央委員会総会で演説し、東ドイツを支持し、東ドイツはワルシャワ条約機構の一員であり、それへの介入を断固拒否すると強調していた。

一二月八日、ソ連は米英仏に対し、東ドイツの事態を話し合うためにベルリンのかつての連合国統制理事会の建物で四カ国大使会議を開催することを提案してきた。英仏は先の会談にもあるようにこの提案に応じた。これに対し、アメリカは四カ国の介入には反対であったが、他の三国との衝突を避けて、ベルリン問題に限定する形で会議を開催することに同意した。これがボンに伝達されると、ボンは猛烈に反発した。しかし限定されたテーマで限定された会議を開催することで折れた。会議の開催日は、ベーカーがベルリンに到着する一一日晩以前とされ、一一日に設定された。

四カ国大使会議は一八年ぶりであった。東ドイツ駐在ソ連大使が、二つのドイツを強調し、この会議を定例化することを提案した。しかし西側三国は、それを拒否して会議は終わった。しかし西ドイツにとって、占領期の連合国統制理事会の建物で連合国四ヵ国の大使が会議をもち、アメリカ大使が議長でしかも写真までとったことは我慢できなかった。外務省の幹部は激怒し、ゲンシャーは当惑した。彼は、ソ連側の意図は警告にあり、アメリカはソ連の怒りのはけ口として会議を認めたと解釈した(ZR:139-141; GE:693-697)。

西側三国が四ヵ国大使会議を許可したことは、西ドイツへの警戒が高まっていることを示すものであった。いわば統一したいという意思は示したものの、その筋道は示されず、統一への動きだけが加速することが警戒され始めたのである。

一一日晩、ベーカーはベルリンに到着した(JB:164-170; ZR:142-146)。まさにコールに対する風当たりが強くなった最中であった。ベーカーは、途中ロンドンに寄り、サッチャーと会談し、彼女の持論を聞いていた。ベーカー訪問の目的は、一二日にベルリンのプレス・クラブで演説することにあった。

一二日の朝、ベーカーはコールと朝食をともにした。コールはCDUのミニ党大会のためベルリンにきていた。ベルリンには統一を煽るようなCDUのポスターが町中に張られていた。コールは、モスクワばかりか、パリ・ロンドンからも統一に対抗する動きが出てきたことで落ち着きを失っていた。ベーカーは、英仏ソの過敏さに配慮するよう要請した。コールは、国内で統一のための方向性を示すパースペクティブが必要であったことから一〇項目提案を行ったこと、ゴルバチョフと早急に会談することを希望していること、英仏首脳の懸念の背景を理解していることを、説明した。ベーカーは、過敏になっている隣国に保証を与えることを勧めた。特に国境問題が重要であると指摘した。コールは、東西ドイツ国境とポーランド国境とが渾然一体となって問題にされているためであるとして、統一問題にめどがつけば、ポーランド国境には問題はないと説明した。ベーカーは、コールが他国の関心にも考慮する、漸進的・平和的な方針を取っていることを知り、満足した(AdBK:Nr. 120)。

その日、ベーカーは「新しいヨーロッパ、新しい大西洋主義——新しい時代に向けてのアーキテクチャー(“A new Europe, a new Atalanticism: Architecture for a new era”)」と称する演説を行った。この演説の要旨は、第一にNATOに新しいミッションをもたせる、第二にECの統合の強化と、それに加えてアメリカとの関係強化、東欧諸国の改革支援、第三にCSCEを東西間の協働の新しいフォーラムにまで強化すること、であった。それに加えて、一一月下旬の記者会見そしてNATOサミットで部分的に表明した、ドイツ統一の四方針を改めて表明した(WW:189-190)。

その後ベーカーはポツダムを訪問し、モドロウと会談し、その後教会指導者とも懇談した。教会指導者は、統一の要求はナショナリズムではなく経済的理由からでたものであると説明し、このような意見を聞いて、ベーカーは、東ドイツの改革はもはや後戻りできないことを確信すると同時に、いずれにしろ東ドイツと西ドイツとの間で事実上の経済統合が実現するであろうと感じたという(JB:168-169)。一三日、ベーカーはブリュセルでのNATO外相会議に出席した。そこで通例となっている米英仏独の四カ国外相のワーキング・ディナーで、ドイツ問題を検討した。この席上、ゲンシャーは一一日の旧占領四カ国の大使会議を、「あなた方は、NATOとECで我々と協力するのか、占領軍統制理事会でソ連と協力するのか決断しなければならない」と批判した。これを聞き、ベーカーは、ゲンシャーに「分かっているよ」と述べていた(GE:696)。

同様な統一のスピードを減速する要請はフランスからもきた。一六日、ミッテランはブッシュとカリブのアンティル諸島のサン・マルタン島で会談した。この会談で、ミッテランは、統一へと向かうテンポを減速するようコールに圧力をかけることをアメリカに要請した。同時に、CSCEサミットを九〇年に前倒しで開催するというゴルバチョフ提案を支持するように執拗に要請した(JA:377-378; ZR:141-142; WW:164-165)。

またミッテランは、二〇—二二日東ドイツを訪問し、二一日の演説で、ヘルシンキIIといわれるCSCEサミットの開催を提案した。この演説のなかでも、ヨーロッパの均衡の維持と、それとテンポをあわせることの必要性を強調した(ZR:147; JA:380)。

ソ連も同じようにテンポを減速するように要求してきた。

一四日、コールはゴルバチョフに書簡を送り、一〇項目提案の背景を説明した(TE:93-94; KO:193-194; AdBK:Nr. 123)。その返書をコールのハンガリー訪問(一六—一八日)後の一八日に受け取った。これは、一〇項目提案を最後通牒のようなものと批判し、「事態を人為的に煽り、燃え立つ炎のなかに政治的爆薬を投げ込むことは、きわめて危険」とテンポを加速していることを非難していた。ドイツ問題に対する態度は、九日の中央委員会での演説と同じであった。コールは、ソ連との関係が難しくなったことを認めざるをえなかった(TE:99; KO:210-212; AdBK:Nr. 126)。

一八日、ゲンシャーはブリュッセルのEC外相会議に出席した。シェワルナゼもEC議会の招待でブリュセルに来ており、次章で説明するように、欧州議会の政治委員会で演説し、七項目の疑問点を挙げていた。その晩、ゲンシャーはシェワルナゼと会談した。シェワルナゼも、拙速を警告した。ゲンシャーは、今後の東ドイツの進展を予想し、ソ連が統一に敵対しなければよく話し合うと返答した。この会談でゲンシャーは、ソ連は事態をコントロールしたがっているが、歴史的な推進力とダイナミズムもよく意識している。今後の進展が整序され、ソ連に反対したりその背後で策謀しないかぎり、ソ連は事態を承認するであろう、という印象をもった。この会談からゲンシャーは以下のような結論を引き出した。モスクワに既成事実を突きつけることがなければ、ソ連指導部の賛成を獲得できるであろう。統一は真摯な話し合いの結果でなければならず、ソ連への侮辱であってはならないというものであった。

しかし、コールの動きはテンポを加速する方向にあった。

一一月中旬以降、首相にモドロウが就任したものの、東ドイツ政府はさらに権威を失い、人民議会選挙の要求が高まるとともに、ドイツ統一への要求も広まっていった。特に、東ドイツから西ドイツに流出する者の数は日増しに増大し、西ドイツにとっても大きな問題になってきた。

一九日、コールはドレスデンを訪問し、モドロウと会談した。そして民衆の歓呼に応えて、聖母教会の前で数万人の市民を前に演説した(TE:101-106; KO:213-228)。「国家統一の道のなかで私の鍵となる経験」(KO:213)とコールは回顧している。しかしこれが巻き起こした熱狂に、関係国の警戒が強まった。翌二〇日、ベーカーはブッシュに以下のように助言していた。「コールの活動は、再び問題を引き起こした。その理由の一つは、コールの(選挙などの)国内的関心が、統一問題をあまりにも遠くまで進ませ、早くさせている。彼は、マネージできない感情をもり立ててしまった」と(ZR:148)。統一へと進む東ドイツ国内、それを加速するコール、それを減速し軌道にのせようとする関係諸国、この構図のなかで二二日ブランデンブルク門が開放された。

八九年が終わるなかで、ベルリンの壁の開放の熱狂は次第に弱まり、ドイツ統一という重い課題を冷静に考え直すクリスマス休暇がやってきた。

第五章　二十四方式の成立

西ドイツは、一一月二八日のコールの一〇項目提案によって、統一の意思を明示した。一二月の東ドイツの事態は、東ドイツも統一へとなだれ込む可能性をみせ始めた。それにつれて、焦点は統一の是非よりも、現在の動きにいかに筋道を与えていくかに移っていった。そのなかで占領四ヵ国方式がソ連から提唱され、限定的ながら一二月一一日のベルリンでの四ヵ国大使会議が開かれた。西ドイツの強い反発、アメリカの慎重姿勢があるとしても、一二月八日のミッテラン・サッチャー会談で示されたように、状況によっては英仏ソがそれでまとまり、それが全部を処理できないとしても、統一への国際交渉で重要な役割を果たす可能性も否定できなかった。

さらに「ヘルシンキⅡ」といわれる、CSCEサミットで統一問題を扱うという提案も、ゴルバチョフが一一月下旬にイタリア訪問時に提唱し、ミッテランも一二月二一日東ドイツ訪問時に提唱していた。

モスクワ、ワシントン、ボン、そしてパリは筋道のつけ方で検討を開始した。

第一節　モスクワ「危機スタッフ」会議

一〇項目提案に拒否の姿勢を示したものの、西ドイツの統一への強い意思と東ドイツの統一要求を前にして、モスクワは事態に引きずられる危険性を感じ始めていた。駐西ドイツ大使のクビチンスキーは、一一月下旬国家連合構想を統一案として提示し、それをソ連が支持することを主張していたが、一一月下旬から一二月上旬党中央委員会総会に出席するためにモスクワに戻り、状況の検討に参加していた(KW:17)。

機会は、一二月一九日にシェワルナゼがヨーロッパ議会の政治委員会で行う演説であった。シェワルナゼは、外務省が作成した、従来通りの二つのドイツの堅持という内容に満足せず、より柔軟な内容に書き直すようタラセンコに指示した。タラセンコは指示に従い、統一の条件を演説草案に書き込んだ。こうなると、統一の可能性をモスクワが認めたことを示すことになる。これに対して外務省は、一二月九日のゴルバチョフの中央委員会総会での演説に反するものと猛反発した。しかしシェワルナゼはそれを遮り、政治局などにも知らせることなくブリュセルへ旅立った。ここでさらにクビチンスキーにも助言を求め、クビチンスキー条件をよりタイトなものに変更した。このため一九日の演説は、古さと新しさが混在したものとなった。

この演説の新しさは、西ドイツと東ドイツの協力関係を認め、それに全欧州プロセス、すなわちCSCEを枠組みとして提示したことにあった。そして統一を仮定して、七つの問題点を指摘した。安全保障、国境、政治的地位、軍事、駐留軍、CSCEとの関係、他国の利益の考慮である。

この演説は当時あまり注目されなかった。しかしテルチクはこれは「対話の準備」へのシグナルと判断した(TE:107-108)。またゲンシャーも、前章で説明したように、一八日の晩シェワルナゼと会談しており、その内容と意図するところを知っていたと思われる(ZR:149-153; WW:199-200)。

年が明けて一月二日の政治局会議で、ゴルバチョフは、「一九九〇年は決定的な年になるであろう。

供給問題を克服できなければ、我々は辞任しなければならない」と述べていた(TSCH:276)。

ソ連指導部は他の案件に忙殺されていた。グルジア、リトアニア、アゼルバイジャンと民族紛争が続き、ドイツ問題に対応する余地がなかったといえよう。

ソ連は、一月一〇日再び四カ国方式を提案してきた。占領四カ国の責任を指摘して、先の四カ国大使会議の継続を提案してきた。英仏はこれに好意的姿勢を示したものの、アメリカの、そしてアメリカから連絡をうけた西ドイツの強硬な反対もあり、結局ベルリンの文化的交流などの件につき、下級の交渉担当者で行うことを西側三カ国は回答した。一月下旬にもソ連は、ドイツ国内での右翼の台頭について協議するという理由で四カ国大使会議を提案してきた。先と同様、米から、英仏西ドイツに照会され、無視することで一致した(ZR:155-156)。ソ連の時間稼ぎであった。

この間、東ドイツ情勢は、政府および党にとって統制できないまでに悪化していた。モドロウが要求する経済支援を西ドイツは拒否し、また国内の反SED勢力は、党幹部を追及、秘密警察の解体などを要求し、モドロウはそのため五月上旬に予定されていた人民議会選挙を三月一八日に繰り上げることを一月下旬に明らかにした。その一方、西ドイツへの東ドイツ市民の流出は止まず、一月には日に二〇〇〇人ほどに達していた。

ソ連がドイツ統一問題に取り組んだのが一月下旬のことであった。一月二六日、党中央委員会執務室で「危機スタッフ」と呼ばれるメンバーの会議が開催された。出席者は、ゴルバチョフ、シェワルナゼ、首相のルイシコフ、政治局員で中央委員会書記のヤコブレフ、党中央委員会国際部部長のファーリン、同代理のフェドロフ、KGB議長クリュチコフ、ゴルバチョフのアドバイザーのアフロメーエフ、そしてチェルニャーエフとシャフナザーロフであった（GO:190; TSCH:296-297; Falin 1993:489-490; ZR:162-163; WW:226-228）。

会議の冒頭にゴルバチョフは、ソ連外交の見直しを要請した。「一つの点を除いて全ての前提を見直してよい。それは、我々の武力による行動はないという前提だ」と述べた。その後自由討議に入り、会議は四時間続いた。

口火をきったのが、チェルニャーエフであった。彼は、西ドイツとの提携論を主張した。事態の動きに影響を与えることができるような支柱をもはや東ドイツはもっていないというのがその理由であった。さらに西ドイツとの関係でも、コールとの関係を重視することを主張した。SPDは選挙キャンペーンに統一を利用しているが、コールは、統一を全欧的プロセスの枠の中で行う考えをもっていること、NATOに帰属することを義務と感じていること、ゴルバチョフと個人的信頼関係があること、がその理由であった。最後に、東ドイツ首相モドロウを招待することに反対し、SEDの党首ギジとの会談にも反対した。SEDはもはや維持できず将来もないからであった。

これにファーリンが反論した。（証言は一致していないが、）統一の国内的側面には発言権をもたないが、対外的な側面には発言する権利があるというのが彼の基本的な主張であった。統一に対するドイツの意思に反対するのは愚かなことだが、二つの主権国家が統一するにあたって、それぞれの国際的な義務が損なわれないよう配慮することが必要だ。東ドイツをNATO管轄内に組み入れることはできない。彼は、東ドイツの維持を主張し、また長年関係があったSPDの路線を支持することも主張した。この見解をヤコブレフが支持した。

シェワルナゼは、基本的にチェルニャーエフに賛成であり、ただ事態をもう少し静観することを主張し、早急な結論に反対した。ルイシコフは、コールに全面的に依拠することには慎重であり、この点ではシェワルナゼもクリュチコフも同様であった。またクリュチコフは、意見ではなく報告であるとして、SEDはもはや存在しないこと、東ドイツという国家機構は解体するであろうことを指摘した。

全員が受け入れたのが、チェルニャーエフが提案した「六カ国委員会」案であり、これが統一に関わる問題を協議するというものであった。構成国は占領四カ国のアメリカ、ソ連、イギリス、フランスと東西ドイツである。誰も講和会議やCSCEを提唱しなかった。

討議の後、ゴルバチョフが意見をとりまとめた。

・六カ国委員会を設置すること。
・コールを志向すること、ただしSPDも無視しないこと。
・モドロウ、ギジを招待すること。
・ロンドン、パリと密接なコンタクトをとること(場合によっては、この問題のために二国を訪問すること)。
・統一によってNATOがソ連国境に近づかないようにすること。
・アフロメーエフは、東ドイツからの兵力撤退の準備をすること(これは外交問題という国内問題であり、三〇万人(将校は一〇万人)の兵士とその家族の宿泊の準備が必要であった(TSCH:297))。

ソ連は、ドイツ統一問題への取り組みを条件闘争に切り替えた。

第二節　ワシントン

一二月、一月とワシントンは、ソ連の出方を注視していた。ソ連の一言一句に振り回されていたといってよい。しかし東ドイツはもはやもたないという判断から、ワシントンも方針を定めにかかった（ZR：159-168；BS：234-235）。

一月下旬ホワイトハウスのスコウクロフトの腹心ブラックウィルは、統一は出来るかぎり早いほうが望ましいという結論をだした。その最大の理由は、統一に時間をかければかけるほど、ソ連と他の国はボンから、NATOへの帰属、軍事同盟への参加、駐留米軍と核兵器などの点で、多くの譲歩を求める機会が多くなることであった。そしていまソ連は西側との友好を欲しており、対ドイツ政策も慎重である。このような機会は長く続くとは思われないので、早く統一を進めるべきというものであった。

NSCは統一問題への取り組みを開始した。四つの問題があり、それに結論を下した。第一は、統一のスピードであり、早急な統一を予想した。第二は、ドイツ統一の対外的側面をコントロールするために、どのようなプロセスを採るのかであり、四カ国、西ドイツ、選挙で選ばれた東ドイツ新政府が統一に伴う講和条約を検討し、それをCSCEに提出して報告することとした。第三が統一ドイツのNATO帰属であり、東ドイツの部分を非軍事化するとしても、統一ドイツはNATOに帰属するとした。第四が、ドイツでのアメリカの軍事的プレゼンスであり、たとえ削減されるとしても実質的に十分なアメリカ軍がドイツに駐留することとした。

ブラックウィルはこれを国務省幹部に報告した。国務省の西欧局も同様な検討をすでに行っていた。彼らの結論は、統一ドイツのNATO帰属に関しては、統一ドイツはNATOに属するものの、軍事機構からは脱退し、ドイツに配備する核兵器も撤去し、米ソの駐留軍のドイツからの撤退について交渉するとして、ソ連により譲歩したものであった。その一方、統一に関する交渉については、四カ国は関与せず東西ドイツにまかせ、そこで合意した統一のための条約をCSCEが批准するという見解であった。

NSCと国務省との間で協議が始まった。

統一ドイツのNATO帰属に関しては、NSCの見解が優勢であった。しかし統一のプロセスの問題で紛糾した。NSCの見解は、ソ連の関与をできる限り排除することを基本としており、それに対しベーカーの腹心であるゼーリックとロスは、ソ連に既成事実を突きつけるのではなく、プロセスに参加させることを基本とした。そして彼らは、四カ国方式もCSCEも拒否して、後に「二+四方式」といわれる交渉方式を提案した。まず東西ドイツを四カ国と同等の参加者とし、六カ国による協議とした。そして統一を完成させる権限を二つのドイツに付与することと位置付けたのである。二+四交渉でドイツ統一の内容にまで踏み込んでしまうと、ソ連が厳しい条件をつける可能性があり、また四カ国の関与に否定的な西ドイツを説得するためにも、このような位置付けが必要であった。いわば六カ国による交渉の任務を、両ドイツに統一の中身を決定する権限を与えることに限定し、統一の中身に関しては両ドイツに任せるというものであった。このため東西ドイツの「二」とその他の四カ国の「四」を切り離し、東西ドイツ間交渉を先行させることから、後に「二+四方式」といわれることになった。

しかし国務省の西欧局とNSCはこれに反対した。統一は急速に進むが、二+四方式では迅速な合意を生み出せないこと、四+二になる危険があり、そうなると西ドイツの反発をかってしまうこと、ソ連を早い段階で参加させることは得策ではないことが理由であった。二+四方式よりも、東西ドイツだけの二+〇の方が望ましいというのが結論であった。この対立のなかで、最終的な決断はブッシュ、ベーカーなどの指導部が下すほかはなかった。

統一問題を検討するなかで、アメリカがまず直面した問題は、在欧米軍の兵力(現在はヨーロッパに三〇万、西ドイツに二五万)の削減であった(ZR:169-172; BS:208-214)。

ブッシュは、ソ連の脅威が低下した後でも状況がまだ不安定であること、ソ連の軍事力は依然として強大であること、中東のような他の地域への兵力投入の基地となることから、在欧米軍のドイツ駐留は必要と考えていた。しかしそれ以上に、在欧米軍は、アメリカがヨーロッパという舞台でプレイヤーとして活躍するための基礎となっていた。在欧米軍は、欧米関係の絆の中核となっていたのである。

八九年五月のNATOサミットで、アメリカは、二七万五〇〇〇人までの米ソの相互削減を提案していたが、八九年後半からのヨーロッパ情勢の激変に対応して、さらに削減することが避けられなくなってきた。三つの案があった。第一は、兵力を二七万五〇〇〇人で押え、それ以上の削減はしないという国防総省の案である。第二は、削減は避けられないとして、二〇万人までの削減を提案し、C

FE交渉で合意するという、NSCの案である。第三がベーカーの案であり、CFE交渉での合意まで二七万五〇〇〇人とし、合意後一方的措置として二〇万人まで削減するという狡猾な案であった。ブッシュはNSCの案をとり、ペンタゴンに検討させ、米ソとも九四年までに中東欧で一九万五〇〇〇人、ヨーロッパ全体で二二万五〇〇〇人とする案を提出させた。アメリカは約四分の一のカット、ソ連は大半のカットとなるものであった。

ブッシュは一月二七―二八日にかけて、西欧首脳にこの案を電話で伝えた。コールとアンドレオッティは全面的に賛成した。ミッテランは、フランス軍の撤退の検討を約束したが、削減がドイツの中立化に繋がることに懸念を表明した。これに対しブッシュは中立化を回避することを約束した。問題はサッチャーであった。ドイツ統一の動き如何では、この削減提案が、米ソ駐留軍の全面撤退などを導きかねないことを強く懸念していた。その後特使を西欧各国に極秘に派遣し、電話連絡のときと同様の回答を得た。これをうけて三一日、ブッシュはこの案をゴルバチョフに伝えた。そして同日年頭教書でこれを公表した。米ソの中東欧駐留兵力を一九万五〇〇〇人とする提案である。

ところでこの時期、ベーカーはドイツ統一の筋道に関して真剣に検討していた。統一問題を国際政治の舞台に乗せるにはどのようなやり方があるのか、その場合ドイツ問題の綾をどのように扱うのかが検討の対象であった。ベーカーは、三つの案を検討した(JB:172-175)。第一が、ドイツ問題を全ヨーロッパの問題として捉え、講和会議に相当するもの(具体的にはCSCE)で解決する案であった。このようなデリケイトな外交交渉は三五カ国が参加する大会議になじまなかった。またこのような大会議はベルサイユ講和会議を想起させ、ドイツにルサンチマンを抱かせる危険があった。第二が、ポツダム協定に依拠する四ヵ国方式であった。ベーカーはこれにも否定的であった。モスクワ、ロンドン、パリは、この方式を、統一を遅らせ、交渉を有利に進めるための最良の方法と考えていると判断した。西ドイツが四〇年間デモクラシーの体制をとり西側同盟に帰属してきたことから、四ヵ国方式はもはやアナクロニズムでしかなかった。第三が、ドイツだけで解決する案であった。ほとんど全ての基本的問題は両独関係に関することであるため、他の国が外交的に参加する必要はなかった。しかし、モスクワ、ロンドン、パリが、「統一の列車の行く手を遮りそれを制止する」か否かを検討してみると、ソ連は東ドイツにいまだ三八万人の兵力を温存しており、しかもゴルバチョフは「東欧を失わせた」という批判に晒されていた。ロンドンとパリは統一を全く喜んでいなかった。このため、ドイツが「操縦桿を握る」ことは可能であるが、それは一〇項目提案のように交通事故を起こす危険が高かった。

そこでベーカーは、ドイツを助けて統一を実現させる、同時にゴルバチョフのために交渉テーブルの席を空けておき、そうすることによってモスクワが従来通り上位者の立場から参加していることをソ連のゴルバチョフ批判者に明確に示す、という二つを交渉方式の前提におき、二+四方式を提案した三〇日のメモランダムに同意した。二+四方式の利点は、ドイツに国内案件のコントロールを委ね、同時に統一の外的側面に関して一定の役割を認めることにあった。ついで四ヵ国が参加することによって統一に必要な正統性を付与することもできた。このプロセスがなければ、ドイツとソ連が独自に行動し、西側の利益に反する取引を一緒に進めてしまう恐れがあった。一九一八年のブレスト・リトフスク条約、二二年のラパロ条約、三九年の独ソ不可侵条約で示された、独ソ接近の脅威であった。アメリカは、独ソ接近の脅威から独ソ間の交渉には過敏になっていた。

第三節　ボン・ベルリン

ボン

ゲンシャーもクリスマス休暇を利用して、統一の進め方について構想を練っていた。

まず講和会議・講和条約の方式は現状に適せず、またCSCEで扱うことも加盟国の数が多すぎた。残る方法は四ヵ国との交渉であった。すでに五〇年代に「四ヵ国の傘のもとの両独交渉」という案が存在していた。しかし「四ヵ国の傘」は時代に合わなくなっていた。両ドイツが同じ地位で同じ権利をもって四ヵ国と交渉できる方法が必要であった。さらにNATOとECに帰属し続けることを明らかにする必要があった。新聞報道は、ソ連がNATO帰属を認めないことを前提に「統一かNATO」という二者択一を流布させていた。

ゲンシャーは、まずNATO・EC帰属堅持を明らかにすることにした。一月六日、シュトゥットガルトにおいて「NATO、WTOについて」という題目で演説した。その骨子は、①両同盟は今後政治的な機能を強めていくこと、②そのため現在同盟によって保障されている安全保障は弱まることになるが、それに代えて安全保障を強化すべく、同盟間の敵対関係を一歩ずつ解消していく協力的安全保障構造を構築すべきことであった。統一ドイツはNATOに帰属するが、そのNATOをこの協力的安全保障に変化したNATOにするというのが、ゲンシャーの考えの基本であり、このようなNATOであれば、ソ連も統一ドイツのそれへの帰属を認めるであろうと考えていた。

一月三一日ゲンシャーは、著名な政治家が重要な演説を行うことで有名なトゥツィングのエバンゲリシェ・アカデミーで演説した（Kaiser: Nr. 23）。この時期になるとコールなどはソ連への配慮からNATO帰属を明言することを避けており、そのため統一ドイツの中立化が喧伝されていた。演説で、ゲンシャーは以下の点を強調した。

・現国境を維持すること。

・ECの帰属に変化はなく政治同盟に向けて統合をさらに続けること（これはミッテランに対するメッセージであった）。

・統一ドイツはNATOに帰属すること、ただし東独領域にNATOの軍事機構を拡大することは、両ドイツの接近を妨げるであろうこと。

・NATOの枠組み全体も変える必要があるのであり、対決から協調へと変化させることが重要であること、であった（GE: 709-715）。

ゲンシャーは、統一ドイツが帰属するNATOの改革を決意した。

一方、コールはゴルバチョフとの会談を願い続けた。きっかけは、一月七日、ソ連側からの食糧援助要請であった。要請をうけて農業大臣は直ちに調査を始め、四―六週間以内に一二万トンの肉を援助することが可能という答えを得た（TE: 115-118）。その後ソ連側の詳細な援助物資のリストが送られて、コールは一月下旬から八週間以内に二億二〇〇〇万マルク相当の食糧、衣服などの援助を実施することを決定し、ソ連に伝えた（TE:131）。おそらく二六日の「危機スタッフ」会議の結果をうけてであろう、一月三一日クビチンスキーは、ゴルバチョフの極秘書簡を数日以内に手交すると伝えてきた（TE:140）。二月二日に手交された親書は、コールを二月一〇—一一日にモスクワに招待するという内容であった（AdBK:Nr.156; TE:143; WW:212-213）。その間コールも、モスクワ訪問の準備をすすめ、一月一七日にはテルチクは専門家を集めて協議していた。出席した学者はCDUよりであり、元外交官のW・クレーヴェ、『アデナウアー伝』の著者で現代史家・国際政治学者でボン大学教授のH・P・シュヴァルツ、西ドイツ外交史の専門家でハンブルクの国防軍アカデミーのCh・ハッケ、スラブ問題の権威B・マイスナー、そしてコールの長年のブレーンであるマインツ大学教授のW・ヴァイデンフェルトなどであった。そこでは、ゴルバチョフの地位を危険にさらしてはならないことで一致し、さらに安全保障問題にも言及する一連の具体案を提示すべきとしていた。その際、B・マイスナーは、ドイツ統一後ソ連に将来の保障と展望を与えるアイデアを述べ、それが九〇年一一月九日に調印された独ソ善隣友好協力条約の先駆けとなった（TE:127; WW:214）。

そしてコールの側近も、情勢分析を行い、以下のようにコールに提言していた（WW:218-220; AdBK:Nr.151）。これは、ドイツ統一の今後の方針を起案したものであり、「一九九〇年三月の東独選挙後の全ヨーロッパの枠組みのなかでのドイツ政策」という表題をもち、(1)基本的考察、(2)両ドイツ関係の今後の方針、(3)ヨーロッパおよび国際的枠組みのなかでの方針から構成されていた。

(1)基本的考察においては、東ドイツ選挙後統一への圧力が東ドイツで高まり、両ドイツ関係を連邦に近づける必要があることを前提として考察するとした。そのための「第一歩の政策」と称すべき措置は、東ドイツ経済を決定的に向上させ、東ドイツ市民が東ドイツに留まるような「明確なシグナル」である必要があり、そして三月の選挙以前にこのような「コールⅡ」といわれる進行表を提示すべきであり、その基本方針は選挙後の東ドイツの新政府と交渉を開始する前に、重要な同盟国とソ連にも知らせるべきである、と一〇項目提案を乗り越えた措置を出す必要性を強調した。

(2) ドイツ統一が両ドイツでコンセンサスを形成するであろうが故に、条約共同体をのり越えた連邦的秩序を提示することが可能となるであろうという見通しを述べ、そのために単なる政治的約束ではなく、条約で関係を律することが必要であり、その条約には前文、制度的調整、経済通貨同盟等の段階的実現の公約を含む必要があるとした。特に前文では、民主的体制への帰依と「国家的統一への共通の意思」を謳うこと、制度的調整では、両ドイツ間で政府、議会、専門家のレベルで共同委員会を設置すること、さらに経済通貨同盟、社会システムの段階的調整、法的調整にも言及する必要があるとした。また東部国境問題も、ドイツ統一のためには明確に言明する必要があり、それを両ドイツの共同の声明で承認することも考えられるとした。

(3) 国際関係においては、EC、CSCEプロセス、占領四カ国の権利と責任、同盟・安全保障問題の四つを採り上げた。①ECに関しては、政治統合、経済統合へのドイツのやる気を示すことが重要であるとし、また東ドイツへのECの接近は計るとしても、加盟は二つのドイツ国家を承認することになるが故に回避すべきとし、ECの経済通貨同盟と両ドイツの経済通貨同盟は、混線すると困難な問題を生み出すので、別々のトラックで扱うべきであるとした。

②CSCEプロセスに関しては、ゴルバチョフのCSCEサミットを九〇年秋に開催するという提案は、ドイツ問題を全ヨーロッパ的問題とさせることにあり、そのように議題設定をされることを防ぐために、CSCEサミットの課題を、第一次ヨーロッパ通常戦力削減条約（CFEI）の調印、安全保障、人権、協力という従来通りのテーマに設定する必要がある。だが、ソ連はドイツ問題を焦点にする努力を続け、それは他の国から潜在的な支持をえることも予想しておかなければならないとした。

③四カ国の権利と義務については四カ国のみでドイツ統一を処理させてはならないことを前提として、唯一の問題は、四カ国の役割を大きくしないかたちで両ドイツの接近のプロセスに四カ国をいかに組み込むかにあるとした。好ましいシナリオは、両ドイツによる接近を進めさせ、最終段階で四カ国の黙示の同意をえることであるとした。

④将来の統一ドイツの安全保障が「最も難しい問題」であるとした。ワルシャワ条約機構軍が解体をみせるなかで、ソ連が最大の軍事的パワーとして残ることになり、統一ドイツはそれに対峙する必要に迫られることになろう。それに対処するには、アメリカの戦略的バランスが将来も必要であり、その際在欧米軍の規模、アメリカの核戦力の問題はオープンであるとした。さらにヨーロッパ独自の防衛構造という問題があり、当面は通常戦力であるが、「いまはタブーであるとしても」、いつの日かイギリスとフランスの核能力がヨーロッパを防衛することになれば、ヨーロッパでの包括的安全保障が達成されることになろうと踏み込んだ。そして統一ドイツのNATO帰属に関して、次のようなシナリオを描いて、危機感を漲らせた。統一ドイツの中立化はもはや時の流れにそぐわなくなったとし

ても、ソ連は西ドイツおよび東ドイツから外国兵力の撤退を要求するであろう、それは国内的に対応が極めて難しい問題であり、そうなれば「西ドイツの他のNATO諸国からの軍事的デカップリングが事実上進み、そのとき我々のNATOへの政治的帰属も疑問視されよう。西ドイツのNATOへの単なる政治的帰属は、中身のない殻でしかない。（以下二行、公表禁止）」。そしてこのような事態を避けるためには、同盟の役割の再定義では十分ではないとし、将来の統一ドイツは確かな防衛構造を必要としており、それは「他のヨーロッパのパートナーと組んでのみ実現するであろう」と結んでいた。

この提言をコールがどれだけ受け入れたのかは明らかではない。この提言の進行表は近い将来を想定しており、まさか九〇年に起こることは予想していなかった。しかしこのタイムテーブルを除けば、NATO帰属問題を除いて、その基本方針はここに盛られていたといえる。ゲンシャーがNATOとWTOの再定義を提言したのとは逆に、この提言はあくまで統一ドイツの安全保障能力の現状維持を狙っていたのである。

モドロウ訪ソ

一月三〇日モドロウがモスクワを訪問し、ゴルバチョフと会談した。この会談でゴルバチョフは、モドロウの国家連合構想を支持した。ただし、講和条約の締結、全欧的プロセスのなかでの推進、ドイツの軍事的中立という条件をつけた（ZR:163-164）。翌二月一日、モドロウは、国家連合的性格をもつ条約共同体—国家連合—ドイツ同盟という統一案を東ドイツ人民議会で提案した。ボンはこの演説を聞き、ソ連がその内容はともかく統一を認めた路線に転換したことの現れと解釈し、同時に統一ドイツの中立化提案ではないかとも懸念を強めた(KO:253-254; TE:138-140)。その後直ちにコールは声明をだし、選挙後の東ドイツ政権と交渉すること、統一ドイツの中立化は断固拒否することを明らかにした。

二月二日、ゴルバチョフは米独仏宛に親書を送り、モドロウ提案を支持することを伝えるとともに、二月一〇日にコールをモスクワに招待したことも伝えた。フランスでは東西ドイツとソ連との間で秘密交渉が進んでいるのではないかという疑念が強まった。親書を受け取ったミッテランは、次のようにつぶやいていた。

「いつか我々は知るであろう、ゴルバチョフが将軍たちによって倒されることを。再び冷戦に戻るであろう。ペレストロイカの成果を失わないためにも、ドイツ統一は不可避であるとしても、それにブレーキをかける必要がある」(JA:410; KO:255-256; TE:143)

二月三日、スイスのダボスでの世界経済フォーラムでコールは演説し、中立化拒否とECの統合強化を強調した。その後モドロウと会談し、モドロウは東ドイツ経済の難局について説明し、西ドイツから一五〇億マルクの援助を要請した。しかしコールは、現状の東ドイツでは何百億マルクを援助しても機能するとは思わないと要請を拒否した(AdBK:Nr. 158; KO:257-258)。

第四節　急　転

ゲンシャー訪米

アメリカも西ドイツもドイツ統一のプロセスの検討を終え、それを実行に移す動きを開始した。ワシントンでは、ベーカーが一月二九日ハード英外相と会談していた。ハードは、サッチャーは統一に拒否的であることを強調したものの、統一は不可避であり、早急に実現するであろうことを認めた。しかしその結果と波紋が不透明であることを懸念していた。そしてベーカーが二＋四方式を提案したとき、ハードは反対し、それは「○＋四」方式でなければならないと主張したが、六カ国方式には賛成した(Kiessler:88, 90; BS:235-236)。またCSCEサミットの開催でも合意したが、ベーカーは、人権問題を進展させる、CFE条約を調印する、これをドイツ統一の講和会議にはしないという条件をつけた(ZR:173-174)。

二月二日午後ゲンシャーは、ボンを飛び立ち夕刻ワシントンに到着、直ちにベーカーとの会談に入った。その前すでに、ゲンシャーの腹心である外務省審議官のエルベがワシントンに飛び、一日国務省のゼーリック、ロスと事前協議を進めていた。この協議では、ゲンシャーの東独NATO管轄外案、二＋四方式ですでに合意をみていた。ダレス空港についたゲンシャーは、車中でエルベからその旨を聞き、ほっとした表情をみせた。しかし、エルベが二＋四方式をゼーリックが語った通り「六カ国会議」と表現したとき、ゲンシャーは、呼称を「二＋四方式」にするよう厳命した。五四年のジュネーブ会議でドイツ側代表団が四カ国の会議に参加できず隣室で待機させられたという苦い思い出を呼び起こしたくなかったからであった。この意味で、呼称はあくまで「二＋四」であり、「六カ国」であってはならなかった（Kiessler: 87-88）。これ以降、方式の呼称は「二＋四」に統一されていく。

ゲンシャーとベーカーの会談は二時間で終わった。二人とも暖炉の前の椅子に腰掛け、上着をぬぎ、足をスツールの上にのせ、非常にリラックスしていた（Kiessler: 89）。会談では、①統一ドイツはNATOに帰属する、しかし東ドイツはNATO管轄領域とせず、NATOの防衛対象地域にはならないこと、②CSCEサミットにベーカーの先の三条件を課すること、③交渉方式を二＋四方式にすることで合意した。しかし二＋四方式の扱いにつき、ゲンシャーは東ドイツ選挙後の三月一八日以降を主張したが、ベーカーはソ連との関係から直ちに調整に入りたいとして自説を譲らなかった。そして記者会見で、ゲンシャーは先の東独非NATO化案で一致したと表明したが、これが首相府・国防省との紛争の種になることになる（GE: 715-718; ZR: 176-177; AdBK: Nr. 159; BS: 236-237）。

一方、ドイツでは二月三日、スコウクロフトがミュンヘンで毎年開催される防衛会議に出席し、演説のなかでアメリカ軍の残留とNATOにおけるヨーロッパの役割の強化を強調していた。そしてその晩テルチクと話し合った（ZR: 177-178; TE: 145-146; BS: 237-238）。テルチクは、コールのソ連訪問の意図などを説明した後、短距離核戦力を採り上げ、その廃棄を考えており二月のコール訪米のとき採り上げたい旨も伝えた。これを得点として選挙戦で利用したい由であった。統一の交渉の進め方も話し合われたが、CSCEサミットを講和会議の代わりにはしないことで一致したものの、二＋四方式は一切言及されなかった。対米関係では、ベーカーとゲンシャーの外相同士のルートと、スコウクロフトとテルチクとの首脳補佐官のルートがあり、この二つのルートの齟齬が表面化し始めた。

ベーカー訪ソ

二月五日、ベーカーは欧州歴訪の旅にでた。プラハ、モスクワ、ソフィア、ブカレスト、そしてオタワに戻るという旅であった。ベーカーの特別機は古いボーイング七〇七であった。機内でベーカーは同行記者団に、ゲンシャーと合意したNATO帰属問題と交渉形式の概要を説明し、それを「ゲンシャープラン」と紹介していた(Kiessler:90)。給油のためアイルランドに六日の午前二時に到着した。そこでEC外相会議のためアイルランドにきていたデュマと会談した。ベーカーは二+四方式を説明し、ソ連は神経質になっており、何らかの外交上のはけ口が必要であるが、四カ国方式には反対すると付け加えた。デュマもこの点では同意し、CSCEを統一問題のフォーラムにすることには消極的であり、フランスの存在が確保される二+四方式に積極姿勢をみせた。但し、ミッテランはこの時点ではCSCEを考えていた(ZR:179)。

ベーカーはプラハを経て、モスクワに七日につき、その日の午後八時からシェワルナゼと会談した。シェワルナゼは陰鬱な表情であった(ZR:180-185; JB:180-182)。

当時中央委員会総会が開催されており、共産党の指導的役割を規定したソ連憲法の修正が問題になり、党内闘争は頂点にあった。そのため話題は民主化・経済改革、民族問題となった。また米ソ軍縮交渉も取り上げられ、大きな進展があった。

翌八日朝の会談のテーマはドイツ統一問題であった。

ベーカーはまず二＋四方式を説明した。ついで統一ドイツのNATO帰属に触れ、中立ドイツは核武装もできると指摘して、統一ドイツの中立化に反対することを強調した。そして統一ドイツをより政治化されたNATOに帰属させることを提案した。これと関連して、統一ドイツがNATOに帰属するならば、NATOの帰属領域及び兵力を東方に拡大することはないと保障した。また同盟国が望むかぎり、米軍はヨーロッパに駐留することも説明した。

シェワルナゼは、二月一日のモドロウ提案に基づき逐一反論した。まず統一ドイツのNATO帰属に触れ、ソ連は統一ドイツを支持するが、それは中立化した統一ドイツであると述べた。ソ連は軍国化した強大なドイツを知っており、統一ドイツに対する保障が必要であり、CSCEでは不十分であるというのである。中立化論に対し、ベーカーは反論した。「危険はアメリカからくるのではなく、軍事化した中立ドイツからくるのだ。これが、統一ドイツを米軍駐留のままNATOに帰属させる理由なのだ。だが東独部分にNATO兵力を配備することはない」と。

ついで、交渉方式がテーマとなり、シェワルナゼは、四カ国方式をアメリカが拒否したことを批判し、四カ国方式で講和条約を締結することを再度提案した。ベーカーは、再度二＋四方式を説明し、それはアメリカ提案であり、ゲンシャーに話したものの、まだ合意はえていないと状況を説明した。

シェワルナゼはドイツ統一問題を語るとき、込み上げる感情を押さえ切れないようであった。それには中央委員会総会で東欧・東ドイツを失ったと非難されたことも関係していた。

だが、ベーカーはそればかりでなく、戦争で兄を失ったことも影響したのではないかと推測した。

シェワルナゼは、「それは我々の本能あるいは戦争の記憶なのかもしれません。我々が二度にわたりドイツと戦争しなければならなかったという事実が、我々をこのように過敏にさせているのです。我々は懲らしめの戦争をよく知っており、過去の教訓を忘れることができないのです」(JB:182-183)とベーカーに吐露していた。

九日午前、ベーカーはゴルバチョフと会談した(JB:183-184)。ゴルバチョフは冷静であった。ゴルバチョフは中央委員会総会を乗切り、大統領制の導入、私的所有権の導入に成功したばかりであった。最初の話題は交渉方式であった。ゴルバチョフは、六カ国方式を検討していると説明した。ただし、それは四＋二の方式であった。ベーカーは、二＋四方式を説明した。ゴルバチョフは、「私は四＋二といった。あなたは二＋四といっている。この方式をどう考えているのか」と訊ねた(JB:183)。ベーカーは、二＋四のほうがよく、四カ国方式だけでは機能せず、CSCEではあまりにも遅すぎると答え、冷戦の時代には平和をうまく扱うことができなかったが、急速に根本的な変化が起こるなかで、ともに平和を維持することができる状況になったと説明した。ゴルバチョフは、基本的に同感だとし、現在の状況に適応する必要があること、そしてアメリカと同様ソ連にとって「統一ドイツの見通しはさほど大きな脅威ではない」(JB:183)と述べた。そして二＋四の問題に戻り、「四＋二であれ二＋四であれ、国際的な権利に基づき、現今の状況に適合しているならば、どちらでも良い」と明言した(JB:184)。ベーカーは、間接的に二＋四に支持を与えたものと解釈した。

さらにベーカーは、踏み込んで、ドイツの支持を取り付けるためには、国内的側面は東ドイツの選挙後になされる両独間の交渉に任せるべきであり、二＋四は安全保障やベルリンの地位などの国際的側面のみを扱うべきだと主張した。

ついで統一ドイツのNATO帰属問題に移った。ベーカーは、駐留米軍もいないNATOの外にある独立ドイツと、NATOと結びついているものの東ドイツにそれを拡大しない統一ドイツのどちらがよいかを、ズバリと尋ねた。ゴルバチョフは、現在検討中であり、指導部のセミナーですぐに話し合うことになろう、ただ一点明らかなことは、NATOの東ドイツへの拡大は認められないということだと答えた。ベーカーは、それは分かったと応じた。

その後のゴルバチョフの発言は異色であった。米軍がドイツに駐留することの利点も知っていると述べ、「あなたが描いたアプローチは、非常にありうる案だ。我々は、ドイツが再軍備するようなベルサイユの再現をしたくはない。このプロセスを抑制する最良の方法は、ドイツがヨーロッパの構造のなかに封じ込められることだ。あなたが私に説明したアプローチもその優先順位も、きわめてリアリスティックだ。そのように考えてみよう。ただ今すぐは返事できない」と。ベーカーはこの発言を聞いたためか、ゴルバチョフは偉大な政治家として振る舞ったと回顧している(JB:183)。

この間ベーカーの随行は、ソ連外務省、ザグラーディン、アフロメーエフなどと会談していたが、いずれも堅い姿勢であった。しかもアメリカの政権内部でも「NATOを東ドイツに拡大せず」の中身では、まだ一致していなかった。このため、その後の記者会見では、ベーカーは、東ドイツ部分もNATOのメンバー内である。ただし東ドイツに拡大する際には特別の措置が必要である、と述べたにとどまった。

ベーカーは全体としてこの会談に満足し、青信号が出たと認識した(ZR:180-185)。

残された問題は、ベーカーに続いてモスクワに飛んでくるコールとの事前調整であった。ワシントンではブッシュからコール宛ての親書が作成されていた。作成にあたってNSCと国務省で原案が違っていた。NSC原案は、コールに対する全面支持、統一ドイツのNATO帰属、駐留米軍の継続、核抑止の継続を述べたのに対し、国務省案は、東ドイツ部分の安全保障について別途措置することを強調したものであった。スコウクロフトは双方の原案をモスクワのベーカーに送り、意見を求めた。そしてスコウクロフトとベーカーはNSC案で一致した。これが九日付の親書となった。

親書の骨子は、①ドイツ統一の支持、②四カ国方式への反対、③米軍駐留、核抑止を継続させた統一ドイツのNATO帰属支持、④ソ連軍が東ドイツから全面撤退することを条件として、東ドイツ部の「特別の軍事的地位」の承認であった（AdBK:Nr. 170; ZR:185-187; TE:155; KO:265-267; BS:240-241）。

もう一つは、ベーカーからコール宛の一〇日付け書簡であった。一〇日コールがモスクワの飛行場についたとき、ソ連駐在西ドイツ大使のブレヒからそれを伝達された。メッセージはまずソ連側の憂慮を説明した。次に、ゴルバチョフらは統一を不可避と考えているが、統一によるヨーロッパの不安定化、現存国境の維持、ドイツ側の保障の継続性、ヨーロッパの安全保障について述べている。そして会談内容を以下のように伝えた。①二+四方式をゴルバチョフに説明し、彼は、そういうやり方も考えられると答え、明確に回答しなかった。②統一ドイツNATO残留問題では、ゴルバチョフはすべてのオプションを検討中であり、NATOの領域を東に拡大することは認められないと述べた。ベーカーは、これはNATOの現存領域は承認することを示唆していると注意を喚起した。③最後にベーカーは、ゴルバチョフは頑なな態度をとっておらず、二十四方式とCSCEの組み合わせなら認めるかもしれないと予想する、というものであった(AdBK:Nr. 173; ZR:187; TE:157-158)。

コール訪ソ

二月二日コールのソ連訪問が公表され、世界の目はこの訪問に注がれた。コールは、この間楽観的な見通しをたてていた。根拠は幾つかあった。一つは、一月三〇日にモドロウと会談する前に記者に語った、「ドイツ統一は一度たりとも誰からも疑問視されたことはない」という、ゴルバチョフの発言であった。モドロウとの会談後ゴルバチョフは記者会見に立ち会わなかったことがモドロウに対するゴルバチョフの距離を示した。また三一日の閣議でのゴルバチョフがドイツ統一を承認しているという情勢分析もコールを強気にした。そして二日のゴルバチョフの親書でコールへの招待が飛び込んできたことが、強気に拍車をかけた。七日の閣議でもコールの楽観論は変わらなかったという(WW:228-232)。この七日の閣議で東ドイツとの通貨同盟案が決定されたが、その背景には、このようなコールの楽観論があったことも注目しておいてよいであろう。

二月一〇日、午前九時コールとゲンシャーはモスクワへ飛び立った。機内では、楽観論にたつコールでも不安げであった。午後二時空港に到着した。シェワルナゼが出迎えにきていた。ドイツ側はこれを吉兆とみた。

午後四時から、クレムリンでゴルバチョフ・コール会談、それと並行してシェワルナゼ・ゲンシャー会談が始まった。個別の会談の後、全体会議が開かれた。

ゴルバチョフとコールの会談は二時間半続いた（AdBK: Nr. 174; WW: 237-246; KO: 270-278）。コールは、一月上旬に要請があったソ連への食糧援助にふれ、それにゴルバチョフは謝辞を述べた。コールはまず東ドイツ情勢が激変していること、今後の展開には二つのレールがあり、一つは東西ドイツ関係、二つ目は国際的枠組みであるとして、東ドイツ情勢を説明した。東ドイツの改革は年明けまでは困難であったが安定的に推移していた、しかしその後秘密警察解体が大きな波紋を呼び、一月中旬になると東ドイツの国家の権威は崩壊してしまったとし、具体例として東ドイツからの流民の増大、東独行政機構の機能不全、デモの過激化の危険などを指摘した。そして三月の東ドイツでの人民議会選挙後、東ドイツ議会は統一を支持するようになるであろう。このような情勢と今後の予想に基づいて提案したのが、東ドイツとの通貨同盟であった、と。

そして第二のレールである国際的側面へと説明を続けた。統一は西ドイツ、東ドイツ、ベルリンを含むものであること、東部国境問題は統一後の政府と議会が最終画定することをまず説明した。そして統一ドイツの中立化は、それに特殊な地位を与えてしまうことになるため、実現できないし、歴史的に愚かなことであるとした。加えてNATOは東ドイツに拡大できないとし、ソ連の安全保障上の利益を十分考慮すると述べた。このコールの説明に対し、ゴルバチョフが幾つかの質問をした。通貨同盟の導入の時期、東部国境問題、東ドイツでの選挙戦であった。

コールの返答を聞いた後、今度はゴルバチョフが説明し始めた。これを聞き、ノート・テーカーとして同席していたテルチクは「これは画期的な打開だ」と感じ、筆記する手が震えたという、会談の山場である。「ソ連、西ドイツ、東ドイツの間には、統一について、統一を志向し、今後の展開を決定する権利について、見解の相違はない。主要な出発点は、この三者の間に、ドイツ人自身が選択をしなければならない、西ドイツ及び東ドイツのドイツ人自身が、どのような道を進むのか知っていなければならないということの二点について一致していることだ」。コールは、「統一の決定はドイツの案件であることですね」と念を押した。ゴルバチョフもそれを認め、「今重要なことは、敵対と分断を克服することだ」、すでにその方向での動きがあり、外交政策にも新思考が導入されている。ドイツ問題も新しい段階に入っており、「ドイツの地からいかなる戦争も起こさない」ということを再度確認すべきであると語った。

その後二人は、東ドイツとソ連との経済関係を話題にし、次いでゴルバチョフは、統一ドイツのNATO残留問題に言及した。統一ドイツの中立化が西ドイツや西側で受け入れがたいことを理解しているが、統一ドイツは自国防衛に十分な自国兵力をもつものの「軍事的構築物」の外にあるべきであると述べ、しかし西ドイツなきNATOや東ドイツなきWTOは考えられず、両軍事ブロックの解体の可能性があることも指摘した。そのためNATOとWTOの今後について話し合う必要性を強調した。最後に、ゴルバチョフは、ベーカーが二＋四方式に言及したことを説明し、コールが四カ国方式に反対すると述べると、ゴルバチョフは、「あなた方なくしてはなにもない」と答えた。そしてコールの記者会見用の発言で双方は合意し、この会談は終わった。

会談後の記者会見で、コールは興奮していた。「私は今晩すべてのドイツ人にただ一つのメッセージを伝えなければなりません。ゴルバチョフ書記長と私は、一つの国家でともに生きるか否かを決めるのはドイツ国民だけの権利であることで一致しました」と報告した（Kaiser: Dok. 24）。

そして帰国の飛行機のなかでコールは一行にゼクトをふるまい、成功に祝杯をあげた。またテルチクも、コールは「モスクワで統一への鍵をひろった」と、この会談を統一への「青信号がでた」歴史的な出来事として評価した。しかし、ゲンシャーと外務省は慎重であった。彼らは、合意事項は、統一はドイツの案件であるというだけだと解釈した。ゲンシャーによれば、ゴルバチョフの立場は、ドイツ統一は歴史が決めるというものから、共同の形成者という位置に変化したということであり、哲学的に漠然とドイツ統一に同意したにすぎないというものであった(GE:724; Kiessler:97-98)。この解釈が正確であることが、その後の歩みのなかで明らかになる。コールはその後公刊された回顧録のなかで、会談の成果は、NATO帰属問題では同意はえられなかったものの、二+四方式への支持をえたことと、統一の内的側面に関して青信号をえたことであると、当時から大幅に後退した解釈を披瀝している(KO:274)。

ところでこのゴルバチョフ・コール会談では日本にも言及されていた。会談終了直前、経済や科学技術の分野などでの独ソ関係の強化をコールが強調し、「これからの一〇年は日本のそれではなく、ヨーロッパの一〇年になるであろう」と述べたのをうけて、ゴルバチョフは、「日本人はヨーロッパ人のようではない。日本人はそれを買うことしか理解していない。日本は、経済での協力を極秘に検討している(九〇年一月一五日の安倍外相との会談のおり――著者)。ソ連が日本以上に経済協力に関心をもっていると考えるのは誤りであると述べた」(AdBK:Nr. 174, 807)ことを紹介した。北方領土問題の解決のために、拡大均衡を経済面のみで進めようとする日本への批判であった。

第五節　オタワ、オープン・スカイ交渉

二＋四方式合意

舞台は、カナダのオタワに移った。一二日から開催されるオープン・スカイ交渉である。オタワにNATOとワルシャワ条約機構の外相が初めて一堂に参集した。オープン・スカイ交渉は、かつて五五年にアイゼンハワーが提唱し、八九年五月上旬の演説でブッシュが提案したものであった。ブッシュは、その当時ソ連のグラスノスチの真意を確かめるために提案したのだが、東欧の激変の後ではこの構想は陳腐となっていた。だがベーカーとゲンシャーはこの会議で二＋四方式で合意をえることをねらった。

ゲンシャーは一一日昼ボンに戻り、ドイツ第一放送（WDR）の番組に出演して、そのままオタワに飛び立ち、午後到着した。同日晩、NATO外相会議が開催された。テーマは、ヨーロッパの変化を議論するためCSCE臨時サミットをパリで開催することがすでに二月七日のNATO理事会で決定されており、それをいつ開催するかであった。ベーカーは、CFE交渉の終了後を提案した。これに対しデュマは、CFE交渉の進展に関係なくドイツ問題を協議するため開催することを提案した。これにゲンシャーとベーカーが強硬に反対した。ゲンシャーにとってCSCEでドイツ問題を話し合うことは論外であり、ベーカーにとってはCFEで行っている通常兵力の削減を早期にまとめることが

優先課題であった。この問題で結論のでないまま、会議は終わった。

一二日早朝、ベーカーはシェワルナゼと会談した。シェワルナゼは意気消沈していた。ソ連指導部の権力闘争での彼に対する保守派からの批判がその原因であった。リガチョフは「新たなミュンヘン」を警告し(JB:187)、九〇%のロシア人はドイツ統一に反対していた。

オープン・スカイ交渉の会議が始まったが、ベーカーとゲンシャーは会議の合間をぬって関係国外相に根回しを行っていた(JB:188-189)。一三日早朝、ドイツ大使公邸でNATO四ヵ国会議が開催され、二＋四方式で合意した。さらにコミュニケ原案も作成され、これも合意された。問題は、残る二カ国の同意であった。ソ連と東ドイツである。

午前中、ベーカーとゲンシャーはそれぞれ断続的にシェワルナゼと会談した。ベーカーは都合五回、ゲンシャーは三回会った。当初シェワルナゼは二＋四方式に強硬に反対したが、モスクワのゴルバチョフと頻繁に連絡をとり、昼前コミュニケの文言の変更を条件に同意を伝えてきた。変更点は、ポーランド西部国境の関係で「隣国の安全保障の問題」という文言を挿入したことであった。シェワルナゼは、責任の重さのせいかしばしば躊躇し、疲労困憊の様子であった(JB:190)。

ゲンシャーは、二＋四方式の承認と内容が確定されないかぎり、オタワを離れない覚悟であった。シェワルナゼの同意をえた後、東ドイツ外相フィッシャーの同意もえて、二＋四方式で合意が成立した。そして午後の早い時期、フィッシャーの提案で六カ国外相による記念写真が撮られた。引退するフィッシャーにとってこれが最後の外交舞台であった。その後記者会見がもたれ、「隣国の安全保障問題を含む、ドイツ統一の外的側面を協議するため」六カ国外相が会議をもつという簡単なコミュニケが発表された。しかし参加国の表現は「西ドイツ・東ドイツ外相およびフランス・イギリス・ソ連・アメリカの外相は」となっており、二十四であることをそれとなく明らかにしていた(Kaiser: Nr. 25)。

しかし他の諸国の反発はすさまじかった。記者会見の後、ゲンシャーがオープン・スカイ交渉の会場に戻ろうとすると、ベーカーが血相を変えて伝えてきた。「場内は大変なことになっている。何ら協議がなかったことに怒っている。協議をやり直せといっている」。ゲンシャーが会場に入ると、ファン・デン・ブロック・オランダ外相、デミケリス・イタリア外相が大声で批判しており、会場は大混乱であった。ゲンシャーは怒りを爆発させた。「あなた方は、ドイツに責任をもつ四カ国なのか。また二つのドイツなのか。あなた方はどちらでもない」。そして間髪いれず、「あなた方はこのゲームに関係ない(You are not part of the game)」と言いきった。直後、議長であるクラーク・カナダ外相が閉会を宣言した(GE: 728-729; JB: 196n)。

この会議では、米ソの在欧兵力問題でも大きな飛躍があった。アメリカは一月下旬年頭教書で、米ソの駐留兵力削減を提案していたが、ソ連はそれに合意したものの、兵力の上限数に条件をつけていた。一三日、ベーカーはシェワルナゼからソ連側の対案を受け取った(JB: 192-193)。それは、中部欧州(両ドイツ、ベネルクス諸国、デンマーク、ポーランド、チェコスロバキア、ハンガリー)での米ソの駐留兵力を一九万五〇〇〇人とし、アメリカにはその他の地域(イギリス、ギリシア、スペインなど)で三万の配備を認め、しかもソ連はその他の地域では一切の追加兵力の配備をしないというもの、であった。これにはベーカーも仰天した。というのはソ連が自分に不利な案を提出してきたからである。そこでシェワルナゼに訊ねた。「我々のヨーロッパでの兵力の不均衡に同意するということだが、それでいいのだね」と。シェワルナゼは、「中欧では均衡が成立している。しかしその他のヨーロッパでは不均衡である」と答えた。会議後、この合意がコミュニケで発表された(AG:34230)。

オタワ電話事件

オタワでベーカーとゲンシャーが、二＋四方式への合意とりつけに躍起になっているとき、奇妙な出来事が起きた。

ワシントンでは、NSCと国務省の西欧局は、二＋四方式が統一をスロー・ダウンさせると批判的であった。スコウクロフトはブッシュにそれに反対するよう助言していた。オタワにいたベーカーは、一三日昼直後ブッシュに電話して状況を報告したとき、ブッシュとスコウクロフトから、ボンのテルチクからの連絡によればコールは了解していないと伝えられた(JB:193-194, KO:298)。

これを聞き、ベーカーは当惑した。コミュニケは今日中に公表される必要があった。遅れれば、モスクワ・ロンドン・パリから巻き返しが起きることが十分予想された。そのためゲンシャーに再度確認してもらう以外なかった。たまたま同じ部屋にいたゲンシャーに、ベーカーは、「ホワイトハウスは、首相府が二＋四方式を支持しているかどうか、疑っている」と不愉快そうに伝えた。それを聞き、ゲンシャーは、ボンの陰謀であると強い怒りを感じた。ゲンシャーは、昨日一二日から会談が終わるごとにコールに電話して報告し、コールから確約をえていたからである。ゲンシャーは、ベーカーから話がスコウクロフトからきたことを聞き、ボンで仕組んだ人間の見当がついた。ゲンシャーはベーカーのスイートルームからコールと連絡をとり、ベーカーとの会話の内容を伝え、大統領の誤解をといてくれと要請し、もしどこからか、このようなドイツにとって死活的な問題について落とし穴がしかけられるならば、それは断じて認めることができないと、ねじ込んだ(GE: 726-727)。

驚いたコールは、直ちにブッシュに電話し、折り返しゲンシャーに、「ブッシュに、二十四方式を支持すると確約した」と報告した。その後ベーカーがブッシュと連絡をとると、ブッシュは、「話をした。しかしコールは二十四にもコミュニケにもはっきりと賛成とはいわなかった」と伝えてきた。ベーカーは、再度コールと連絡するよう要請し、この二度目の電話で、ブッシュはコールから二十四支持の確約をえた。

オタワ電話事件ともいうべき、この奇怪な動きの原因の一つは、コールとブッシュとの電話のせいであった。オタワ時間一三時四五分(ボン時間一九時四五分)の最初の電話では、コールは明確に二十四には言及しなかった。それよりも一三日ボンを訪問したモドロウとの会談内容やモスクワでのゴルバチョフとの会談内容を説明していた。そして一五時の電話で、コールは明確に二十四方式支持を述べ、もしこの問題が未解決になってしまうと、東西から他の国々が四カ国に加わってしまう懸念があると伝えたのである(AdBK: Nr. 181)。

それ以上に根深いのが、各国の外交が二元化していたことである。各国間の連絡・協議のルートは、大統領補佐官ルート(スコウクロフト、テルチク、アタリ、ザグラーディン)と国務省・外務省ルート(ゼーリック、ロス、エルベ、タラセンコ)とに分かれており、この間での鍔迫り合いを垣間見せたのであった。

事件のそもそもの発端は、ボンのテルチクがスコウクロフトに電話し、コールは二十四を了解していないという誤報を流したことにあった。コールはゲンシャーから会議の進展を電話で連絡されており、コールが二十四を了解していないということはなかった。恐らくテルチクがその事実を知らなかったか、知っていて長年の外務省との対立関係から意図的に動いたかのいずれかであろう。そしてスコウクロフトがこれに輪をかけた。彼は二十四に批判的であり、それを阻止しようと懸命であった。そのためテルチクの電話を材料にブッシュに二十四を承認しないよう説得しようとしたのであろう。二十四方式の合意が成立した後でもスコウクロフトは納得しなかった。これは、ブッシュの在任期間中、国務長官と大統領特別補佐官が最も対立した案件であった。

いずれにしろ、政策の違いばかりでなく、人間関係、省庁の権限争いが絡んだエピソードであった。一連の会議が終わり、ベーカーは朝刊を待ちながら、誰と一緒にやるのかという簡単な問題でこれほど紛糾するならば、内容を扱うときは一体どうなるのか、この先が思いやられると嘆息していた(JB: 197)。

第六節　コールのパリ訪問

ラチェ(一月四日)

二月一四日、ゲンシャーは朝六時二〇分ロンドンに着き、一〇時からサッチャーと会談し、オタワでの会議の様子を説明した。サッチャーはポーランド問題を質問したが、ゲンシャーはそれには応えず、統一は平和条約でなく条約で解決すると説明した。サッチャーは、統一があまりにも強引に進められていると批判したが、ゲンシャーはそれは東ドイツの意思であり、その意思は三月の選挙ではっきりすると説明した（GE:731）。サッチャーが連携しようとしていたパリの動きはどうなのであろうか。

一月四日、コールはボルドーの南にあり大西洋に面しているミッテランのラチェの別荘を訪ねた（KO:231-238; WW:167-171; AdBK:Nr. 135）。一二月下旬のミッテランの東独訪問を西独各紙は批判し、フランスの各紙も西ドイツの姿勢を批判して、独仏関係は軋んでいた。その改善が今回の訪問の目的であった。

会談は、コールが年頭の挨拶を行うなど、ぎこちなく始まった。冒頭は、コールが東欧情勢、東ドイツ情勢、EC統合、対仏関係、一〇項目提案などを長々と説明した。ミッテランは明晰に切り出した。問題は二つある。一つはロシア問題、もう一つはドイツ問題である。この二つの関係が対立関係にある、ゴルバチョフが失敗したらどうなるのか、それは、「共産主義者ではない。軍事政権だ」。ドイツ統一での愚かな政策がゴルバチョフを苦況に追い込むことは許されない。条約共同体はよいアイデアだ。同盟国とロシアの疑問に応えて、時間をかけるべきである、と。

ドイツ問題については、ミッテランは、ドイツの友人が慎重に懸念を表明すると、彼がすぐに悪友とか裏切り者とかと判断されることが問題であると切り出した。そして、八〇〇〇万人のドイツがある。それは歴史的な現実だ。歴史の流れに逆らって泳ぐことはできない。ドイツ統一は問題にはならない、それは現実だ。東西ドイツが一緒になろうとしているとき、それに反対するのは愚かなことだ、人々がそれを望むなら、それを実現してしまうであろうからだ。そしてともにEC統合を推進することを強調した。またコールによれば、ミッテランは、モスクワの方を向いた中立ドイツができれば、それはソ連の影響圏が国境の町ストラスブールにまで近づくことを意味するとも述べたという。

会談後、ミッテランはアタリに次のように述べた(JA:390)。コールは何もできない、人々の動きに出し抜かれていると言われているが、「コールはより早く統一を組織化するであろう。世界中がわめくであろうが、空しいことだ。ゴルバチョフのみがそれを阻止できる。ゴルバチョフがそれに成功しなければ、彼はその席を失うであろう。その時クレムリンには将軍が座るであろう」。それがすぐにでも起きよう、せいぜい二年か三年だ。

ミッテランに去来したのは諦観なのであろうか。

一月三一日閣議でミッテランはドイツ問題について語った(JA:406-407)。

統一ドイツの中立化の可能性を指摘した。だがミッテランは中立の意味が変わったことを認識していた。中立化は東西間緊張という枠の中で正確な意味をもった概念であった。そのような緊張がなくなった今となっては、それは意味をもたない。このことは、ゴルバチョフが中立化よりもドイツのNATOへの統合のほうを好むことを完全に排除するものではない。なぜなら中立化は統一ドイツを自立に導くからだ。ソ連は心理的にも政治的にも何が何でも反対するような国ではない、と。この一月下旬という時点でドイツ中立化論のアナクロニズムを見抜いていたのは、ミッテランだけであった。

さらに、ヨーロッパの統合について、以下のように言及した。我々がどこへ行くのかは分からない。

全ての仮説を検討する必要がある。過去の遺物にしがみついてはならない。我々の行動は、二つの軸にそって明確にする必要がある。一つは主権の発展だ。もう一つはますます自立化に向かうヨーロッパの発展だ。しかしソ連を排除する、国家連合のようなヨーロッパ協調を提案することは大変危険なことだ。結局ソ連は、ますますヨーロッパの一員であったロシアにならざるをえないのだ。だが一九一七年以降の包囲に関するロシアの偏執病を忘れてはならない、と。

そしてミッテラン独自のドイツ論を展開した。ドイツ人の多数は、他の国が統一していることを羨んでいるが、仮定としてそれが統一するとき、悩みが始まる。大方の予想とは逆に最初から豊かになることはないであろう。しかしドイツはその経済力を強化するだろう。それは、ビスマルクのドイツであって、ヒトラーのドイツではないだろう。だが、驚くべきことは本質的に感情で動いてしまう人々の多さだ。政治と哲学の一大原則は、夜の地平を照らす光のようなものだ。その後エゴイズムや凡庸さが闊歩し始めるのだ。東ドイツでは精神とカネの全面的支配とが同居しており、一方が他方を強化している。この二つが合流すれば、確実に爆発的な動きを生み出すであろう。いずれ統一ドイツはプロイセンとザクセンになるであろう。プロイセンは普通抱かれるイメージとは逆に、ヨーロッパで最も文明の進んだ国家であった。戦後解体されたプロイセンは、存続を切望してきた、そして機会をもった。プロイセンはかつて敗北させた他のドイツ人の庇護をうけているという感情をもつことになるであろう。ビスマルクの聡明さは、それができたにもかかわらずオーストリアを解体しなかったことだ、と。

誇り高いプロイセンの末裔でもある東ドイツ市民がドイツ統一のなかで生活保護者の地位に転落し

てしまうときに起こる「心の壁」をミッテランは予想していた。

ミッテランは、ドイツ統一を不可避として原則的に容認する方向に傾いたが、その実現の方法や内容までも容認した訳ではなかった。だが、ミッテランにはドイツ統一の流れを制御する具体的な梃子がなかった。そのため、二月一一日のコールのモスクワ訪問を注視し、同時にEC統合の進展にかけることになった。ミッテランのEC問題のアドバイザーであるギグーが、ドイツ統一の不可避な流れを前にして、ECに新しい制度をつくるイニシャチブをとり、ECを政治連合に変質させるよう提案してきた。「ヨーロッパ統合を前進させるためにドイツの変革を是が非でも利用しなければならない。経済に関する政府間協議は、政治的なそれによっても補完される必要がある」(JA:412)。独仏首脳会談を前にボンとパリの連絡も頻繁になった。一三日コールのEC問題アドバイザーのビッターリィシュがパリにきてアタリと会い、その際、モスクワでの会談を説明し、ゴルバチョフは、再統一は不可避と言明したと伝えた。彼の課題は、政治統合についてフランスを説得することにあり、EMUの実現を遅らせても、一九九二年末をめどにEMUと政治統合を同時に実現したいとボンの意向を伝えた(JA:419-420)。

焦点は、急遽設定された一五日のミッテラン・コール会談となった。

パリ(二月一五日)

ミッテランは、コールとの会談を前にして、ドイツ統一を原則として認める方針を固めた。一四日閣議の席上で、ミッテランは、「統一は両ドイツだけにかかっている、しかし、その結果は国際的である」と言明し、臨時ECサミットを東ドイツ選挙の直後に開催するよう議長国のアイルランドに要求していること、サッチャーとコールとの関係がますます悪化していると報告した。

これには裏付けがあった。一月二〇日、ミッテランはサッチャーと会い、彼女の凄まじいコール批判を聞いていた。「彼（コール）は我々を踏みつけて進んでいる。彼を止めて。彼は全てを望んでいる。東ドイツを飲み込もうとするばかりでなく、私たちが再統一の尻拭いをすることを望んでいる」と。これを聞いていたアタリは、「公衆の面前での言葉といかに違うことか」と日記に付けていた。ミッテランは、毒気にあてられたのか、「おっしゃる通りです。彼は、ソビエト体制がいまでもあることを忘れている。もしコールが皆を冒瀆しようとし続けるならば、プラハで起きたようなことがドレスデンでも起きるでしょう」と彼女を宥めていた（JA:400-401）。

そしてミッテランは続けた。

「我々は、ベルリンの壁の崩壊とともに、壮大な時を経験した。それは真に歴史であった。なんという歴史なのだ。自由の勝利が、我々の眼前で書き込まれたのだ。事態の加速は、採用しなければならない方針を微塵にも変えるものではない。私は、昔もそうであったように、いまもドイツの自決権に対して前提のようなものをたてることはしない。統一は本質的に、彼らの意思、彼らの選択に属する問題なのだ。それは基本的な権利だ。このことは次のことも意味する。両ドイツは、我々を互いに結びつけている契約や、ヨーロッパの安全保障や、ヨーロッパ共同体の将来や、ヨーロッパの均衡を考慮しなければならないということである。……もう一度繰り返す必要はないと思うが、統一はそもそも両ドイツの案件なのである。しかし四大国は、ドイツとの討議なしに行使することは考えられないが、承認された権限をもっているのである」(JA:421．この会談の異なった解釈については、WW:350)。統一はドイツのその意思と選択によるという原則を承認し、しかし安全保障、EC、ヨーロッパの均衡という観点から他の国々の関与も必要とする、というのがミッテランの決定であった。フランスも条件闘争に入ったと言ってよい。

条件闘争は直ちに開始された。一五日会談前、ミッテランは二＋四方式の説明をうけ、それは十分ではないと反発し、もし四＋二が二＋四になるならば、両ドイツは前もって合意し、我々に既成事実を押しつけてくるであろうと非難した。

ミッテラン・コール会談は緊張のなかで始まった(TE:173-174; KO:298-302; JA:422-428; WW:356-365; AdBK:Nr.187)。

コールは、東ドイツ情勢を報告した。モドロウ政権の統治能力の低下、東ドイツからの流民の激増、それを防ぐための経済改革としての通貨統合の提案、東ドイツでの州の再建であった。ゴルバチョフに説明した内容とほとんど同じであった。続いてコールは、ゴルバチョフとの会談を説明した。統一ドイツの中立化のチャンスはないと彼は認識しており、オタワでの結果にも満足していると楽観的な見通しを述べた。そしてソ連の改革を成功させ、ヨーロッパに強く結びつけるためにも、独仏の友好関係が必要であり、ドイツがますます主権をECに委譲すれば、第四帝国という妖怪は消えていくことになろうと、対ソ関係からも独仏の協力関係の重要性を強調した。ここでコールは、独自の統一ドイツ像を披瀝した。新生ドイツは古いドイツと違う国土軸をもっており、それはライン川である。かつては重工業が基軸でありオーバーシュレージェン、ザール、ルールが中心であった。しかしいまはコンピューターや化学産業が基軸であり、統一ドイツが成立しても中心はマイン河以南になるであろう。中心はリメス（ローマ帝国の要塞線）の南なのだ、と。

簡単な質問に甘んじていたミッテランが、ドイツ統一を実現するときに直面する国際的問題を順々と説明し始めた。統一ドイツとなり、ドイツが普通の国になれば、同盟の問題、駐留外国軍、まだ残る旧占領四カ国のシステム、アメリカが配備する核兵器の問題、ドイツの核武装の問題で、以前と違う態度を示すのではないかという疑問であった。コールは、外国軍の撤退を要求することはない、と反論した。そしてドイツは従来どおりの核政策をとるのかというミッテランの質問に、コールは、そうだと答えた。

しかし激風が吹いた。ミッテランが東部国境問題について、政治的にみてそれを承認すべきと、正面から要求したのである。これに対しコールは、真っ赤になって、統一ドイツが国境を決めるのだ、と向きになって反論した。ミッテランは執拗に、統一前の画定を迫り、コールは、統一前に予断をいれることはできない、これはドイツの内政問題である、と撥ね付けた。激論の末両者は、解決は平和条約で行わないことだけ一致した。

テーマはEC統合に移った。ここで幾つかの点が確認された。第一は、ECに入るのは一つのドイツであって、二つのドイツではないことであった。第二は、ミッテランが、共産主義から解放された諸国が民主化するためには支柱が必要であり、その支柱はアメリカとカナダを含むCSCEではなく、ヨーロッパだけの制度でなければならないと言明したことであった。そしてこのような問題を討議するために、東ドイツ選挙後非公式のECサミットを開催することで一致した。第三は、二十四の道筋に関して、最初に二＋四会議で討議し、その結果をCSCEサミットで報告することで一致したことであった。

会談の終わりごろは、雰囲気は和んできた。ミッテランは、我々は「年取った夫婦」のように振る舞いましょうと笑いをさそった。

翌一六日EC議長国のアイルランドのホーヒー首相は、ミッテランとコールの要請を入れて、四月に臨時非公式サミットを開催することを提案した(JA:430)。

一方サッチャーは、ドイツ統一に反対すると公然と表明し続けていた。一月二五日、サッチャーは『ウォールストリート・ジャーナル』とのインタビューで、徹底的にドイツ統一を非難した(TE:133-134; AdBK:Nr. 148)。一月二八日サッチャーは、アドバイザーとの会議で、ドイツ統一の姿勢を緩和するよう助言されたが、彼女は受け付けず、自分は宥和主義者にはならないと明言していた(Clark: 276)。

二月二二日、サッチャーはブッシュと電話で長時間話し、統一ドイツはヨーロッパの日本となり、日本よりも悪いと述べ、ドイツはヒトラーが戦争で獲得できなかったものを平和裡に達成しようとしていると批判した。そしてソ連軍を永久に東ドイツに駐留させることを提案した。しかしブッシュは直ちにそれを拒否した。このブッシュの姿勢に、サッチャーは、自分が勢力均衡の立場から発言していることを、ブッシュは理解していないと怒っていた(TH:420; ZR:206-207; BS:247-249)。

またイタリアとの関係は、二月二一日ゲンシャーがイタリアを訪問して、オタワの事件で傷ついた関係を修復していた。

第七節　米独首脳会談

モスクワ――オタワ後のソ連

シェワルナゼは、その回顧録では、二＋四方式を一貫して「六カ国会議」と表現している。彼は、帰国の機中でのインタビューで「ドイツ統一には数年かかるであろう」と述べていた（SCH:213; ZR:196）。シュワルナゼはオタワの会議後落ち込んでいた。無力だ、せめて次が分かったら。これがシュワルナゼの心境であった。

二月一五日、パリで独仏首脳会談が行われているとき、デュマはモスクワを訪問していた。シェワルナゼは、デュマに次のように述べた（JA:429）。

事態は予想できない速さで進展しており、ドイツでの動きにブレーキをかけるのは困難になっている。もはや単純な吸収という現象を見物するだけだ。いま何ができるのか。第一にCSCEサミットを緊急に招集すべきだ。この点に関して合意はあるし、招集は安定化という価値をもつであろう。第二に、四カ国のメカニズムを活用できなかったことを悔やむべきだ。第三が二＋四方式だ。これはほどなく、一＋四になってしまうだろう。再統一後、新政権ができたとき、事態はどう進展するのだろうか。コールとゲンシャーが新国家の指導者になるかどうか確かではない。まだ一緒でない二つの国家によって以前になされた約束を統一ドイツは守るのかどうか、私は疑っている、と。デュマは帰り際に、ソ連はNATOに所属する国に軍を置き続けると考えてよいのか、と質問したとき、シェワルナゼの返事は、「なんでも起こるであろう！」であった。デュマの直前に会ったハードも、同様な印象をもった。二月一九日、欧州開発銀行構想を協議するためにモスクワを訪問したアタリも同様な印象をもった。多くの会談から、ドイツの再統一に抗うことができないという感情、何もすることができず、できても進展を遅れさせるだけという感情を、ソ連側は抱いていると感じた(JA：431)。

ソ連の姿勢は硬化した。ファーリンは、「統一ドイツのNATO全面帰属は、統一を台無しにする」と警告し、『シュピーゲル』(1990/2/19)とのインタビューでは、武力介入を示唆するとも受けとられかねない発言をした(ZR：195-197)。またボンダレンコも、二月一五日アメリカ大使館員に、統一はドイツが予想している以上に複雑であること、四カ国が問題を処理すべきこと、ソ連国民はドイツ問題の重大性に気づき始めていることを伝えていた。さらに二月二一日には、ゴルバチョフは『プラウダ』でドイツ問題について、NATO帰属の統一ドイツを拒否、平和条約の締結、二＋四方式の押しつけの拒否を言明した(TE：178-179; ZR：205)。この背景には、ソ連は憲法改正(大統領制導入)を企図しており、それを決定する最高会議が二七日に予定され、臨時人民代表会議が三月一二－一三日に予定されていたという、国内情勢があった。

ボン――ゲンシャー・シュトルテンベルク論争

オタワから帰国したゲンシャーは、国防省の反撃にあった。閣議に設置されたドイツ統一閣僚委員会の下の外交・安保部会が一四日開催され、そこで統一後の東独部の扱いが問題となり激論となった(TE:170-171; WW:258-263)。ゲンシャーは、一月下旬のトゥツィングで演説したように、NATOの管轄範囲は東独部に適用されないと説明し、それに国防相のシュトルテンベルクが、東独部をNATOが防衛することができるのかどうか、国防軍が全面的にNATO指揮下に置かれているとき、国防軍を東独部に配備できるかを質問し、ゲンシャーに反対した。シュトルテンベルクは、一六日記者会見で、東独部をNATOの領域に含むこと、ただしNATOの司令部と兵力は配備しないこと、NATO指揮下にない国防軍を東独部に配備することを強調した。ゲンシャーはこの見解に激怒し、東独部のNATO領域化に反対し、国防軍の配備にも反対すると直ちに言明した。ゲンシャーは、東独部を含む統一ドイツ全体をNATOに組み込むことをソ連に承認させることは無理と判断しており、それを強要することはゴルバチョフの地位を極度に脅かすことになると考えていた。閣内対立は表面化し、この対立にコールは直ちに介入し、一九日に両者に声明を出させた。コールは、テルチクがシュトルテンベルクを支持したにもかかわらず、ゲンシャー側にたち、一九日両者に共同声明を出させた(Kaiser:Nr. 38)。

声明は、「西側同盟の部隊及び機構は現在の東独領域に拡大されない」という文言は、「NATOに帰属する及び帰属しない国防軍」にも適用されること、現在の東独領域の安全保障上の地位は、選挙によって選出された東ドイツ政府及び四カ国と協議して決定するものとする、というものであった。しかし、アメリカは、この方針は東ドイツの脱NATO化と非軍事化をもたらすと認識した（TE:171-174; ZR:203-204; GE:732-733）。この認識のズレがアメリカとの間で問題になることになる。

ところで、オタワ会議の前の二月一〇日、NATO事務総長のヴェルナー（前西ドイツ国防大臣）は、キャンプ・デーヴィッドでブッシュと会い、統一ドイツをNATOに組み込む必要性を以下のように説明していた。統一ドイツを同盟に組み込まなければ、ヨーロッパの競争とライバルという古いパンドラの箱が開いてしまう。また統一ドイツの中立化はドイツにとってもヨーロッパにとっても危険である。なぜならドイツが核武装する可能性があるからである。また非軍事化も危険である。なぜなら不満を抱くドイツが東西に揺れ動くという誘惑に負けてしまうかもしれないからだ。ECもCSCEも言葉だけのものであり、安定した安全保障機構はNATOのみであり、ドイツをかかる誘惑から阻止し、ヨーロッパの不安定化を防ぐのがブッシュの歴史的使命であると（ZR:195-196; BS:242-243）。

ゲンシャーは、すでに説明したように、NATOとWTOの関係を強化し、NATOを大幅に変化させることを考えていたが、各国の安全保障・国防関係者の多くは、現在のNATOを前提として、ヨーロッパの安全保障を考えていた。

ワシントン

二+四方式での交渉ポジション

ワシントンでは、オタワでの二+四方式の決定に不満が燻っていた（ZR:208）。NSCのブラックウィルは一四日会合をもち対応を協議し、大統領宛のメモを作成した。「戦後西側にとって最も重要な会議がセット」されたのであり、その扱いに失敗すれば大変なことになるという危機感にあふれていた。この危機感は、二＋四での合意という強力な武器をえたソ連が、東ドイツの支援をえて統一かNATOかの選択を迫り、選挙の年にあるコールがそれを飲むかもしれないという最悪のシナリオによっても強められていた(ZR:209)。

そのためモスクワが抵抗できないように二＋四のプロセスをデザインすることが重要となってきた。NSCは、六カ国の審議の範囲と西側の共同歩調が鍵だと判断して三つの課題を設定した。①安全保障問題で西ドイツと西側三国が共同歩調をとること。②会議の開催を出来る限り遅らせ、その間に統一を進行させること。③協議の議題をできる限り限定し、四カ国の権利の終了、西ドイツへの東独吸収のもたらす国際的問題、東独部での兵力だけを扱うこと、であった(ZR:209)。NSCに、二＋四方式に反対である国務省西欧局も同調した(ZR:210)。

この共同戦線の最大の敵は、ベーカー側近のゼーリックであった。だがゼーリックも、同じような考えに傾いていた。二＋四会議をドイツ統一問題の最終解決の会議としてではなく、協議の過程(a process of consultations)とする考えである。ベーカーも同じ意見であった。そこで二＋四会議に四つの条件が課された。①小国に協議を保証する、②二＋四会議を交渉ではなく協議(consultation)の場とする、③議題を四カ国の権利の譲渡と統一ドイツの国境画定に限定する、④統一ドイツの主権による選択を妨害しない、であった。二＋四会議の議題を限りなく限定し、しかも会議の重みをなくする案であった(ZR:210)。ただし、NSCとゼーリックとの間に違いは残った。それは、ソ連の扱いであった。NSCはソ連が妨害する可能性が高いと判断していたのに対し、ゼーリックはソ連に見かけ上の影響力を与えることが重要と考えていた。この違いがあるものの、会議の開催を「遅く」し、会議の議題を「狭く」することでは一致していた(ZR:201-211)。

東独部とNATO

NATOの東独部への拡大をめぐる問題で、二月一九日に西ドイツ政府の声明がだされ、ゲンシャーの方針が貫徹されたが、テルチクはNSCのブラックウィルと共同してこの方針を変更させようとしていた(ZR:211)。

ホワイトハウスでは、スコウクロフトとブラックウィルが、ブッシュにコールとの会談の事前説明をするなかで、次のように提案した。統一ドイツをNATOの完全な構成員とすること、東独部にNATOの防衛保障を拡大すること、東独部に「特別の軍事的地位(special military status)」を与えることを、二＋四方式の「遅く・狭く」論とともにアメリカの立場とすべきというものであった。いわゆる「タフ政策」である(ZR:211; WW:257-258)。しかしNSCも、この提案をソ連は飲むことはないと判断しており、次の米ソ首脳会談で譲歩することを考えていた。

だがアメリカの方針は、西ドイツのそれと対立するものであった。東独部の扱いの基本が違っていたのである。ゲンシャーの案は、東独部をNATOの管轄(jurisdiction)外とする、しかし北大西洋条約第五条、第六条で定められた同盟国に対する防衛保障はこの管轄には含まれない(防衛保障は適用される)、東独部に国防軍は駐留しない、原則は管轄外としながら、防衛保障は適用させるという、いわば部分拡張論であった。これに対しアメリカの案は、管轄という言葉を嫌い、統一ドイツにNATOにかんする西ドイツと同様の権利と義務を認め、東独部に「特別の軍事的地位」を与え、原則の例外として扱うという、例外論であった。

実体的には同じになるが、部分拡大論と例外論では意味することが異なっていた。アメリカは、西ドイツの部分拡大論は、西独部も東独部と同様にNATOの拡大領域にしてしまう論理を含んでおり、将来の中立化の布石となる危険を嗅ぎ取ったのであろう。またゲンシャーが東独部の非核化、非軍事化を強調していることから、非核化なり非軍事化なりがNATOの全領域にまで及んでしまうことを恐れたのであろう。特に、ゲンシャーがNATOの改革を提唱していただけに、アメリカは神経質になっていた。

キャンプ・デーヴィッド会談

二四日からのキャンプ・デーヴィッドでの会談は、一月下旬ブッシュが年頭教書で表明する在欧米ソ軍の削減提案を電話で伝えてきたとき、コールと合意されていた(TE:135)。

二月二四日昼からキャンプ・デーヴィッドで、ブッシュ・コール会談が開かれた。西ドイツ首相がここに招待されたのは始めてであった。晩餐会をはさんでその日の夜、翌二五日午前まで会談が続いた(AdBK:Nr. 192, Nr. 193, Nr. 194; WW:265-273; KO:305-311; BS:250-256)。

ブッシュ・コール会談はマルタでの米ソ首脳会談後の一二月三日の会談以降、電話での連絡はあったものの、約三カ月ぶりであった。状況は一二月上旬とは大きく変化していた。解体へと向かう東ドイツ、ドイツ統一の加速、独ソ会談、二＋四会議の開催決定などである。そのため、二＋四の具体的な進め方と統一ドイツのNATO帰属問題を中心に今後の方針を調整することが、この会議の最大の目的となった。

会議冒頭コールが、ソ連・東欧情勢、EC統合、東ドイツ情勢、東部国境問題を説明した。東ドイツ情勢に関しては、統一は急速に加速し、一〇項目提案は反故となり、通貨同盟と東ドイツでの州の復活に取り組むと述べ、ボン基本法二三条での編入方式で早期統一が実現するであろうと説明した。またポーランド国境問題は、国境問題ではなく、戦後のドイツ難民に起因する心理的問題であり、これは「問題ではない」と断言した。さらにこれと関連して、二＋四方式に国境問題に関してのみポーランドを参加者ではなく協議に加えることを提案した。重要なのは内容でなく手続きだと、説明した。

ついで安全保障・同盟問題に移り、コールは統一ドイツのNATO帰属と米軍の駐留継続、東ドイツの特別な取り扱いを強調した。ブッシュも同意見であったが、統一ドイツのNATO帰属が、フランスのような政治的には帰属するが軍事的には帰属しないというような変則にならない「完全なNATO構成員」であるよう釘をさした。またブッシュは、アメリカの核兵器に言及し、それがヨーロッパとドイツでのアメリカの軍事的プレゼンスの中心的部分であり、通常兵力と一体であることも強調した。ブッシュは、ドイツでの核兵器撤収論を警戒していた。

その後、東ドイツ選挙情勢と西ドイツの国内政治が話題になった。そして統一ドイツのNATO帰属と米軍駐留では反対は起きないが、ランス・ミサイルの後継機種問題が今後大きな障害になることを危惧しているとコールが述べた。ブッシュは、後継機種は「完全に死んだ」と述べた。

二五日午前、会談が継続され、テーマは二＋四会議のスケジュールであった。双方とも、英仏の早期開催論を勘案して、一（西ドイツ）＋三（米英仏）の事務高官レベルの事前協議を早急に開始し、三月一八日の東ドイツ選挙後二＋四の事務高官レベルの会議を開き、その後二＋四の外相会議を開催し、CSCEのパリサミット前までに二＋四を終了させること、CSCEでは協議はなく報告だけであること、それにCFE交渉の終了をリンクさせることで合意した。最後にコールは、NATOの管轄が拡大されないということの意味をベーカーに訊ねた。ベーカーは、管轄よりも「兵力の拡大」のほうがよいとして、意味は東ドイツに「いかなるNATO兵力」も置かないということだと答えた。この経緯は、ベーカーから二八日ゲンシャーに伝えられたが、東ドイツの扱いはまだあいまいなままだった（JB：202；WW：274）。

記者会見がなされたが、抽象的な説明に留まった。この会談ではさらに二つの点が話し合われていた。一つは、ソ連との関係であった。コールは、NATO帰属問題でのソ連の姿勢はポーカーの脅しであって、最終的にはそれを認め、その代わりソ連は代償を求めてくるであろうという見通しを示した。それに対してブッシュは、ゴルバチョフを成功させるためにも、ソ連を敗者としてはならず、ソ連の面子を保つことが重要だと述べた。コールの、経済支援で代償を払えばソ連は譲歩するという楽観論に対する警告でもあった。第二は、ミッテランなど西欧の指導者の姿勢についてのコールの説明であった。特にサッチャーについて、コールは、「彼女との間は問題が多い。彼女を理解できない。他の誰もしないような言い方を彼女はする」と不満を述べ、これに対しブッシュは、「我々は過去の妖怪を恐れてはいない。しかし彼女は恐れているようだ。このような歴史の好機にあっては、我々もあなたもどのような状況でも，彼女と話し合わなければならない」と述べた（JB:203; AdBK:Nr. 192）。この話題のなかで，コールは堰を切ったように不満を述べた。「西ドイツが四〇年間西側デモクラシー側にたって同盟のパートナーとして忠実に奉仕したことが，なぜ考慮されないのかと，多くの西ドイツ国民は問うている」と。あわててブッシュは，「ドイツはその義務を果たしてきた。それゆえ合衆国はドイツを助けるでしょう，いや合衆国はそうする義務すら負っているのです」と応えた（KO:307）。

会談後，ベーカーは，関係国外相に電話で会談内容を報告した。ブッシュもミッテランとサッチャーに電話で報告した。ミッテランは国境問題で「コールの沈黙は誤りだ」と強い不満を述べた。サッチャーも同様であった。二八日ブッシュは，ゴルバチョフに電話し，早期統一，NATO完全帰属，米軍駐留継続，東ドイツの特別な地位を説明した。ゴルバチョフは，全ヨーロッパ・プロセスを強調し，NATO帰属に不満を表明した（ZR:208-217; KO:312; BS:256-257）。

二月，コールは，ゴルバチョフ，ミッテラン，ブッシュと一連の首脳会談をこなした。ゴルバチョフは，ドイツ統一はドイツ国民が決定することだとまで譲歩した。またミッテランは，ドイツ統一を認めながら，その国際的あり方は今後の交渉で扱うことを主張していた。ブッシュとは，この外的側面を扱う二＋四の具体的なスケジュールで一致し，また統一ドイツのNATO帰属，米軍の駐留継続，東独部の特別な取り扱いでも一致した。

前年の一一月二八日の一〇項目提案が呼び起こした外交的波紋は何とか修復され，ドイツ統一の道筋がほのかにみえてきた。しかしドイツ統一という険しい山の頂に登る登山口にやっと立ったにすぎなかった。登山道を登り始めるが、寄り道をする者、すきをみては登山口に引き返そうとする者、途中で休憩を言い出すものなどがでてくることが簡単に予想できた。

同時にコールは、その前に東ドイツの人民議会選挙というハードルを乗りこえなければならなかった。もし統一への消極派が勝利するようなことがあれば、ドイツ人が統一を決めるという前提自体が崩れてしまい、この登山を放棄しなければならない恐れがあった。

第八節　東ドイツ選挙、ポーランド国境問題

東ドイツ選挙戦

一月下旬より、東ドイツからの移民の大量流入をうけて、西ドイツ政府は通貨統合を検討し始めた。それと同時にドイツ統一を検討する体制も整えた。首相府長官ザイタースのもとの「ドイツ政策作業部会」であり、三一日初会合をもった。同時に閣議レベルでは、「ドイツ統一閣僚会議」が設置された。通貨同盟は二月七日の閣議で審議され、大蔵大臣ヴァイゲルが提示した三つのオプションのなかで、ドイツ・マルクの完全導入が決定された。

二月中旬から選挙戦に突入した。東ドイツの人民議会の選挙であったが、政党の系列化がなされるなかで、また九〇年末に予定されている西ドイツの連邦議会選挙をにらんで、西ドイツの政党はこれに全エネルギーを投入した。

選挙戦がSPDに有利な情勢で進むなかで、東独CDU・ドイツ社会同盟・民主的新生からなる「ドイツための同盟（der Allianz für Deutschland）」は起死回生策を検討し始めた（KO:283-290）。選挙綱領のなかで、基本法二三条による併合方式を掲げており、これを選挙戦の争点として打出し始めたのである。コールは当初から二三条併合方式に固執していた。その理由は、一四六条による新憲法制定方式は、NATO問題を含む、ボン共和国の骨格を変更する危険があるということ、さらに憲法制定会議では二年以上の時間を必要とすること、さらに占領期にボン基本法を制定した議会評議会のように合意が達成できるかどうかかなり怪しいということ（KO:190-191）、加えてECとの関係でローマ条約の変更が必要になることであった。

選挙戦は明らかに過熱した。

コールは文字どおり選挙戦に邁進した。コールの選挙日程と演説参加者は以下の通りであった。二月二〇日エアフルト（一五万）、三月一日ケムニッツ（二〇万）、六日マクデブルク（一三万）、九日ロストック（一二万）、一三日コトブス（一二万）である。一二日の西ドイツの世論調査機関「インフラテスト（INFRATEST）」が調査結果を発表した。CDU二〇%、SPD四〇%であった。このため一三日のコトブスの選挙集会でコールは、小口預金者の一対一交換を公表した。そして一四日の閣議でそれを正式決定した。一四日ライプツィヒ（三二万）、これでコールの選挙集会での聴衆は総計約一〇〇万となった（KO:314-321）。

一方、ゲンシャーも精力的に動いた。二月一六日遊説を生まれ故郷ハレから始めた。聴衆は約八万人にのぼり、故郷での演説に感極まり、これは「私にとって公式の故郷への帰還を意味する」ものであったと回顧している(GE:734-735)。東ドイツでゲンシャー・ブームが起きた。二月二四日、ハレ近郊、ヴァイマール、ケムニッツ、二八日エアフルトなど、三月一日ベルリン、ダッサウ、ヴィッテンベルク(ゲンシャーが戦時中最後に派遣されていた場所)。三日マドリッドから帰国して、ロストック、ヴィスマール、シュヴェーリン、ライプツィヒ、その晩コペンハーゲンでデンマーク外相と会談し、四日ドレスデン、コトブスなどを回った。まさに強行軍である。

同時に政治をこなさなければならなかった。

二月一三日ドレスデン空襲の日である。モドロウが一七人の閣僚とともにボンを訪問した。東ドイツ側は、西ドイツの選挙干渉に抗議した。また通貨同盟にも否定的であり、それに代えて西ドイツからの財政支援を要請した。それをコールは拒否し、逆に通貨同盟を正式に提案した。これを東ドイツの一部の閣僚は、「東ドイツの無条件降伏」と表現していた。記者会見に臨んだ東ドイツ代表は、まさに打ちひしがれていた(TE:166-167; KO:296; ZR:200-201; AdBK:Nr. 177)。

一五日コールは連邦議会で演説し、モスクワでの独ソ首脳会談、オタワ会議、モドロウとの会談を報告し、これらの事態が状況を「質的に変化」させたと強調した(ZR:201)。この時点からコールは、二+四を一+四にすることをねらっており、そのためには両ドイツ間の交渉が先に終結する必要があった。両ドイツ間の交渉の遅れは、二+四をやっかいなものにする可能性があった(ZR:201)。三月五日コール側近の会議で、憲法学者と議論し二三条方式を検討した。そして六日与党協議で二三条方式を正式に決定した(TE:193-194)。

選挙戦では、先にも述べたようにＳＰＤの勝利が、戦前の歴史や世論調査からも予想されていた。

そのなかで二月一九日東独SPDと西独SPDは共同声明を発表し、「将来の統一ドイツは、NATOにもWTOにも帰属しない」ことを方針として掲げた。また二月一五日に発表された世論調査は、西ドイツ国民の五八%が、統一ドイツが同盟に帰属しないことを希望していることを明らかにしていた(ZR:203)。中立ドイツ論のこのような高まりが、与党のそしてアメリカなどの関係国の警戒を強めた。このような背景は、先のゲンシャー・シュトルテンベルク論争が選挙がらみであったことを明らかにしてくれる。ゲンシャーはFDPの独自性の発揮に躍起になり、シュトルテンベルクはそれと反対にCDUのそれの発揮を考え、コールは世論動向を考え、SPDの対抗策として一九日の共同声明を出させたのだった。

しかし国際的な動きは、三月に入り急速にコールに不利になり始めた。ポーランド国境問題が急浮上し始めたのである。先の比喩を再び用いれば、二月下旬一連の首脳会談を終えて登山口に立ったと思ったコールは、突然ポーランド国境問題という突風によって吹き飛ばされる危険にさらされたのである。ポーランド国境問題の早期解決をねらう、フランスもポーランドもドイツのこの選挙戦の動向をにらんだ上での動きであった。

ポーランド国境問題

独仏対立

二月二一日マゾベッツキは四カ国宛書簡(ZR:208; WW:485-486)を出し、統一前のポーランド西部国境の最終的承認と二+四会議への参加を正式に要求した。二三日コールはマゾベッツキに電話し、他者の立場を理解しあい、互いに助けあうことを提案したが、ポーランド提案は拒否した(KO:312; WW:486)。ドイツ国内では外相ゲンシャーがポーランド提案を支持した。またシェワルナゼも支持を表明した(TE:190)。フランスは、従来からポーランド提案を支持しており、二八日には、外相デュマはアタリと協議し、ポーランド側が打診してきたフランス訪問について検討し、統一ドイツの「帝国主義」に対して、フランスがポーランドに保障を与える方向で一致し、受け入れを決めた。仏ポ共同コミュニケで、オーデル・ナイセ線の不可侵を保障するという方向である。さらに場合によってはポーランドとの間の援助協定締結も考えていた(JA:435)。歴史的なフランス・ポーランド連携の復活構想である。国境問題がきな臭くなってきた。「ワルシャワへの道はパリ経由で進む」というビスマスクの名言のように、対仏関係が鍵となってきた。

ドイツ東部国境(ポーランド西部国境、あるいは境界名からオーデル・ナイセ国境)といわれる国境問題は、実体的というより象徴的な問題であった。コールも東部国境を最終的に承認することは認めていたものの、CDU支持者には戦後東部国境が画定されたことで郷土を失った追放者が多くおり、連邦議会選挙をかかえてその支持を失うことを恐れ、統一ドイツ政府のみが承認する権限をもつという法律論に固執していた。このコールの立場は、まず東部国境のドイツ統一前の最終承認を主張する連立与党FDPと対立し、同時にポーランドを支持するフランスとの対立を激化することになった。一方、フランスもコールの立場を十分知悉しており、ポーランド国境問題をあえて国際問題に採り上げ、問題を激化させたのは、それなりの理由があった。第一は、ドイツ統一の動きのなかでフランスの存在感が薄れており、コールと対決することによって存在感を確保することであった。第二は、ドイツ統一で「単独行動」を採りがちなコールに対して、隣国との協調の重要性を知らせる機会をこの問題が提供したことであった。第三は、表面には出なかったものの、統一ドイツの実現が確かになるなかで、将来国境改訂を持ち出すのではないかという一抹の不安があり、国境改訂は将来的にももちださないという担保を獲得しておこうという思惑であった。

このようにポーランド西部国境問題は、実体問題であるよりも象徴的問題であったがゆえに、対立は象徴戦であり、対立の終結は妥協、関係者の面子をつぶさない方法での収拾しかありえない問題であった。いわば勝者も敗者もない象徴的な妥協で終わらざるをえない問題であったのである。

まずコールは事態の収拾に乗り出した。三月一日の記者会見で、ポーランド国境問題に言及し、一八日の選挙後にポーランド国境問題で両ドイツの議会が同文の声明を決議する方法で問題を処理する方針を明らかにした。両独議会決議案である。さらに決議の代償として、ドイツ少数民族保護に関する声明が統一ドイツにも適用されること、賠償は五三年で決着していることを表明することをポーランドに要求した。明らかにCDU内の右派、なかんずく難民団体を意識したものであった。六日連立与党協議がもたれ、当面は両独議会が決議を行い、ドイツ統一後条約の交渉に入るという方針が固まった。八日連邦議会は大荒れに荒れた後、やっとのことで先の与党共同声明を決議として可決した。決議案は、「ポーランド国民は、画定した国境のなかで生きるというその権利が、いまもまた将来も、我々ドイツ側から疑問に付されることのないことを、知る」であった(WW:488-489)。

しかし問題はフランスであった。パリは揺さぶりをかけ始めた。一日のコールの記者会見をうけて、デュマはミッテランの承認もえて、ベルリンでの講演で国境の明確な最終的承認を求めた。その際国境を承認するゲンシャーの発言を引用するなど手のこんだものであった(JA:435)。西ドイツで両独議会決議案が可決されても、ミッテランは議会決議ではなく条約が必要である立場をくずすことはなかった(JA:439)。

九日、ヤルゼルスキとマゾベツキがパリを訪問し、ミッテランと会談した。会談で、ミッテランは、ポーランド国境が不変であること、ポーランド国境問題は国際法的行動で確認されるべきこと、ポーランドを二+四会議に参加させることを支持した(JA:442)。その後の記者会見で、ミッテランは、ドイツ統一以前に、ポーランドの西部国境を最終的に承認する「平和条約級の価値をもった条約が仮調印されるべき」であり、その条約は四大国が同席する場でドイツ・ポーランド両国政府で結ばれ、しかる後に統一後の全ドイツ議会がこの条約を批准する案を公表した。さらに二+四で国境問題を扱うとき、ポーランドを参加させ、会議をワルシャワで開催する案も公表した(TE:198; WW:489-490)。独仏間に軋みが走った。

一三日ゲンシャーはデュマとパリで会い、ポーランド西部国境が話し合われるときにのみ、ポーランドを参加させることで合意し、その旨を公表した(ZR:219)。翌一四日ボンで開催された二+四事務協議は、この問題を検討し、全員が賛成した。

同じ一四日の昼、ミッテランがコールに電話し、ポーランド・フランス間合意の三点を伝達した(TE:201-202; KO:324-327; AdBK:Nr. 218; WW:373-376)。①オーデル・ナイセ線を承認すること。②ドイツ統一実現以前に、ポーランドと両ドイツとで国境条約に関する交渉を開始すること。批准は統一ドイツ国家でかまわないこと。③二+四会議で国境問題を扱うときにかぎりポーランドを参加させることを要求した。コールは激怒した。ワルシャワで二＋四を開催することに反対する。条約の作成は議会の決議案と法的に大差はない。補償問題と少数民族問題でポーランドが好意的姿勢を示していない。基本的な問題は、ドイツ側の名誉も尊重すべきことだ、と。

このコールの凄まじい怒りにふれて、ミッテランは、率直な発言に感謝する、独仏関係が良好である旨を記者会見で強調すると述べた。ミッテランからの電話を聞き、コールは小協商が再び復活したと思ったという。コールの怒りは、扱いが不平等であることもさることながら、フランス側のこの問題の扱いが東ドイツ人民議会選挙でSPDに有利にはたらき、選挙戦を不利にしていることにあった。パリは、この問題をショーアップしすぎた。

アメリカの仲介

代わってアメリカがこの問題に介入してきた。一四日ブッシュは、マゾベツキに書簡を送り、西ドイツは積極的かつ重要な一歩を踏み出したと、西ドイツ案を評価していた(ZR:219)。一五日コールはブッシュに電話し、選挙情勢とポーランド問題を説明した。ブッシュは、先の首脳会談でコールの真意を知っており、ポーランド側の過剰な要求は認めないことを確約した(ZR:219; WW:296-297; AdBK:Nr. 221)。

一八日の東ドイツ選挙は与党の大勝に終わった。

一九日コールは、ゲンシャー、シュトルテンベルクと協議をもち、ポーランド問題に関しては、マゾベツキ提案に応ずるべきというゲンシャーの主張に譲歩し、統一前の条約案作成に踏み込んだ。期待は、二一日のワシントンでのマゾベツキ・ブッシュ会談にかかった。

二〇日、コールはブッシュと電話で会談し、翌日のマゾベツキとの会談の準備内容を知らされた。そこでブッシュに、コールはポーランド西部国境を認める腹であることをマゾベツキに示唆してよいと言明した。しかしそれを最終的に確定するのは、あくまで統一ドイツ政府であることを強調してほしいと要請した。そしてさらに統一ドイツ政府のための条約交渉は開始できないが、非公式であるならば条約原案の作成交渉にかかってもよいと伝えた。事前非公式作成案である。それに対し、ブッシュは、それは早ければ早いほどよいと応えた(ZR:219-220; KO:337-8; WW:301; AdBK:Nr. 224; BS:260-262)。

二一日早朝、マゾベツキがワシントンに到着し、ブッシュとの会談に臨んだ。マゾベツキは、次のように語った。国境は、関係する一国から一方的にではなく、すべての国から保障されなければならない。これが、ポーランドが二+四に参加する、国境を承認する拘束力のある条約を希望する理由である。ポーランドが必要としているのは、統一前に作成され、統一後に調印される条約である。ドイツが統一後協調的でなくなることを恐れている、と。

これに対しブッシュは、コールを信用するよう懸命に説得した。コールの国内事情とそのため八日の連邦議会で強い言葉を用いた経緯を説明した。そして前日のコールとの電話による協議内容をマゾベツキに紹介し、両ドイツのどちらも統一ドイツ政府に代わりうる法的存在ではなく、そのため統一前に条約を作成し、統一後調印という手続きは無理であり、それ以前に非公式に条約案文で交渉することが望ましいと。さらにコールの約束に対してアメリカは国家として保証するとまで言いきった。

しかしマゾベツキはコールに対して懐疑的であり、この案を検討させてほしいと要請した。この間ＮＳＣのブラックウィルはボンのテルチクと連絡をとっていた。事前非公式作成案で作成される案文の対象について協議した。その結果、事前に作成する案文はドイツ・ポーランド条約の全体ではなく国境にかかる部分とすること。これが合意されれば、案文はそのまま両ドイツ議会の決議に挿入され、その後条約にも同文が挿入されることであった。条約案文先取り、議会保障案である。

翌二二日、ブッシュ・マゾベツキ会談が再度行われた。そしてアメリカはこれ以上公然とコールに圧力をかけることはできない、コールを信用してほしいと要請した。マゾベツキは、アメリカがドイツを支持することを知り、帰国した。

二三日、ブッシュはコールに電話し、会談内容を伝えた。マゾベツキを信用するよう要請し、条約案文を事前に作成することでよいかどうか尋ねた。コールの返事は問題ないであった。そしてその一例として、「ポーランド共和国とドイツ連邦共和国は、たがいに領土変更要求を行うものではなく、現存国境を永遠のものと考える」という案を提示した。そして案文を議会決議にいれ、条約にも入れることで同意した。そして手続きとして議会決議のあと両ドイツ政府がそれを支持する旨を明記して、ポーランド政府に手交するとされた。さらに、ブッシュはマゾベツキに対してコールとの背後での連携を説明していないので、案文の交渉をマゾベツキと直接行うことができるかどうか尋ねた。コールは、マゾベツキと案文を直接交渉すると回答した。

しかし皮肉なことに、二三条の編入方式では、西ドイツはそのまま法的存在として継続するため、七一年のワルシャワ条約も継続することになり、自ずと国境変更はできなくなっていた(ZR：220-222)。

二七日コールはゲンシャーとポーランド問題で意見調整を行った。東ドイツと話しあって、両議会の決議案の準備を行うことで一致した。そのうえでそれを裏書きするため西ドイツはポーランド政府と覚書を交換するとした。ただしドイツ統一前に条約交渉をし、仮調印するというポーランド提案には反対であった(TE:212)。その日の午後、閣議の後の統一問題閣僚委員会安全保障部会で、ゲンシャーは、ポーランド外相との協議で国境問題は四大国のマターではないことで一致し、二十四のワルシャワ開催も要求しないことで合意したと報告した。続けて外務省のカストルップ政治局長が、一四日の二十四準備会合について説明し、国境問題に限りポーランドを参加させることで合意したと報告した。

五月二日、ゲンシャーは、大統領に同行してポーランドを訪問した。昨年の一一月の訪問時と雰囲気が変わったことを感じた。ドイツ統一が早期に実現することを認め、NATO、EC帰属を歓迎するという雰囲気であった。

また国境問題の処理方法として、両ドイツの議会が同内容の声明を作成し、それをポーランド政府に伝えるという措置を打診した。ポーランド側は好意的であった(GE:767)。ポーランド外相は、ヴァイツゼッカーの発言がドイツ人の多数の意見を代表しているならば、ドイツ・ポーランド関係はうまくゆくと、ゲンシャーに伝えた(GE:766)。

六月二一日、西ドイツ連邦議会、東ドイツ人民議会決議は同文の以下の決議を可決した。

「双方は、双方間に存在する国境の不可侵性をいまもかつ将来も保障し、双方の主権及び領土の保全を互いに無限定に尊重することを義務とする。

双方は、互いにいかなる領土要求もおこなわず、将来においてのそのような行動を起さないことを表明する。」

統一後の九〇年一一月一四日に、ドイツ・ポーランド国境条約が調印された。その第二条、第三条は、上記の決議とほぼ同文であった（Kaiser: Dok. 73）。

第九節　西側を固める

三月一八日の東ドイツ選挙の大勝と三月のポーランド国境問題の解決は、コールの士気を再び鼓舞した。ポーランド国境問題で紛糾していたとき、彼は極めて珍しく辞任したいと側近にもらすほど意気消沈していた。

だが二つの僥倖は、コールをして登山口から頂上をめざして上りだす気力を回復させた。だがこの登攀も単純なものではなかった。まず登攀ルートはみずから開拓しなければならなかった。二十四方式があるとしても、それは登攀の仕方であってルートではなかった。さらに頂上にいたるには、ルートの危険地域を地ならしする必要があった。一直線に上るどころか、危険地域を潰しながらルートを開拓するというのが実状であった。

コールにとってまず最大の危険地帯は、フランスであった。ミッテランがドイツ統一を原則として支持しているとしても、ポーランド国境問題に示されたように、統一問題が国際関係に及ぼす影響という名の下にいかなる難題を持ち込むのかは予想がつかなかった。まずはフランスとの関係を修復し、関係をさらに強化してドイツ統一への明確な支持を獲得することが必要であった。

登攀ルートに立ちはだかる最大の障壁は、いうまでもなくソ連であった。この危険地帯は長くどこまで続くのか分からなかった。またゴルバチョフの基盤が弱体化しあるいは彼が倒れ、そこで大きな雪崩が起こる危険性もあった。この危険地帯は徐々にしかも慎重に踏みならす必要があった。

独仏協調

二月一五日のミッテラン・コール会談では、四月に臨時非公式サミットを開催し、そこで経済通貨統合の第一段階以降のスケジュールと政治統合を協議することで一致していた。ECの経済通貨統合と政治統合の推進は、そのこと自体に加えて、ポーランド国境問題で独仏枢軸の亀裂が表面化し国際的にも大々的に明らかになったなかで、独仏枢軸を再確立する絶好の機会を提供した。

独仏には、経済通貨連合（EMU）と政治連合（PU）を将来にECの礎石にすることについて異論はなかった。ただ、経済通貨連合を創設するための政府間協議の終了時点や経済通貨連合と政治連合のテンポの調整についての違いは存在した。前章でも説明したように、ミッテランは経済通貨連合を、コールは政治連合を重視していたといえる。三月中旬より四月二八日のダブリンでのEC臨時非公式サミットに向けての準備が開始された。

しかし当初にはまだミッテランとコールの関係はぎくしゃくしていた。両者とも経済通貨連合と政治連合を創設するために、協議のテンポを速めることを提案することでは同じであったが、どちらがイニシャチブをとるかで鞘当てが起きていた。

ミッテランは、三月二五日のテレビでの演説で、九一年半ばまでに通貨統合と政治統合の目標設定を完成することを表明する予定をたてて準備し、演説内容を事前にコールに伝え同意をえていたが、コールは二三日ブリュセルでドロール及びEC委員会委員と会談した際、その趣旨のことをいち早く表明してしまったのである。これを聞いたミッテランは、「彼に自分がイニシャチブを取ると連絡したのに、コールは自分の前にやってしまった、子供じみたことだ」と述べていた(JA:449; WW:379-381)。

経済通貨連合の方は、順調であった三月三一日、アイルランドで開催されたEC蔵相会議は、EC通貨委員会提案を検討し、欧州単一通貨をECUとすること、その発行・管理主体としてユーロFED(ヨーロッパ連銀)を設立すること、ユーロFEDは、政府から独立した権限をもち、各国の中央銀行はガイドラインのなかで金融政策を実行することを決定した。イギリスを除く一一カ国は基本的に合意した。

ボンは政治連合の創設に拍車をかける必要を感じた。またイニシャチブをめぐる鞘当てを繰り返したくなかったのであろう。それ以上に独仏枢軸の復活を国際的に知らしめることも動機だった。四月一日ボンでテルチクがアタリと会い、ECの経済統合・政治統合につき協議したとき、テルチクはアタリに独仏で共同提案することをもちかけてきた(JA:455-456)。後日これにフランスも同意し、一九日、コールとミッテランは、経済統合と同時に政治統合も進めるという内容の共同書簡をEC議長国のアイルランド首相に送った(WW:406-410)。

共同書簡は、以下のことを提案していた。九〇年末から経済通貨連合の会議と並行して政治連合の会議を開始すること、根本的な改革方針は各国議会による批准後九三年一月から導入することを目的として活動を開始すること、そしてヨーロッパの巨大な変動を前にヨーロッパ一二カ国の政治的建設が不可欠であると考え、ECの政治的正統性の強化、制度の効率化、経済・通貨・政治の全ての領域での一体性とまとまり、共同の外交・安全保障政策の形成と実行を達成することを提案した。

ミッテランが一九日にこのような提案を行ったのは、この日のブッシュとの会談で、ECとアメリカとの関係強化を提案しており、そのために独仏枢軸の復活を誇示する必要があったからと思われる(JA:471)。

二五—二六日、パリで第五五回独仏定期協議が開催された(TE:239-241; JA:478-481; AdBK: Nr. 257)。晩餐会でのミッテランのスピーチがコールを感動させた。会談のテーマは、ドイツ統一の進展、ヨーロッパ統合、東西情勢であったが、その他にアメリカとの関係も含めたNATOの改組を話し合った。それ以上に、この協議の目的は独仏枢軸を世界に誇示することにあり、記者会見で両者には意見の相違はなく、両者ともヨーロッパ統合の推進で全面的に一致したことを強調した。同日晩ラフォンテーヌが銃撃されるの報道が入る。また同時期起きたリトアニア独立問題が、ソ連解体の連鎖反応を引き起こし、それが軍事政権を誕生させることを危惧し、リトアニア大統領宛独仏共同書簡で合意(AG:34468)した。

二八日ダブリンでEC臨時サミットが開催された。この会議は、その後のECの発展にとっても記念すべき会議であった。まずミッテラン・コールの共同提案による政治統合についてサッチャーなどが反対したものの、次回六月の定例サミットまでに外相が政治連合創設のための経過を整理し、それに基づき定例サミットで、政治連合創設のための政府間会合を開催するか否かを決定することにした。これは事実上、政治連合の創設の決定といってよかった。

またドイツ統一にも大きな進展があった。コミュニケで、ECはドイツ統一を「心から歓迎」し、「ヨーロッパとECの発展の積極的要因である」と高く評価したのである。

またCSCEも、今後のヨーロッパの安定と発展の枠組であることを確認し、今年秋までにCSCEサミットを開催することを正式に決定した。

この会議でコールの機嫌が良かったのはいうまでもなかった。

西側の支持

NATO問題の浮上

三月に入り、東ドイツの選挙戦が過熱し、ポーランド国境問題が国際的注目をあびるなかで、ドイツ統一の国際的な動きは以前と比べ落ち着き始めた。まず二＋四会議の準備に関係国は入り始めた。

二月二八日、ロンドンで二＋四会議の西側準備会合である事務高官レベルの一＋三が開催された。アメリカはゼーリック、ドイツはカストルップ、イギリスはウエストン、フランスはドフルクを代表とする外務省の局長級会合である。会合での論点は、①二＋四会合の開催時期であり、英仏は早期開催論、米独は遅延論を展開し、東独選挙前に会合を開催しないことでは一致した。②統一ドイツのNATO帰属に伴う東独部の扱いであった。ゼーリックは、先のゲンシャー・シュトルテンベルク共同声明に疑問をはさみ、NATO指揮下にない国防軍も東ドイツに駐留しないとすれば、統一ドイツは特別の非武装地帯をもつことになるがそれでよいのかと質問し、彼はこれに反対するとして、英仏もこれに同調した。カストルップは、西ドイツ政府内で見解が統一されていないことから、回答を保留した。③ポーランド国境問題では、西ドイツとポーランド間で交渉がなされている状況にあることから、合意をみたのは、二＋四のプロセスにポーランドを参画させることだけであった。④ボン基本法第二三条による編入の場合に起こる東ドイツの負う国際的義務の継承問題については、これはさらに法的に検討することで一致した。⑤二＋四会議の結論の処理の仕方については、CSCEサミットに結果を告知することとし、そこで決定させないことで一致した（ZR：223-224；WW：277-281）。

同じころモスクワも、外務省にドイツ問題に関するワーキング・グループを設置し、検討を始めた。ソ連の方針は、二＋四の早期開催、広範な議題であった（ZR：224；TE：193）。

三月二日ソ連外務省の最大の知恵袋である外務副大臣のアダミシンがカストルップとジュネーブで、三日にはドフルクとジュネーブで、またアタリとパリで会談し、同内容のソ連側の立場を説明した。①統一ドイツのNATO帰属反対、②長い時間をかけた統一の実現、③ボン基本法二三条による早期統一反対、④二三条に規定されている「ドイツの他の部分」という表現の意味、⑤ドイツ統一の講和条約による発効、⑥二＋四会議の早期開催などである（WW：281-283；JA：436-437）。九日、カストルップは東ベルリンに飛び、東ドイツ側と会談した。東ドイツ側は、東西ドイツの同権、「併合」とみなされる二三条による統合反対、ドイツ統一とヨーロッパ統一とのテンポの一致などを主張した（WW：284-287）。

一三日、パリで再び一＋三会合が開催されたものの結論はでなかった（ZR：227；WW：292-293）。一四日にボンで一回目の二＋四の事務レベル会合が開催された。会議は、運営と手続きでまず一致し、二＋四会議の議題に関しては、様々な意見が開陳されたあと、国境問題、政治・軍事問題、ベルリン問題、四ヵ国の権利と義務とその解消とすることを当面認め、後にそれを補完することを議論することで合意した（ZR：227-228；WW：292-295）。

このように二＋四会議の議題が一応確定されたとしても、参加国の方針の違いは大きかった。西ドイツとアメリカは、開催時期を「遅く」、議題を「狭く」という路線で共同歩調をとったが、ソ連は講和条約に固執しており、イギリスが同調する危険があった。ソ連と東ドイツは議題を広くすることを主張しており、これを英仏が支援する可能性があった。またソ連と東ドイツは、二＋四会議での検討をヨーロッパ全体の問題の検討と同じテンポで進めることも主張していた。アメリカと西ドイツは、ソ連と東ドイツの反対ばかりでなく、西側の足並みの乱れにも不安を抱かざるをえなかった。

ソ連はこの時期、統一ドイツのNATO帰属を断固反対するなど頑なな姿勢を示した。ゴルバチョフは三月五―六日モスクワでのモドロウとの会談のなかで、二三条方式（編入）による早期統一に懸念を表明し、統一ドイツのNATO帰属に断固反対すると強調した。また六日の西ドイツのテレビとのインタビューでも同じことを強調した。

ソ連の姿勢の硬化は、一二日から憲法改正と大統領選挙を懸案とする臨時人民代議員大会が開催されることと関係していた。また東ドイツでの選挙戦の動向も関係していた。選挙戦のなかで、ソ連が勝利を期待していたSPDは両軍事同盟解体論を唱え始めていたことも、もう一つの理由であったろう。ソ連は明らかにSPDの勝利を期待し、それを予想していた。そのため、アタリもテルチクも、ソ連の姿勢の硬化を一時的なものと考えていた(JA:439, 445-446; WW:289)。

事実、人民代表会議が憲法改正案を可決し、ゴルバチョフを大統領に選出して終了すると柔軟姿勢を示し始めた。一七日プラハで開催されたワルシャワ条約機構特別外相会議で、シェワルナゼがドイツ統一に厳しい意見を述べ、チェコスロバキア、ハンガリー、ポーランドの外相がそれに反対し合意が成立しなかったのだが、シェワルナゼはチェコスロバキア外相が反対したことに感謝した(TE:233; WW:308-309)。また同じ一七日ダシチェフは、西ドイツの『ヴェルト・アム・ゾンターク』紙で、統一ドイツのNATO残留容認を主張していた。そして一八日の東ドイツ選挙で「ドイツのための同盟」が勝利を収めて以降、柔軟論が顕著になった。二二日ファーリンは、西ドイツ第二テレビで、一定の条件のもとで一定の期間、統一ドイツがNATOに残留することを容認すると発言し、二三日には、ボービン政治評論委員が『イズベスチャ』で、統一ドイツがNATOに加盟してもソ連の脅威にならないという見解を表明するなどであった。明らかに大統領制導入という国内の山場を一応乗切り、東ドイツ選挙の結果をみて、ソ連は新たな路線を模索し始めた。同時に、西ドイツも、ソ連はいまだNATO帰属問題で結論をだしておらず、東ドイツでソ連が第二次世界大戦で得た地位と利益、アメリカとのグローバルなパワー・バランス、国内世論の説得、東独駐在兵力という要因と交渉戦術によってソ連の態度は左右されることになろうと予測していた(AdBK:Nr. 228)。

一方アメリカもNATO帰属問題で頭を痛めていた。

アタリは、三月八日スコウクロフトとパリで会談した。スコウクロフトの目的は、新しいヨーロッパでのアメリカの役割を探ることにあった。アタリによれば、特に軍事的プレゼンスが正当性を失うことを心配しているようであった。アメリカはヨーロッパの政治的安定にかかりきりであり、方向性を失い、西側の味方、東側の敵に落胆し、冷戦の勝利に追い越されたように、戦略、戦術を探しているようであった(JA:440)。

さらにスコウクロフトは、次のようなゴルバチョフ評価を述べた。彼は昔の彼ではない。彼はもはや権威をもっていない。彼は休むまもなく意見を変えている。バルトの独立でそれを失うであろう。ソ連はもはや合理的な超大国ではない、と。

コールについても、次のように述べていた。彼は政治屋であって、政治家ではない。彼は非常に短いタームでしかものをみない。一二月の選挙だけが彼の関心だ。しかし彼は他のドイツの指導者よりも危険が少ない。皆、強いドイツになることを願っている、同盟に対して完全な自立を願っている。悪夢は、我々の軍隊の撤退を要求し、いつしか核兵器を手に入れる非常に強いドイツをみることだ。全ての国によってそのようにさせないことが必要だ。四十二プロセスは曖昧で、不明瞭であり、前進しないであろう。ドイツは全てができる、すべて単独でだ。しかし我々はどの国であれ、それが何であれ行うことを禁じることはできない。我々はドイツ統一に(それが二三条であろうと)反対するという過ちを犯したくはない。というのは、そうすればますます尊大にさせてしまうからだ、と。

一八日の東ドイツ総選挙は、連合の大勝に終わった。ソ連にはまさに青天の霹靂であった。また、イギリス・フランスもこの大勝で路線を切り替えていったと思われる。顕著な兆候は、一十三会議で英仏は米独の考えに接近してきた。

選挙の直後、米ソがNATO問題で模索する中、二一日ナミビアの首都ウィントフックで、米ソ、米独、独ソの外相会談が立て続けに開かれた。皆二一日ナミビア独立記念式典に参加するために来ていたのである。ゲンシャーは以前からナミビアの南アフリカからの独立を支持していた。

二一日シェワルナゼと会談した(GE:747-750)。会談の一つのテーマは平和条約問題であり、シェワルナゼの提案に対し、ゲンシャーは、それは「過去の概念」であることを強調した。続いてシェワルナゼは、「ドイツがNATOから離れられないことは、理解している(GE:749)、他方、WTOが解体することをソ連は甘受できない。それは東西間のバランスを揺るがすからである」と言明した。ゲンシャーはこの会談で、シェワルナゼはWTOの解体を予想し恐れており、ドイツがNATOから離脱せずまたできないことを理解していると判断した。ここからゲンシャーは、東西同盟間の調整が重要課題だと判断した(GE:749)。

ベーカー・シェワルナゼ会談の話題は、まずSTARTと一一日に出されたリトアニアの独立宣言への対応であった。そしてドイツ問題についてシェワルナゼは、ドイツ人は「信じられない創造的な能力」と「信じられない破壊的な能力」をもっていると、ドイツに対するアンビバレントな姿勢を告白し、「統一は事実だ」と認め、そのスピードを押さえる必要があることを強調した。NATO帰属問題では、帰属反対を言う一方で、中立ドイツも問題が多いと述べ、まだ混乱しており、「この問題の解決策は我々にはまだない」と率直に認めていた(JB:205-209)。

ゲンシャーとベーカーとの会談では(GE:750-751)、ベーカーは、シェワルナゼがドイツ問題に譲歩しすぎるという国内での強い批判のために、統一の進展の速度に過敏になっており、統一ドイツのNATO帰属を承認できなくなっているという解釈を示した。

ゲンシャーは、二三日ルクセンブルクでの西欧同盟（WEU）特別総会に出席し、ドイツ統一の経過を説明し、「ドイツ統一はヨーロッパなくしてはありえません。同じ様に、ヨーロッパの統一もドイツなくしてはありえないのです」（GE:752）とドイツ脅威論を沈静させた。さらに、同盟間の調整に言及し、第一段階で同盟間の相互協力を促進し、第二段階で、協力的な同盟間関係を共通の安全保障構造に転換し、同盟をそれに取込み、最後に完全に吸収するという持論の「協力的安全保障構想論」を展開した（GE:752-753; ZR:232-233; WW:312）。

だがこの演説は、両同盟を解体するものと報道され、コールはこれに怒りゲンシャーに抗議の書簡を送った（TE:211-212）。後に述べるように、コールはこの頃からソ連に対する独自の新たな打開策を採り始めていた。

二七日午後、閣僚会議安全保障部会で、ゲンシャーは、「統一ドイツのNATO残留についてソ連は立場を固めていない。ゴルバチョフとシェワルナゼは密かにこの可能性を考えているのではないか」と報告した（TE:213）。

四月二日、コール、ゲンシャー、シュトルテンベルク等が二＋四準備のために協議し、そこで北大西洋条約第五条・第六条の統一ドイツへの適用を決定した（TE:220）。この会議でゲンシャーは、本命はソ連であり、東独選挙で勝利してもソ連が路線を変更することはないとして、NATOの改編を執拗に主張した。

三日、ゲンシャーはワシントンを訪問し、ベーカー、ブッシュと会談した。目的は二十四の詳細について説明することと、これに続くシェワルナゼ・ベーカー会談の事前協議であった。ゲンシャーは、CSCEサミットがドイツ問題の会議になることを恐れ、二十四会議を秋のCSCEサミット前に終了することを強調し、NATO帰属問題については、ソ連は原則的にNATO帰属に賛成しても、飲めないような条件をつけてくる可能性が高いと説明した(GE:755-777; ZR:233)。

四―六日、シェワルナゼが訪米した。ここで五月三〇日のゴルバチョフの訪米が公表された。会談の議題はリトアニア問題であった。三月二五日ソ連軍がヴィルヌスの一部を占拠したことにより、情勢は一挙に緊迫し、国際的関心はそちらに移った。この問題では会談は物別れに終わった。シェワルナゼは、この問題でペレストロイカが崩壊する危機をみていた。また彼は、ランズベルギスの政治感覚のなさに怒りを示していた。因みにミッテランも、リトアニアはまるで現実感覚がない。それは、独立という夢の終わりである(JA:450)、とリトアニアの行動に批判的であった。

ドイツ問題では進展はなかった。シェワルナゼは、ドイツ統一とCSCEから形成される新しい安全保障体制とをシンクロナイズすることを強調し、幾分かの譲歩はあったものの、統一ドイツのNATO帰属反対、平和条約を主張していた。六日シェワルナゼ・ブッシュ会談で、ブッシュは、ソ連のドイツに対する感情は理解するも、統一ドイツはソ連の脅威にならないと説得した。しかしシェワルナゼは沈黙を守ったままであった。この沈黙は、後に説明するように、シェワルナゼがこのころから、先の発言とは別のことを考えるようになったことによるのであろう。いずれにしろ、ドイツ問題はリトアニア問題という障害物に突き当たったのである(JB:209-212; ZR:242-243)。

サッチャーの回心

ミッテランはドイツ統一原則支持に回ったものの、問題はサッチャーであった。サッチャーは、三月二四日彼女の外交アドバイザーのパウエルの勧めで、チェッカーズで国際的に著名なドイツ史の学者と懇談した。出席者はアシュ、ドイツ史の長老G・A・クレイグ、同じく長老のトレヴァー・ローパー、思想史にも詳しいF・スターンらであった。それは、サッチャーにドイツで起きている現実に目を開かせようというものであり、「我々はドイツ人にとってナイスであるべき」ことを彼女に説得しようとするものであった(James:233-239; WW:305)。また二九日にはサッチャーが導入を発表した人頭税(polltax)に対して大規模なデモが起きていた。

二九日の夕方、コールとゲンシャーは英独会議の四〇周年記念に出席のためケンブリッジに向かった。コールとサッチャーの不仲は有名な話であり、そのため飛行場から別の車で会場に向かうよう手配されていた(KO:340)。晩餐会の席上では、コールはザルビエッテをウエストのところに完全にひろげて、これは白旗なのです。あなたに対する私の降伏の象徴ですと述べていた(KO:341)。

三〇日、サッチャーは会議の演説で、統一の条件として三つを挙げた。①統一ドイツのNATO帰属、②ドイツ領域内でのNATOの核兵器の配備継続、③米英軍のドイツ領域への配備継続、ただし統一後は、イギリス軍の一部五万五〇〇〇人を撤退させる、であった。ゲンシャーは、これはドイツの構想と同じであり、条件とは考えないと判断した(GE:754-755)。ドイツ側の多くは、サッチャーが回心したと判断した。

三〇日ロンドンで、サッチャー・コール会談が開かれた。コールは、統一ドイツのNATO帰属が統一の不可欠な要件であること、ソ連は深刻な財政難に直面していることを説明し、ソ連はNATO帰属を戦術的な観点でカードとして利用しているという見解を伝えた。サッチャーは、東独部への防衛保障が適用されるかどうかを訊ね、コールは二＋四で決定すべき問題と応えた。サッチャーの関心は、もはやドイツ問題よりも、ソ連・東欧にあった。サッチャーは、これらの諸国の民主化とWTOの解体への動きをにらんで、そこに新しい枠組みを形成する必要性を強調した。またソ連に関しては、ゴルバチョフへの経済支援の重要性を強調した（KO:343; WW:305-307; AdBK:Nr. 238）。

四月一三日、ブッシュとサッチャーがバーミューダで会談した。この会談で、ブッシュはアメリカの立場を説明し、それにサッチャーは反論しなかった。また核兵器についても、「私には（将来のドイツについて）確信はない」と弱気であった。会談後の記者会見で、ブッシュは、二＋四会議はドイツ全体とベルリンに関する四カ国の権利と義務を終了させることを目的とすること、統一ドイツはドイツの主権に差別的な制約をうけることなくその領土のすべてを完全に統制することとなると言明した。米英共同であるとはいえ、イギリスからの統一ドイツの全面主権回復に関する初めての言明であった（ZR:236; WW:307; BS:265-266）。

これ以降、サッチャーはドイツ統一支持の方向で動くことになる。

一方、ミッテランも一九日、フロリダのキーラーゴでブッシュと会談した。席上ミッテランは、ドイツ統一はドイツ人が決定する事項であり、介入しないこと、そして統一の帰結は四カ国にも関係することを明言した。この会談のテーマの一つはリトアニア問題であり、もう一つがNATO問題であった。ミッテランは、NATOはヨーロッパ安全保障とその均衡を組織化するためのフォーラムであると位置づけ、ECを基礎とする長期的なヨーロッパ国家連合構想を披瀝した。しかしそれは、アメリカを除外するものでなく、アメリカとECとの条約という形で、アメリカとヨーロッパの緊密な関係を形成することが必要であるとした。NATOに関しては、フランスはそのなかの特別な役割をとりつづけるが、アメリカのヨーロッパ駐留とドイツのNATO残留が必要であるとした。ミッテランの懸念は、ドイツがNATOを脱退するのではないか、外国軍駐留を拒否するのではないか、ということにあった(ZR:237; BS:265-268)。

ブッシュは、その後会談内容を早速、サッチャー、コールに報告した。コールは、西側三国が一致したことを喜び、この点でブッシュの貢献を高く評価し、彼に感謝した(KO:344)。

二〇日、サッチャーから米英首脳会談の内容につき報告があった。それは、速やかにNATO首脳会談を開催したいというものであった(TE:235)。

独ソ秘密接触

ところでこの間、コールはソ連との関係を打開する策を模索し始めた。

三月二二日、コールはクビチンスキーを呼び、会話の内容をゴルバチョフに直接伝達するよう要請した(TE:208-209; KO:339-340; WW:302-304; AdBK:Nr. 227)。まずリトアニア問題で、ソ連に自制を求めた。会談の中心議題はNATO帰属問題であり、双方の意見の応酬であった。クビチンスキーが、統一ドイツがNATOとWTOに二重帰属することは考えられないかと質したのに対し、コールはできないとし、NATOに帰属する統一ドイツがソ連と新たな条約を結ぶこと、東ドイツにソ連軍が五年間ほど残留することを認める案を提示した。クビチンスキーはそれに触れず、東ドイツの非軍事化に加えて、西独部に一〇〇キロメートル程度の非武装地帯を設定することを提案したが、コールはそれも拒否した。またクビチンスキーは、東ドイツとソ連間の経済諸義務を統一ドイツが引き受けることを要求し、コールはよく調べる必要があるとし、ドイツは金のなる木ではない、だがゴルバチョフはドイツの善意を信用してよいと答えた。さらに、今後通貨統合、州再編、州議会選挙、九〇年一二月西ドイツ選挙、九一年終わりに全ドイツ議会選挙という日程を伝えた。

二八日、テルチクは、ポルトガロフと会談した（TE:214-217; WW:310-311; AdBK:Nr. 232）。ゴルバチョフの側近チェルニャーエフの意向を踏まえたものであると説明し、様々な疑問点を提示した。①基本法二三条による東ドイツの編入には反対しないこと。しかし二三条による「ドイツのその他の部分」の意味は、三七年一月一日国境を意味しているのか、編入の場合東ドイツのソ連への義務はどう扱われるのかを尋ねた。②通貨同盟の影響、特に東ドイツの政治的瓦解を懸念し、その際、ソ連は「戦勝国の責任の範囲内で秩序の維持を図るべきではないのかと主張した。③統一ドイツの安全保障について、軍事的地位を文書で取り決めることが重要であること。特に、統一ドイツのNATO帰属は認めることができない、「中立化要求の核心は、ドイツの地から二度と戦争がおきてはならないということ」であり、この意味でWEUでのゲンシャー演説は質の高いものであったと評価した。さらに統一ドイツがフランスのような位置をとることができないのか、東ドイツはWTOへの義務をもっており、この地域に対するソ連の軍事的地位を保証することができないのかを尋ねた。その上で「ソ連のNATO帰属を考えることができないのか」と踏み込んできた。テルチクは驚愕した。さらにWTOとNATOの接近の可能性はないのかとして、両軍事同盟を包み込む構造も必要であり、それがCSCEであるが、CSCEの改組には時間がかかるため、二＋四で制度化に関して文書化することを提案した。④平和条約について。第二次世界大戦の結果は平和条約で処理されるべきだとして、ドイツ、四カ国、ドイツに占領された一〇カ国内外による平和条約を示唆した。そして最後に、「ドイツが将来の軍事的地位の問題でより柔軟で度量のある態度をとれば、それだけソ連は平和条約の問題で柔軟な行動をするであろう」と述べた。

ソ連からの非公式な打診である。

これをうけたテルチクは、四月四日彼のアドバイザーと協議した。そこでソ連・東欧問題の権威者マイスナーから二つの重要な提案がなされ、それに飛びついた（TE：223）。一つは、統一ドイツとソ連との間に武力不行使と協力に関する包括的な条約を締結すること、もう一つは、NATOとWTOとの間に全ヨーロッパ的な武力不行使条約を締結することであった。翌日、テルチクはスタッフと協議し、既存の条約及び八九年六月の独ソ共同声明に基づいて、先の提言を取り入れることにした（TE：223-224）。

この間ソ連は、リトアニアに経済封鎖を実施し、EC外相会議が経済制裁の中止を要請するなど、リトアニア問題がますます緊迫し始めた。

四月二三日、コールは再びクビチンスキーを呼んだ。まずこの時期ソ連が問題にしていた東ドイツのソ連に対する経済義務について、それを共同で処理することを提案した。

その後コールは、統一ドイツは実現しようが、自分がいつまで首相でいるかは分からない、そこで重要な決定を進めておこうと思うと述べ、大構想を持ち出した。テルチクらが助言していた、長期的な視点にたって広範な領域をカバーするソ連との協力条約をドイツ統一後に締結するという構想である。さらに大プロジェクト構想も披瀝した。モスクワ・ワルシャワ・ベルリン・フランクフルト・パリ・ロンドンを結ぶ新幹線網を建設しようというものである。クビチンスキーは、ソ連とドイツとの間でビスマルク的なものを成し遂げることができると狂喜した。しかしコールはそれを遮り、「今はあまりにも過去に向いている、重要なのは先をみることだ。ドイツが西側に統合されればされるほど、ソ連と協力する可能性が広がり、ドイツがヨーロッパの真中で物分りの悪い無骨者になる危険は少なくなるのだ」と。

その後、クビチンスキーは、些細な懸案を持ち出したが、コールは相手にしなかった。（TE:236-238; KO:356-357; WW:338-341; AdBK:Nr. 253）。

独ソ間でこのような接触が行われているとき、四月中旬シェワルナゼも演説などで、旧思考を徹底的に批判し、現実を重視するよう主張していた。この時期ソ連内部で、シェワルナゼの路線変更をめぐる対立が激化していた。全欧州安全保障体制を含む一定の条件が満たされれば、譲歩すべきという立場（シェワルナゼ、ヤコブレフ、ヤゾフ、クリュチコフ）と、それを「新たなミュンヘン」や「NATOがソ連国境に近づく」と非難するリガチョフに代表される強硬路線派との対立であった。そのなかでゴルバチョフは、シェワルナゼの方針に反対したという。これをチェルニャーエフは、「これは一九四五年の思考であり、大衆の疑似愛国主義の水準のものだ。ドイツはいずれにしろNATOに留まるであろう、我々はまたもや出発した列車の後を追いかけることになる。我々が了解できる明確な条件をいま提示するどころか、我々は失敗の淵に立とうとしている」とゴルバチョフに警告していた（TSCH：297；ZR：245）。

この間、東ドイツ情勢も動き、統一も再び加速してきた。一九日、デ・メジエール東ドイツ首相が施政方針演説をした。二二日、通貨統合の一対一の交換比率が正式に決定された。二四日、コールとデ・メジエールが会談し、通貨統合を七月一日までに実施することで合意した。その後、コールは西ドイツの交渉団に、五月五日の二＋四会議の前までに統一の動きを加速させるよう指示していた（KO：354）。

五月四日ロンドンで、英仏首脳会談が開催されたが、話題は英仏海峡トンネルの工事の促進であった（JA：485）。

第六章　最終決着

第一節　二十四会議

二十四会議

四月二八日のダブリンでのEC臨時非公式首脳会談を終えて、西側の結束はドイツ統一の原則的承認で固まった。西側はやっと山頂をめざして出発する態勢が整ったという状況であった。

四月一二日、東ドイツでデ・メジエール大連合政権が成立した。五月六日には初めての各種自治体の自由な選挙が予定されていた。

三日、ブリュセルでNATO臨時外相会議が開催された。この会議のコミュニケは、西側の原則合意をうけて、統一ドイツは「差別的または特例的な規制を受けることなく、NATOの完全加盟国として残留する」ことを謳ったものの、専門家はソ連の反対を考慮して、見通しには悲観的であった（TE:249; GE:767-768; ZR:247）。

五月四日、ボンには翌日の二十四外相会議を控えて、関係国外相が到着した。

その日の午前、コール・ベーカー会談がもたれた。テーマは、NATOサミットであった。それにいたるまでブッシュ政権は、一カ月余検討を重ねていた。二月下旬、ブッシュ政権は、国際政治の激変をうけてNATO戦略の全体的な見直しの必要性を意識し、NSCのゲイツのもとに「ヨーロッパ戦略検討グループ」を組織した。このグループの喫緊の課題は、SNF問題であった。先年五月のN

ATOサミットでSNFの部分削減が合意されたものの、その後の情勢変化はランス・ミサイルの後継機種の配備決定を許すものではなくなっていた。問題は、如何にして決定を取り止めるかであった。二月二五日のブッシュ・コール会談では、コールはこれを公に取り扱うことには慎重であった。一つはドイツ国内で議論が起きる危険性、もう一つはソ連がそれを梃子に巻き返しをはかる危険性であった。コールの言うように、取り止め決定がヨーロッパ配備の核兵器をめぐる論争を引き起こす危険があった。また配備中のSNFを処理するためには、進行中のCFE交渉の後に予定されるSNFをも対象とするCFEⅡ交渉と、この取り止め決定をリンクする必要があった。

それと並行して、NATO戦略の再検討を早期に行うべしという意見も強まってきた。そのためNSCは、三月この問題を集中的に検討し、ランス・ミサイル後継機種の開発中止、老朽化した核弾頭の近代化の放棄、CFEⅡでのSNFの取り扱い方針を定めた政策文書を作成した。四月上旬、ベーカー、スコウクロフト、チェルニー国防長官、パウエル統合参謀本部議長の協議で、ブッシュがこの方針を演説で明らかにし、その後この方針をNATOサミットで協議することを決定した。四月一二日NATO最高司令官カルヴァンも同意し、一七日にはNATO事務総長のヴェルナーは、NATO駐在各国大使にアメリカの方針の概要を伝えた(ZR:238-239)。

ブッシュは五月三日の記者会見で、ランス・ミサイルの後継機種の開発中止、老朽化した核弾頭の近代化をも中止する旨を発表した(TE:253)。また四日、ブッシュはオクラホマ州立大学で講演し、アメリカはヨーロッパに留まり続けることを強調し、早期にNATOサミットを開催し、①新しいヨーロッパでのNATOの政治的役割の強化、②ソ連軍撤退後のNATOの通常兵力、③その交渉をCFEⅡで行う、④CSCEのためのヨーロッパの共通戦略、を話し合うことを提案した。それと並行して、このアメリカ提案は五月三日ボンにも伝えられた(ZR:239-240; AdBK:Nr. 265)。

四日のコール・ベーカー会談では、ベーカーはNATOサミットでの重要課題を説明し、コールは統一ドイツのNATO帰属に対する固い決意を改めて表明した。しかし最大のテーマはリトアニア問題であった。コールは対ソ制裁に否定的であった。またソ連への経済支援も話題となった。コールは、市場経済に向かうための決定的な一歩を踏み出せないことがゴルバチョフ改革の問題であるとして、対ソ政策に経済支援が大きな意味をもつことを強調した(TE:251-253; AdBK:Nr. 266; KO:364-366)。

同日午後、シェワルナゼ・コール会談がもたれた。ここでもリトアニア問題がテーマとなった。シェワルナゼは、リトアニア問題はソ連解体の危険をはらんでいること、またペレストロイカも危機にさらされていることを強調し、コールは「ペレストロイカが失敗すれば、アナーキーか独裁がやってくる」というシェワルナゼの言葉が誇張ではなく、ここで急激な路線転換があれば、ドイツ統一の展望も消えてしまう危機を感じたという。そしてシェワルナゼは、ゴルバチョフの西ドイツ訪問の返礼として、コールをソ連に招待することを提案し、四月二三日にコールがクビチンスキーに示した、武力不行使条約を含む総合条約提案を歓迎するとも述べた。また統一ドイツのNATO帰属は賛成できないとしながらも、「妥協が見出せることは否定できない」と表現した。そして会談の終わりにシェワルナゼは金融借款を要請してきた。これをうけ、コールは直ちにドイツ銀行に連絡し、交渉のためテルチクらをモスクワに派遣することを決定した(TE:254-256; KO:366-368; AdBK:Nr. 267)。

四日の夕方、ボンのホテルのスイートルームで四時間に渡り、シェワルナゼ・ベーカー会談が開かれた（JB:215-218）。テーマは、まずリトアニア問題であった。ベーカーは対話促進のために具体的な行動に着手すべきと主張し、シェワルナゼは、そのイニシャチブはリトアニアが採るべきという原則論に固執した。そしてこの問題に対するアメリカの姿勢に不満を表現する、ゴルバチョフのブッシュ宛書簡を手交した。

次はドイツ問題であった。ベーカーは、「重要なことは統一には勝者も敗者もないことだ」として、アメリカの基本原則を二つ示した。一つは、ドイツを脇に追いやったり、差別しないことだ。これは第一次世界大戦後ドイツに採られた路線であり、それはルサンチマンの芽となり、ヒトラーの台頭を許した。もう一つは、隣国の正当な安全保障に配慮することだ。そのためには、ドイツはヨーロッパの中央で孤立してはならず、危険な不安定要因にならないことだ。そして四日のブッシュ演説を説明し、さらに二＋四に言及して、それは多くの問題を討議はするが限られた数の問題しか決定しない「運営委員会」であることを強調した。

それに対しシェワルナゼは、我々はその考えをさらに膨らます必要があるが、ドイツを差別してはならないなど、ヨーロッパ安全保障のアーキテクチャーをめぐっては多くの点では一致している。二＋四の意味は、二つのドイツ国家が同等の重みをもつ同権のパートナーとして参加することにあり、ソ連はそれを単なる運営委員会ではなく決定を下す協議会であると考えている。また多くの複雑なテーマがありその解決には時間がかかるため、時機が熟するまで決定をあまり急ぐべきではなく、ソ連は遅延策をとるつもりはないが、二＋四はＣＳＣＥやＣＦＥ交渉と一体であると考えている、と述べた。

会談後、ベーカーはブッシュ宛に報告のなかで、「統一ドイツのNATO帰属をソ連に認めさせるのはますます難しくなっている。……推測するに、ゴルバチョフはこのような感情的に重いテーマにいま手をつけることはないであろう、特に党大会前にはほぼ完全にありえない。シェワルナゼは七月に開催予定の党大会はソ連にとって天王山であると述べており、それまでの間進展はほとんどないであろう」と。

五月五日一〇時半、二＋四会議がボンの西ドイツ外務省で始まった(GE:768-780)。開催日が五月五日であることは、あることを象徴していた。一九四五年五月五日、第二次世界大戦の休戦協定が締結され、五五年五月五日、西ドイツがNATOに加盟したのである。さらに初回会合がボンで開催されたことは、西ドイツが旧占領四カ国と対等に討議できることを意味していた(GE:771)。ゲンシャーは世界地図を背中に議長席に座り、その真正面にはシェワルナゼが座っていた。冒頭ゲンシャーは、自決権の行使によるドイツ統一と、統一ドイツのヨーロッパでの平和への貢献を強調し、統一ドイツは「ヨーロッパ化されたドイツになるのであり、ドイツ化されたヨーロッパではない」と演説した。

注目されていたシェワルナゼは、異例にもソ連指導部の苦境を率直に述べ、ドイツの自決権を支持するとし、しかしNATO帰属問題は、「本質的な点で我々の安全保障上の利益に触れるものであり、ヨーロッパの力関係を著しく攪乱し、我々にとって軍事戦略上危険な状況をもたらす」がゆえに反対すると述べた。加えてドイツ統一の内的側面と外的側面の切り離しを提案した。それは、内的側面でドイツ統一が達成されても、統一の外的側面に属する幾つかの問題の解決をある程度の期間先送りするという提案であった。ソ連軍の駐留継続のようにある種の制約が残ることは確かであるが、統一まで、ドイツの主権を四カ国に留保させるこの案は、ゲンシャーにとって認めがたいものであった。

この後各国外相が演説した。それが終わり、ゲンシャーは議長として以下のように演説を総括した。①六カ国外相は、ドイツの統一への意思を承認したこと、②統一の過程を遅滞なく進めること、③ポーランドを国境問題に関する限り参加させること、④現在のポーランド国境が最終的国境であること、であった。さらにゲンシャーは、六カ国外相がCSCEの深化と制度化に理解を示し、旧四カ国の権利と責任は締結される規則によって解消され、ドイツの主権は全面的に回復がなされることで一致したという印象をもったと付け加えた。

この二＋四会議で最初に決定すべき事項は、議題であった。準備会合で審議されてきた四つの議題（国境問題、政治・軍事問題、ベルリン問題、締結される国際協定と四カ国の権利と責任の解消）は問題なかった。しかしシェワルナゼは、新たに第五の議題を提案した。それは、ドイツ統一の外的側面と全欧プロセスのテンポを一致させるという案であった。ゲンシャーを始めとする西側の外相は、これにより統一が遅れることを懸念して反対であったが、反対の急先鋒にたったのが東独外相メッケルであった。彼は、ドイツ統一と全欧プロセスが関連していることは全ての当事者が一致しており、二＋四で特別に議題とすべきではない。二＋四はドイツに関係する事項を扱うべきであり、それ以外の点は他の参加者も交えたCSCEプロセスで扱うべきだと主張した。東独外相の意見であるがゆえに重みがあった。そのためシェワルナゼは先の提案を取り下げ、第二議題を「ヨーロッパにおける適切な安全保障構造の開始を考慮した政治・軍事問題」とすることで了解した。

この会議でシェワルナゼは、冷戦期を思い起こさせる強い調子で演説した。関係者もほぼ同じように感じ、ソ連は統一の内的側面は認めたものの、外的側面では姿勢は逆に硬化した、という印象を抱いた（ZR:249; JB:218）。

内的・外的切り離し論

二＋四初回会議の後、ボン政界は、シェワルナゼの内的・外的切り離し提案で紛糾した。発端は、五月八日『フランクフルター・アルゲマイネ・ツァイトゥング』が一面トップで、シェワルナゼの内的・外的の切り離し案をゲンシャーが支持したと報じたことであった。首相府と外務省の対立が再燃した。八日の記事はコールの怒りを招いた。ゲンシャーは弁解につとめ、一〇日の連邦議会での演説で態度を明らかにし、シェワルナゼの切り離し案に反対し、主権の全面回復を強調した（TE:262; GE:780-784; WW:435-439）。

この問題は、ゲンシャーが一時あいまいな発言をしたことで起きたのだが、実際には、ゲンシャーはシェワルナゼ提案をきっぱりと否定していた。ゲンシャーは五日の昼食のときコールに電話をかけ、以下のように説明していた。

「これは一見するとエレガントな過渡的提案のようにみえるが、決定的な欠点をもっている。それは、統一ドイツはどれほどか分からない期間、主権を大きく制約されることになることだ。とりわけ、同盟帰属を自由に決定できる権利をその期間ソ連は留保することになる。ドイツの左翼には国粋的で中立志向の強い伝統があり、ソ連は時間をかせぎ、この潮流の力をかりてドイツの中立化をはかるつもりだろう。だから考慮すべき点は何もない。シェワルナゼ提案はドイツがのめるものではない」(KO:570)。

このエピソードは、首相府と外務省の関係だけではなく、対ソ政策の進め方の違いも反映していた。この時点で、ソ連への姿勢は三つに分かれていた。第一はゲンシャーに代表される、対ソ関係を慎重にすすめるべきという慎重派である。ゲンシャーは、「我が国の国内情勢を考慮することなくして統一ドイツの外的側面について決定してはならない」というシェワルナゼの言葉が耳に焼き付いていたという(GE:782)。第二はコールに代表される、ドイツ統一を積極的に推進する積極派であり、内的側面での統一を着々と進め、しかもアメリカばかりでなく英仏の支持も獲得して、強気に対ソ関係を進めるという姿勢であった。しかもコールは金融借款を梃子にソ連を動かすことができるとも読んでおり、ソ連に見返りを与えて譲歩を引き出す方法を採ろうとしていた。第三は、米欧の保守派に強い冷戦勝利論派であり、弱体化したソ連に攻勢をかけ、成果を得ようとする立場である。特にアメリカの国内世論ではこの傾向が強かった。そして問題は、対ソ関係についてこのような姿勢の違いがあったにもかかわらず、その点について真剣に討議されることなく、このような姿勢が渾然一体となって対ソ関係が進んでいったことにあった。

二＋四初回会議に、アメリカは勝利感を抱き(ZR:254)、統一を一層早めるよう要請した。一一月のCSCEサミット前の決着であり、それまでに内的側面も解決するというものである。そして外的側面に関しては、最悪事態を想定して三カ国だけで権利を放棄する案も極秘に検討した。最悪の場合には、ソ連に「ゲームは終わった、権利は解消された」ことを知らせるという方法であった。

さらにコールの感触もアメリカのそれと近かった。コールは、二十四が可もなく不可もなく終わったことに満足していた。そして事態に楽観的ですらあった。コールによれば、ソ連を除いて統一ドイツのＮＡＴＯ帰属を容認しない国はなかったからである。ＷＴＯの会議でも中欧三国は統一ドイツのＮＡＴＯ帰属支持を表明しており、それはドイツのための安全保障であるばかりか、ドイツに対する安全保障であることも理解していたからであった（KO:372）。しかし五月一三日、ノルトライン・ヴェストファーレン州とニーダーザクセン州の州議会選挙でＣＤＵは大敗した。そしてＳＰＤが統一のコスト論を主張して総選挙に向けて上昇気流に乗ることを恐れ、一四日、統一の日程を繰り上げ、西ドイツの連邦議会選挙と東ドイツの選挙を同時に施行する意図を表明した。

第二節　対ソ金融支援、コール訪米

金融支援要請、テルチク訪ソ

五月四日、すでに説明したように、コールとの会談の際、シェワルナゼはゴルバチョフと首相のルイシコフの依頼でコールに金融借款を要請した。外貨不足による金融支援の要請である。五日クビチンスキーはシェワルナゼの命をうけて、五－七年期限の二〇〇億マルク（一二〇億ドル）を政府保証の民間ベースで融資を希望する旨をテルチクに伝えてきた。七日、コールは、金融借款要請の事実をドレッガーとゲンシャーに報告した。これ以外の人物はこの事実を知らない、完全の極秘事項である

（TE:261）。八日コールとテルチクは、ドイツ銀行広報部長コパーとドレスデン銀行頭取で銀行連盟会長のレラーを迎え、ソ連の要請を検討した。二人は、ソ連の金融危機の現状を報告し、民間ベースでは無理であること、西独政府単独では難しく、他の国にも参加を要請すべきことを強調した。そしてコールは、テルチクとこの二人を極秘にソ連に派遣することを決定した（TE:262-263; WW:446-447）。

この三名の密使とゴルバチョフ、ルイシコフとの会談をアレンジするのが、クビチンスキーの西独駐在大使としての最後の仕事であった。彼はモスクワに戻り、ヨーロッパ担当副外相に就任した。一三日、三人は国防軍の軍用機でモスクワに飛んだ。空軍に極秘で軍用機を調達させたが、機内の乗務員はテルチクであることをすぐ見破り、他の二人の氏名を聞きただそうとしたが、それは拒否した。彼らがモスクワに着くとクビチンスキーが出迎えにきており、レーニン丘の一三号迎賓館に連れていかれた（TE:267）。

一四日テルチクらは、クレムリンで、ルイシコフ首相、シェワルナゼらと会談した。ルイシコフは、ソ連の経済状態、外貨危機を説明し、即時無条件で一五—二〇億ルーブル（一ルーブル＝一マルク）のアンタイド・ローンと、利子支払い五年間据え置きで一〇—一五年払いの一五〇億ルーブルの長期融資を要請した。テルチクは、出来ることは全てやるというコールの決意を伝え、そして支援は統一問題の一括提案の一部であると念をおした。シェワルナゼはそれに笑って同意した。その二時間後、シタリヤン副首相、モスコフスキー対外貿易銀行頭取と会談し、ソ連経済の現状について詳細な説明をうけた。驚くべきことにソ連側は、二人のバンカーが要求する全てのデータを明らかにした。輸出入規模であり、ソ連に対する主要借款供与国である。それによれば、第一は西ドイツで約六〇億ルーブル、次が日本で五二億、三位がイタリアで四三億であり、それにフランス三一億、オーストリア二六億、イギリス一五億と続いていた。彼らは、ソ連側の誠実な対応に満足した。

昼食のときゴルバチョフが会うと伝えられ、クレムリンに向かった。ゴルバチョフは精力的で溌剌としていた。ゴルバチョフは、ペレストロイカが正念場を迎えており、特に社会主義経済から市場経済にいたる過渡期にあり、これを乗切るために資金援助がほしい、と説明した。さらにコールが提案した二カ国条約について、それが準備されつつあることを了解しており、この問題でコールと党大会の後に話し合う用意があると述べた。安全保障問題に関しては、「ソ連国民に、ソ連の安全保障が脅かされているという印象を与えないように行動すべきである」、「一方が他方に何かを押し付けることがあってはならない」とし、この問題の解決は容易でなく、「最善の解決策は東西陣営の存在を過去のものにすること」であると述べた。

テルチクは、そのために独ソ間の包括的パッケージを提案しており、コールはゴルバチョフと早い時点で会うことを希望していると伝え、ゴルバチョフがコールをコーカサスに招待すると述べたことを引き合いにだして、会談日程を提案した。

次に二人の銀行家がゴルバチョフと金融借款について話し合い、会談は一時間半に及んだ。その後直ちに空港に向かい、ボンに戻った（TE: 268-272; AdBK: Nr. 277）。

一五日、連立与党内で通貨・経済・社会同盟の国家条約原案が決定された。この会談の後、テルチクはコールと会い、モスクワでの協議の結果を報告した。コールは、五〇億マルク規模の借款保証を心に決めていた（TE:273）。

コール訪米

一六日、コールはゲンシャーと国防相のシュトルテンベルクを同行してワシントンを訪問した。この多忙な時期に何故ワシントンを訪問したのか。五月三〇日から開催される米ソ首脳会談に向けての事前調整が当初の目的であったが、六月下旬から七月上旬に予定されるNATOサミット、七月上旬の第二八回ソビエト共産党大会、ヒューストンG7サミットという日程をにらんで、今後の方針を詰める目的もあった。

一七日午前、大統領執務室でブッシュ・コールの首脳会談が始まった（TE:274-278; KO:377-382; BS:270-271）。この会談で、米独は微妙なズレを見せた。米独の重点の置き方が違ってきたのである。アメリカは、NATO改編に伴うヨーロッパでのアメリカのプレゼンスのあり方を、それに対し西ドイツは対ソ政策を主要な話題とした。

ブッシュはまず、五月三日の記者会見で発表したSNF近代化の中止を話題にし、この問題についての西ドイツの議論に注目しており、NATOサミットで話題にする用意があると述べた。ブッシュは明らかに、八八年以来問題になってきたこの問題をアメリカが一方的に決定していたことを気にかけていた。またアメリカにとって、NATOの問題は他の同盟国とは違った意味をもっていた。それは対ソ関係のテーマであると同時に同盟国内調整という課題をはらみ、むしろこの後者の方が厄介な問題であった。

コールは、NATOを全面的に支持していることを強調し、同時に同盟が事態の進展に対応しなければならないこと、そして同盟関係・対ソ政策を不必要に損わないために、核の問題で公の議論は避けるべきだとした(TE:274-275)。

コールは、統一のプロセスの進行状況を説明した。一八日国家条約が調印され、七月一日に通貨統合が実施されるが、東ドイツ経済に予想される以上の深刻な影響を与えるであろうこと、そのため全ドイツの選挙を一二月に前倒しで実施する案に傾いていることなどであった。

会談の最大の山場は対ソ政策であった。コールは、ソ連の金融借款要請の経緯を初めて極秘にブッシュに説明した。ゴルバチョフは、ワシントン訪問の際にも同様な要請をアメリカに行う可能性があると指摘した。そして五〇億マルクの政府保証を与える意図を明らかにした。大規模な経済支援を行えば、NATO帰属に関してソ連の支持を取り付けるのに役にたつというのが、理由であった。しかし、ブッシュは、リトアニア問題のために借款は不可能である、また真の経済改革がなされない限り巨額な融資をしても意味はないと応えた。

コールは懸命に説得した。ゴルバチョフは巨大な問題に直面しており、ゴルバチョフが早急に成果を挙げなければ全ての改革路線は危機に陥る。改革路線の継続は西側すべての共通の利益である、と。しかしブッシュの態度は変わらなかった。ブッシュは行政経験は豊かなものの、対議会工作は苦手であり、このためリトアニア問題での議会の突き上げで自信をなくしていたのである。

これを受けて話題は米ソ首脳会談となった。コールは、米ソ首脳会談がゴルバチョフにとっても成功であるようにすることを求めた。いまかつてのソ連とは異なり、世論が大きな意味をもつようになっており、ソ連の世論及び世界の世論で敗者にならないよう、それどころか世界大国の代表者としてイメージされることが必要であると。ブッシュは、ゴルバチョフに敬意を払うことを確約した。

会談の終了間際、ブッシュはソ連軍の撤兵がアメリカの撤兵と結びつくのではないかと懸念を示した。コールは、西ドイツにそのような意見はあるが、それに影響される必要はないとし、米軍のプレゼンスが同盟の核心であると述べた(KO:379-380)。だが、ブッシュは、「ドイツと米国の環境が将来どう変わるか誰にも予想できない。自分は高まりつつある孤立主義と戦うが、将来は分からない」と自信なげであった(TE:276-277)。

この後、ホワイトハウスの閣議室で、随行団をまじえた全体会合が開催された(TE:277; KO:580-581; AdBK:Nr. 281)。ゲンシャーは二＋四の状況を説明し、対ソ政策に関しては、NATO帰属は、戦略の変更によって同盟をソ連に好ましいものに変えることによって実現できるであろう、これがロンドンでのNATOサミットの課題であると指摘した。さらにソ連の広報活動は、国民に対してNATOを「非悪魔化」する努力を払っており、シェワルナゼのブリュッセルのNATO本部訪問、ヴェルナーのモスクワ招待もその証拠であるとした。そして、ヘルシンキ最終文書によれば、いずれかの同盟に属するかどうかは、いかなる国もみずから決定する権利をもっていることが確認されていることを指摘した。これがNATO帰属問題のコードとなる。

コールも、統一のテンポが速まるなかで外的側面の早急な解決が極めて重要であり、これは外的・内的側面の切り離しをいかなる場合でも認めないという私の決断の帰結であると述べた。そして米ソ首脳会談で、二＋四プロセスを不必要に遅らせないことがアメリカの利益でもあることを、ゴルバチョフに伝えてほしいと要請し、米ソ首脳会談、NATOサミットでは、指導力が重要であることを強調した。

会談終了後、コールらは直ちに空港に向かい帰路につき、一八日早朝ボンに到着し、そのまま国家条約の調印式に直行した。

第三節 ベーカー訪ソ

二＋四ボン会議後のソ連

モスクワに帰任したクビチンスキーは、そこでの対独政策はアイデアばかりで、調整も実現にむけての具体化もなされていないことに驚いた。彼はそれを、「アイデアのシュールリアリスティックなまでの乱雑さ」と形容した（KW:16）。

二＋四会議から帰国したシェワルナゼは、会議に満足していた。会議前に政治局が決定し彼に命じた強硬姿勢は、彼は無理であると判断していたが、会議でそれが証明されたのである。西側は一致団結しており、ソ連につけいる隙を与えなかった。それよりも西側が示した友好的な、ソ連に配慮した姿勢に感激していた。特に、ベーカーが述べた「いかなる勝者も敗者もいない、すべてが勝利する解決策をみつけるべきだ」という言葉であった（ZR:260）。二＋四会議の前、強硬姿勢に批判的であったチェルニャーエフも、会議はソ連の路線が敗北したことを明らかにした、と述べていた。だが西側各紙がシェワルナゼの姿勢が統一の最大の障害であると批判していることはソ連にはこたえた（TSCH：298）。

この柔軟派はソ連では少数派であった。保守派は意気軒昂であった。アフロメーエフは、統一ドイツに四カ国の新しい司令部を設置するというアイデアに執着しており、ソ連の同意なきまま統一することは東西関係に憂慮すべき事態をもたらすと公言していた。国防大臣ヤゾフは、ソ連軍の撤退と西側の軍隊の撤退をリンクさせていた。軍は姿勢を硬化させていた。原因はCFEであった。参謀総長モイセーエフは、CFE交渉による通常兵器削減の抜け道を探し始めていた。またファーリンも強硬であった（ZR：260-261）。

ゴルバチョフの態度は微妙であった。九日の対独戦勝四五周年記念の演説では、平和条約案を繰返す一方、ドイツとの協力関係の拡大に極めて好意的であった（TE：264）。恐らく二＋四会議での強硬策の失敗、金融支援に対する西ドイツの好意的な対応、米ソ首脳会談、第二八回党大会を考え、NATO帰属承認に徐々に傾き始め、保守派と国内世論を徐々に地ならしし始めたのであろう。

ベーカー訪ソ

一四日テルチクらの極秘訪ソの直後、一六―一七日のコールのワシントン訪問と並行して、ベーカーは米ソ首脳会談の準備のため一六―一九日モスクワを訪問した（ZR：262-268；JB：218-225；BS：271-275）。

シェワルナゼ・ベーカー会談

一六—一七日のシェワルナゼ・ベーカー会談は不調に終わった。議題は軍備削減、リトアニア、ドイツ統一であったが、軍備管理問題で躓いてしまった。ソ連軍部が必死の巻き返しに出て、シェワルナゼは軍部を含む代表団の前で、作成されたソ連提案を読み上げるだけであった。経済問題、世論の不信、緊迫する民族問題、ドイツ問題と、山積する難問を前にして、軍備管理問題に対処できないという感じであった。さらに交渉のなかで難問がでてきた。統一ドイツの国防軍の兵力上限をどのように定めるかという問題であった。アメリカ側はこれをCFEIIで扱うと決めていたが、ソ連は二十四会議で扱うように要求してきたのである。ベーカーは直ちにこれを拒否した。

会談後の一八日早朝、ゼーリックらはソ連側と事務協議をもつにあたって、一つの打開案を作成していた。統一ドイツのNATO帰属を促すための「九項目パッケージ」といわれるものであり、以下のようなものであった。

①中部ヨーロッパを含む、ヨーロッパ全域の兵力規模問題を扱うためにCFE継続会議（CFEII）が必要であり、そのために現在のCFE条約（CFEI）を可能な限り早急に締結する。
②短距離核戦力（SNF）に関する新しい軍備管理交渉の開始時期を繰り上げる。
③ドイツは核・生物・化学兵器を製造せず保有しないことを再確認することに同意する。
④定められた移行期間、NATO兵力は旧東独部に駐留しない。
⑤ドイツ領からのソ連撤退のために状況に見合った移行期間を決定するよう、アメリカはドイツに提案する。

⑥ブッシュ大統領は、ヨーロッパで起きた変化を考慮しNATO戦略を再検討することを提案する。簡単にいえば、NATOの態様は通常・核兵力の双方で極めて異なったものになるであろう。

⑦ドイツの将来国境は画定されなければならない。

⑧新しいヨーロッパにおけるソ連の重要な役割を保証するためにCSCEは強化されなければならない。アメリカ政府担当部局は、CSCEの新しいアイデアを準備するための会合を夏に開催することを提案しており、これを九月の閣僚会議に引き継ぎ、パリのCSCEサミットに持ち上げる。ただし、CSCEサミット開催の条件としてCFE交渉の終結をあげた。

⑨ソ連とドイツの経済的結びつきは、ペレストロイカを促進するように、満足いくように処理されねばならないとアメリカは考えている。もちろんこの問題は、二つのドイツ国家がソ連と討議すべきものである。（ZR:264-265）

この内容の通り、案というより要点メモであった。これは、この会談に備えて急遽ゼーリックがまとめたものであるが、その内容は事前に米独間で、特にゼーリックとカストルップとの間で、打ち合わされたものであった（TE:280; GE:787; WW:467-468）。

この「九項目パッケージ」は、クビチンスキーらに提示されたが、検討すると応えただけであり、クビチンスキーは統一ドイツのNATO帰属に反対するばかりか、内的側面と外的側面の切り離しを譲らなかった（ZR:263-265）。

ゴルバチョフ・ベーカー会談

事務協議に続いて、ベーカーはゴルバチョフと会談した。

ゴルバチョフは、アメリカの対ソ政策を批判した。

ゴルバチョフは、東欧、リトアニア、ドイツ問題などでアメリカは一方的に得をするように行動していると批判し、そのためブッシュ政権の評価を変える必要がでてきたと述べ、特に、統一ドイツのNATO帰属は戦略的均衡に由々しき結果をもたらすであろうと、統一ドイツのNATO帰属を拒否した。またヨーロッパ開発銀行(EBRD)へのソ連の参加にもアメリカが条件をつけようとしており、それは妨害に他ならないとも非難した。

ベーカーは、そのような意図はないと弁明し、ソ連に投入されるEBRD資金にはアメリカの税金を使うことになり、ソ連がキューバなどに一〇〇―一五〇億ドルを援助したり、巨額な国防費を費出していることからそれを正当化するのは難しい。またモスクワは信頼できる経済プログラムを示していない、と反論した。これに対しゴルバチョフは、ソ連は今後数年巨大な公債支払不足となる、そのため二〇〇億ドルの借款と信用供与が必要だ、と強調した。

その後リトアニア問題に移った。ゴルバチョフは断固たる措置をとるべきという圧力にさらされていた。この当時、リトアニア首相のプルンスキーネがモスクワでゴルバチョフと交渉しており、交渉の焦点は、リトアニアが出した独立宣言の凍結の方法となっていた。会談後ベーカーはプルンスキーネに会い、双方の立場を聞いて、具体的措置ではほぼ一致しており、象徴的行為が問題になっていると感じた。

この後、ドイツ問題に移り、長い時間を費やした。ベーカーは、ソ連の懸念に配慮していることを示すことに全力を尽くした。まず二＋四方式は、ソ連に交渉テーブルを保証し、そこで成果をえることを可能とするものだと説得した。そして、先の九項目パッケージを示した。ベーカーによれば、この九項目パッケージは、アメリカが実施することをすでに決めているものばかりであり、目新しいものはなかったものの、それを九項目パッケージに括ることによって政治的効果を強めることを狙っていた。作成にあたって気をつけたことは、ドイツを差別せず、ソ連が不名誉な敗北と意識しないようにしたことであった。このパッケージによってゴルバチョフを背後から支援し、国内での苦境から助ける枠組みにしようとした（JB：223）。ゴルバチョフはうなずきながら聞いていたが、説明が終わると、統一ドイツのNATO帰属は不可能である、「それはペレストロイカの終わりを意味する」と明言し、シェワルナゼは間髪いれず、人々は「我々は勝者ではなく敗者であるとみなすであろう」と付け加えた。

しかしこの後のやり取りが大きな意味をもつことになった。

ゴルバチョフは、同盟選択権に関して、アメリカは、ドイツがNATOに留まることを望んでいるという前提で全てを組み立てているが、いつの日かNATOに留まらないと決めたら、どうするかと訊ね、あわせて統一ドイツは非同盟が望ましいと述べた。そして、統一ドイツが非同盟になるということに反対であるなら、ソ連のNATO加盟を要求するだけだと明言した。

ベーカーは、ソ連のNATO加盟が冗談なのか本気なのか訝った。そこで、ヘルシンキ最終文書が同盟の自由選択権を認めていることに触れ、ドイツが同盟選択権を保有している以上、この同盟やあの同盟に加われとか中立あるいは非同盟でいろとドイツに言うのは、ドイツを差別扱いし、新たな不協和音を作ることになる、と反論した。

この点での二人のやり取りが続いた。ゴルバチョフは、同盟選択権がある以上、統一ドイツがWTOに加わることもありうるとし、それを関係国は否認できないと主張し、ベーカーは、我々の立場は、統一ドイツがNATOの一部であることが安定のための最良の処方箋だというものだ、と応じた。

これで会談は終わった。

一九日ベーカーは帰国の途についた。会談の印象をベーカーはワシントンに次のように送った。①ゴルバチョフは窮地に追い込まれており、国内で問題を生む、どのような措置にも厳しく対応していること、②ドイツ問題はゴルバチョフの過剰負担になっていること。そのため事態を進展させるものの、ソ連の意向にそい、ソ連を追いつめないほうがよく、最良の方法はなりゆきにまかせること、③ドイツ問題との関係、CFE交渉を成功させるためにも、国防軍の兵力上限の確定とその決定時期を早急につめる必要があること、であった(ZR:266)。

さらに、この会談でベーカーは次のような印象ももった。軍部が軍備管理問題の責任者になり大きな役割を担い始めていること、シェワルナゼは、ドイツに対しゴルバチョフよりも感情的に非論理的に対応しており、ドイツ問題は二人にとって扱いが不可能になっていることであった。そして、彼らは我々やドイツの指導部を信用し、しばしばドイツのNATO帰属を容認する方に傾いたが、彼らの政治的構想や過去の思い出からまた遠ざかってしまったと判断した(JB:224-225)。

ゴルバチョフの硬い姿勢は、その後も変化はなかった。二五日ミッテランがモスクワを訪問して、ゴルバチョフと会談した。それに先立つ二三日アタリは、ザグラーディンから次のような報告をうけていた。「ゴルバチョフの姿勢は硬い。「彼は統一ドイツがNATOにとどまることをますます明確に拒否している。またソ連を排除するようなヨーロッパの将来の組織を支持できないと判断している」。彼は統一ドイツに特殊な制約を課そうとしており、統一ドイツがNATOに留まるとしても、NATOの統合された軍事組織にとどまることはできないだろう。ソ連は二＋四交渉を妨害して、NATOにとどまるためにソ連の怒りをかってもよいのかという風に、ドイツの世論に不安をかきたてるであろう。年末には連邦議会選挙があり、いま影響力を失っている野党を勢いづけることもできよう、と(JA:493)。

モスクワに向かう飛行機のなかで、ミッテランは次のように述べていた。

「ゴルバチョフは私にドイツ統一に抵抗するよう再び要求してくるだろう。もし彼がそうし続けると考えられるなら、私は喜んでそうしよう。しかしゴルバチョフが三日後には私を見捨てるかもしれないのに、何故コールと仲たがいしなければならないのか。そうなれば、私は完全に孤立してしまうであろう。フランスが今世紀に三度もそのような状態になることはもはや許されない」。

ミッテランが予想したように、経済改革、民族紛争に続いてゴルバチョフは、この問題を切り出してきた。統一ドイツのNATO残留は決して認められないと。これに対しミッテランは、統一のテンポを緩めるべきだとしながらも、ドイツが同盟を選択する権利をもっており、しかも軍事ブロックが終わりを迎えるなかで、CSCEの強化を考えるべきだと主張した。そして統一ドイツを単独にしておくよりもNATOに帰属させたほうがよいと反論した。これに対しゴルバチョフは、WTOと同様にNATOも政治化する必要があるとし、統一ドイツが同時に二つの同盟に属することを提案してきた。ミッテランは、二つのブロックの解体には賛成するが、それには軍縮が鍵であり、ドイツ統一をそれとリンクさせることは、軍縮を遅らせることになると反論し、統一ドイツが二つの軍事ブロックに属せばドイツの力はさらに強化されることになるとも反論した。加えてそのようなドイツは核兵器の保有を考えるようになり、NATOの外にある統一ドイツにそのための協力を拒否することはできないとも述べた。

ゴルバチョフは、分かった、といいながらも、自分の立場は変わらないとし、だが我々の検討は終わっていないと述べた。

同席していたアタリは、ミッテランの反論に「ノー」とは言わなかったことに注目し、確実なことはゴルバチョフは、ドイツの中立化には反対していると分析した(JA:497-501; BS:277-278)。

第四節　ゲンシャーの努力

ゲンシャー・シェワルナゼ会談

五月二一日首相府で、対ソ金融借款についての協議がなされ、二二日、コールはゴルバチョフに親書を送り、金融支援について五〇億マルクのアンタイド・ローンを行うこと、そして長期融資に関しては多国間で行い、意向はすでにブッシュに説明済みであり、ECサミット、G7サミットでも採り上げるつもりであることを説明した（ZR：269）。同時に、これが二＋四会議を成功に導くための一括提案の一部であることも強調していた（TE：282-283；AdBK：Nr. 284）。

また同日ゼーリックは、ボンでエルベにベーカーのモスクワ訪問の内容、特に九項目について説明した。

二二日二＋四会議の事務協議が行われ、最終報告の原案について協議した。しかしボンダレンコは、政治・軍事問題が含まれていないと批判した。決定は政治レベルに委ねられた（AdBK：Nr. 285）。

二三日コールは、ボンで開催された列国議会同盟の軍縮会議で演説し、NATO帰属をソ連に認めさせるために、全ヨーロッパ的制度の創設を提唱した。同時に、「同盟に関して自由に決定する権利」を強調した。この同盟決定権あるいは同盟選択権は、五月一七日の米独首脳会談でゲンシャーが言及し、一八日のゴルバチョフ・ベーカー会談でも話題になっていた。そして二三日のこの演説でコールも強調した。ドイツ側は、統一ドイツのNATO帰属を承認させるための梃子としてこの権利を強調し始めた。

またゲンシャーは、五月一四日付『シュピーゲル』で、NATO帰属の見通しとして、同盟を変化させ協力的構造に転換させることが重要であり、特に軍縮を推進することが肝要であると述べていた（GE：787）。

二三日、ジュネーブのソ連の国連代表部で三時間にわたりゲンシャーはシェワルナゼと会談した。

ゲンシャーは回顧録のなかでこの会談を異例なまでに詳細に説明している(GE:788-796)。

会談は、五〇億マルクの緊急融資を西ドイツが承諾したこともあって、友好的な雰囲気のなかで進んだ。

①まず二＋四会議がテーマとなった。シェワルナゼは、五月五日の二＋四会議の席上で展開した内的側面と外的側面の切り離し案を修正し始め、「可及的速やかに外的側面を解決する」と述べた。ゲンシャーは、内的側面を一人歩きさせることとの問題点にソ連はその後気がついたのであろうと考えた。そこで統一ドイツに懸案を残さないために、ソ連軍の一時的駐留という点では過渡期は存在するものの、統一ドイツは未決の問題を残してはならないのであり、全てが解決されなければならない、と強調した(GE:788-789)。

②そこでドイツ統一に関する文書に話題が及んだ。

シェワルナゼは、ドイツ統一に関する文書のなかに、ドイツ領土から平和のみがくること、他国に対する軍事行動がなされないこと、また第三国による軍事行動もなされないことなどの、国際法上の原則を書き込むべきであり、そのような文書のみが、第二次世界大戦に終止符をうつことができると主張した。ゲンシャーは、ドイツが差別される危険があるとして、シェワルナゼの主張に断固反対した。

③そしてシェワルナゼは、国防軍の兵力上限問題にも触れた。ソ連側は二〇―二五万人の統一ドイツの兵力を想定しており、それを統一後三年で達成するというものであった。さらにそれはＣＦＥ交渉と並行してなされるべきであり、加えて六ヵ国でも決定すべきだとした。西ドイツはこの問題を

ＣＦＥⅠではなくその後のＣＦＥⅡで交渉するという態度を固めており、のめない提案であった。さらにシェワルナゼは、四カ国によって導入された措置の正当性を統一ドイツは承認すべきだと主張した。具体的には、四九年ソ連占領地区で導入された私的所有権廃止、ナチの強制労働者への補償、ナチ運動の禁止などであった。特にシェワルナゼが神経質であったのは、戦没者の祈念碑に絶対手をつけないことであった。

④ＮＡＴＯ帰属問題に移った。シェワルナゼは様々な案を説明した。一つは、東ドイツはＷＴＯに、西ドイツはＮＡＴＯに帰属するという案。またＮＡＴＯとＷＴＯの双方から脱退する案。さらに両同盟からの脱退を全欧安保と結びつける案であった。そしてシェワルナゼは、自分とゴルバチョフは統一ドイツのＮＡＴＯ帰属は政治的にも心理的にも認められない、統一ドイツの政治的・軍事的地位は、主要な問題、なかんずく「問題中の問題」であると断言した。

このようなシェワルナゼの説明をどう理解すればよいのか、ゲンシャーは考えた。シェワルナゼは、諦めを感じている。ＮＡＴＯ帰属は不可避と考えている、しかし彼はいまモスクワで議論されている様々な案を説明している。まさにソ連は「解決策を探している」のだ。この意味は、様々な代案のどれを採るかまだ決めていないこと、つまり新しい提案はまだオープンなことであった。そこでゲンシャーは、ＮＡＴＯとＷＴＯで合意をするという可能性があるのではないかと感じた。両同盟の敵対関係を解消することによって、統一ドイツのＮＡＴＯ帰属を魅力あるものにすることができるのではないか。両同盟の新しい関係を作り、ＣＳＣＥを同時に強化することによって、ヨーロッパに完全に新しい状況を生み出すことが必要なのではないか、と感じた（GE:790-791)。

ゲンシャーは答えた。ソ連はドイツ統一から多くの利益をえることができよう。ドイツの分断はボンとモスクワの間に立ちふさがっていた。歴史に根差す責任から我々はこの攪乱要因を最小にする努力をなしてきた。これはリアルポリテーク以上のものだ。深い根をもつ歴史的・道義的責任の現われなのだ。自分はドイツ統一は単なる国民的願望の実現だとは思っていない。平等なヨーロッパ国民の共同体のなかに回帰することが重要なのだと思っている、と。その後ポーランド国境問題に言及し、何も問題はないと説明した。

そして国防軍の兵力上限問題に触れ、ヨーロッパで通常兵力の軍縮を進めることが、ヨーロッパの安定にとって重要である。しかしこれをドイツだけに限定し、他国に及ぼさないのは誤りである。我々はこの問題を先送りにしようとは思わない。我々はヨーロッパの軍縮に貢献するつもりであり、ドイツ統一がそれによい効果を与えるようにしたい。他の国も含まれるそのような措置の一環として、兵力削減に応ずる用意がある。他の国も同様に対応するならば、そのような合意はドイツにとり何も問題はない。ただ、ドイツだけを特別扱いすることは避けるべきだ、と。

その際ゲンシャーは、統一ドイツの兵力規模は東西ドイツの現有兵力の総計以下でよく、長期的には西独国防軍が保有する兵力以下でもかまわないと考えた。具体的には三五―四〇万を考えていた。もちろんこの会談でこの数字は口にはしなかった。ただシェワルナゼが提示した数は認められないと答えた。ゲンシャーは、ベルサイユ条約で当時の国防軍（Reichswehr）が一〇万人に制限された轍を踏まないことを考えた。

ゲンシャーは統一ドイツの兵力削減をヨーロッパの他の国の兵力削減の突破口にしようとした。それと同時にドイツの差別化は絶対に許されなかった。二＋四で兵力上限を告げるという方法はあったが、それはドイツだけが兵力削減されることになり最悪であった。そこで両ドイツが正式なノートでそのことを宣言し（両ドイツ外相がＣＦＥでその旨を宣言する）、それを通してＣＦＥ条約と関連づけるという方法があった。この場合でもヨーロッパ全体と関連づけることなく国防軍兵力が確定されることは絶対に避けなければならなかった。

四カ国の権利については、それには各種各様のものが含まれており、個別に検討する必要があり、所有権に関しては、国家条約がそれを扱っていることを指摘した。さらに戦没者祈念碑については、全面的に尊重するし、「我々は、歴史、特に戦後史を想い起こさせるものは何も除去しないし、排除することはない」と確約した。

ゲンシャーは、最後にＮＡＴＯ帰属問題を説明した。安全保障上の地位や同盟帰属は静的にみてはならない、また絶対に冷戦時代の視点に戻ってはならない。そこで二、三の原則的問題を考慮する必要がある。第一の問題は、統一ドイツが同権か否かである。もし同権であるとすれば、ドイツはヘルシンキ文書で認められた権利、同盟選択権を保持することになる。第二は、統一ドイツがヨーロッパの安定に寄与できるかどうかである。そのため将来均衡が崩れないようにすることが重要である。しかしどのような均衡なのか、どことどこの均衡なのか今後さらに検討する必要がある。しかし今のところは東西間の均衡である。第三は、過去の問題である。我々はソ連国民の感情は理解しているし、それがソ連指導部に影響を与えることも理解している。そうであるがゆえに、ヘルシンキ最終文書で認められている同盟選択権を、協調的安全保障という新しいパースペクティブと結びつける必要がある。しかし、ドイツは同盟選択権をNATO残留のために使うことになるであろう(GE:794)。会談は終わった。ゲンシャーは、問題点とその見通しを明らかにしたことで会談は大きな成果があったと考えた。シェワルナゼは、解決策をまっている。

「一歩一歩、我々は、変化した状況に組み込まれるNATO解決案に近づいている。そのためにも我々にはモスクワが必要なのだ。二月のようなドイツ代表団による思慮の浅い声明などは心理的にも内容的にも間違いだ。困難な段階でのドイツの課題は、西側のパートナーと内容をつめるなかで、環境を変化させるためのコンセプトを考え出し、ソ連指導部が我々の考えを飲みやすくすることだ」「モスクワにとって同盟問題の決定的な解決の道は、同盟間の相互関係を新たに形成し、ジュネーブで強調された環境変化を通して達成することだ。」(GE:796)

ゲンシャーの関係国への報告

ゲンシャーはジュネーブをたち、パリに向かいデュマに会談内容を報告した。ついで二五日ワシントンにとび、ベーカー、スコウクロフトと会談した。この会談で、シェワルナゼとの会談内容を報告すると同時に、ソ連のドイツ兵力上限要求に対して、現在のCFEで中央ゾーン(中部ヨーロッパ+イギリス、フランス、イタリア、東中欧、ソ連の西部軍管区)の兵力上限を四〇万にする案をゲンシャーが説明した。これにスコウクロフトが反対した。理由は、①ソ連西部軍管区には一〇〇万の兵力がおり、それを四〇万に削減することをソ連が認めるとは思われないこと。②西ドイツ政府内でもこの案に異論があること。シュトルテンベルクはこれに強く反対していること。

③これが一番重要であったが、新提案がソ連にCFEで新たな提案をなす機会を与えてしまい、それがCFEばかりでなく、二＋四交渉の停滞を招く可能性があること、であった。スコウクロフトは、政権内部でこのアメリカの反対論の合意を取り付けていたが、同時にこれは反対論にすぎず、ソ連の要求に対する回答になっていないことも承知していた（ZR:267-268）。

先に説明した二五日のゴルバチョフ・ミッテラン会談の模様は、この日ワシントンにも報告されていた。ワシントンの判断は、ゴルバチョフの姿勢はかたく、米ソ首脳会談での打開は難しいというものであった（BS:277-278）。しかしゲンシャーは、ゴルバチョフの新しいメッセージを嗅ぎ取った。それは、ミッテランとの会談でゴルバチョフが、統一ドイツがNATOとWTOの両方に帰属する案を説明し、この二つの軍事同盟を接近させ非軍事化することに言及したことであった。それをゲンシャーは、古い言葉で語っているが、新しい構想が提起されていると判断した（GE:798）。

ゲンシャーは、ワシントンから帰国後、先のドイツ兵力上限案を米ソ首脳会談でアメリカから提案させるよう努力した。二八日午前、ゲンシャーはコールと会い、先のシェワルナゼとの会談を報告した。五〇億マルクの借款供与にシェワルナゼは「狂喜の反応」を示していることを説明し、そしてCFE交渉の進展が重要な意味をもつとして、国防軍を三五万人に削減し、東独人民軍を解散することをコールに提案した。そのため二九日の晩、シュトルテンベルクを交えて協議することとなった（TE:289）。同日午後ゲンシャーはロンドンに飛びハードと会談し、シェワルナゼとの会談内容を報告した（GE:798）。

二九日、ボンではコール、ゲンシャー、シュトルテンベルクの三者会談が開かれ、先の国防軍の削減問題を協議した。ゲンシャーは、国防軍の上限問題を二十四ではなく、CFE交渉で扱うべきとした。理由は、米ソの兵力ばかりでなく、同盟国の兵力も同時に削減することが、ソ連に統一ドイツのNATO帰属を承認させるために重要であるからであった。しかしシュトルテンベルクは、二月の外務・防衛の共同声明を変更することに懸念を示し、国防軍の兵力上限はCFEⅡで扱うべきであり、陸上兵力は四〇万、海軍三万という案に固執した。コールは、この時点での決定は時期尚早だとした。しかしゲンシャーは、米ソ首脳会談で統一問題を進展させるべく、中部ヨーロッパ全体の兵力削減についてすぐにでも話し合う用意があると、アメリカに伝えるべきだとした。そのためコールがブッシュに電話することになった(TE:291-292)。

三〇日。コールはブッシュに電話した(KO:388-389; AdBK:Nr. 293)。NATO帰属を明確にゴルバチョフに述べるよう依頼した。ブッシュの返事は、NATO帰属問題では進展はないであろうというものであった。またCFEに関するドイツの提案は時期尚早というものであった(TE:292-293)。同時にコールは経済支援について米の協力を要請したが、ブッシュはリトアニア問題との関係で難しいと応えた(ZR:274-275)。

焦点は三〇日からの米ソ首脳会談に定まった。

第五節　米ソ首脳会談

米ソ首脳会談

三〇日夜ゴルバチョフはワシントンに到着した。その前カナダでマルルーニ首相と会談していた。マルローニからワシントンへの報告では、ドイツ問題を米ソ関係のリトマス試験紙とみており、柔軟なところはない。ゴルバチョフは、NATOが脅威を低下したことを実感できるまで改革されることを望んでいるというものであった。

三一日セレモニーの後、ブッシュ・ゴルバチョフ会談がもたれた(ZR:276-283; BS:279-289)。スコウクロフトとチェルニャーエフがノート・テーカーとして同席した。同時にベーカー・シェワルナゼ会談が並行して開催された。

ゴルバチョフは、アメリカに経済支援、特に通商協定を要請した。そしてリトアニア問題で武力を使用しないことを確約した。しかしブッシュは通商協定で確約しなかった。

昼ゴルバチョフはソ連大使館でアメリカの知識人と昼食会を開いた。午後会談が再開された。NATO帰属問題で、ブッシュは、ドイツ国民の安全保障を確実にし、隣国への脅威を低下させるとして帰属論を展開した。これに対し、ゴルバチョフはNATO・WTOへの両属案で反論した。長い過渡期の後に統一ドイツはNATOにもWTOにも帰属する。この過渡期の間にNATOもWTOも政治組織に転換するというものであった。

ここで全体会議に移り、ベーカーはNATOサミットの予定と先にベーカーが提示した九項目を説明した。その論議のなかでゴルバチョフは、ソ連がNATOのメンバーになれるのかどうか尋ねた。

ブッシュは笑いながら、アフロメーエフのかつての部下がアメリカの司令官のもとで勤務できるかどうかだと応えた。そこでベーカーは、NATOとWTOの間の敵対関係を友好関係に代えるためにどのような協定が締結できるのかを尋ねた。ゴルバチョフは、どのようにして政治的機関に転換できるか説明し、ただしドイツは一つの同盟だけに帰属することはできない、それはヨーロッパのバランスを崩すと再度強調した。

そこでブッシュが主張した。ヘルシンキ宣言によれば、すべての国は同盟を選択する権利をもっている、ドイツに同盟を決定する権利が付与されるべきだ。

ゴルバチョフは、当然のこととして頷き、「その通り」と応えた。

これに同席したアメリカ参加者は驚いた。ブラックウィルがすかさずブッシュにメモをいれ、先のゴルバチョフの姿勢を確認するよう促した。

ブッシュ、米ソは、国民はその同盟を選択できることで合意した、と理解してよいのか。

ゴルバチョフ、米ソはドイツがどの同盟に参加するのかを決定できることで合意したでよい。

ブッシュ、アメリカはドイツのNATO帰属を主張した。しかしドイツは異なった選択をすることもできる。それを尊重するでよいのか。

ゴルバチョフ、それでよい。

同席者は一様に驚いた。

その後ゴルバチョフは話題を戻し、ドイツ統一にヨーロッパが適応するために長い過渡期が必要という持論を展開した。アメリカは、この発言を聞き、ソ連は事実上NATO帰属を承認したと解釈した。

ところで、ゴルバチョフからこのような発言を引き出したことで、この米ソ首脳会談はドイツ統一問題のブレークスルーであったと、特にアメリカ側はその後主張している。問題はこの解釈が正しいかどうかである。

確かに同盟選択権を認めたことは、ドイツがNATO帰属を選択すればそうなるのであるから、大幅な譲歩と考えられる。しかし、この件でのゴルバチョフの発言は、ソ連側の文言では、「統一ドイツが第二次世界大戦の結果を考慮する最終的決定のために、統一ドイツにどの同盟に加わるかを決定する権利を与える」というものであった（GO:199-200; TSCH:298）。チェルニャーエフによれば、統一ドイツが主権国家である以上、同盟選択権をもつのは当たり前であり、それを表明しただけと述べている。しかしその後、NATO帰属問題の転機はいつかという質問に、それは五月三一日であったと回答している。確かに転機であった。しかし問題は、ソ連側の文書では、主語が「統一ドイツ」となっており、統一されていないこの段階でそれが成立していないことであった。

六月一日朝、ゴルバチョフは議会指導者と会談し、そこで通商協定の重要性を強調した。その後昼前にブッシュと再び会談した。テーマは軍備管理問題であり、STARTで大幅に前進したものの、通常戦力ではさほど進展しなかった。そこでもゴルバチョフは、通商協定を要求した。ブッシュは議会の動向を調べてみるとだけ応えた。リトアニア問題の関係で、議会にはそれに反対の気運が強かったからである。しかしベーカーは、ゴルバチョフにとって米ソ首脳会談の成果は経済的な譲歩をえることであると判断していた。そしてこの日の夕方、調印式が始まる僅か数時間前、シェワルナゼがベーカーに「通商条約なくしては、ソ連に帰れない」と述べたとき、ブッシュに電話してそれを飲むように助言した。ブッシュはそれを認めた。その後直ちにロスをベスメルトフ駐米大使のもとに送り、彼と交渉させて通商条約原案を作成させた。そして調印式を遅らせてやっと調印にこぎつけた（JB:227）。ブッシュは、自分がベーカーに依頼したとしている（BS:285）。

一日の晩、三日昼の記者会見用の共同声明原案が作成され、先の同盟選択権が明記され、ソ連側もそれを了承した。その日の晩から場所をキャンプ・デーヴィッドに移して会談を継続した。国際情勢、地域問題であった。そこでゴルバチョフは金融支援を採り上げ、ブッシュは経済改革の進展、リトアニア問題、キューバ支援をあげ、G7で討議することを約束した。

三日昼記者会見が開かれた。この記者会見でもその後の関係各国首脳への説明でも、同盟選択権を激化させないよう配慮された。二月の独ソ首脳会談の轍を踏まないためにである。そこでの発言内容は、「ドイツのNATO帰属は、ドイツ人がヘルシンキ最終文書どおりに自ら決定しなければならない事項である、という点に関しては完全に合意がある」であった（TE:297; GE:799）。

ブッシュ「統一ドイツはNATOの完全なメンバーでなければならない。ゴルバチョフ大統領は、しばしば表明しているようにこの見解ではない。しかし我々は、どの同盟の構成員となるかという問題はヘルシンキ最終文書にそって、ドイツが決定すべき事項であることで一致した」

ゴルバチョフ「同盟問題は、ヘルシンキ最終文書にそって、ドイツ自身が決定すべき事項である」

反　応

ベーカーは、ゴルバチョフが同盟選択権を容認する発言をした理由として以下の三つを挙げている。①ドイツ統一はそれ自体のダイナミズムをもち、ソ連がそれについていけなくなってきたこと、②ゴルバチョフは極めて論理的かつ法律家的人間であり、自分の議論の論理の穴に我慢できなかったこと、③CSCEはソ連が重視している安全保障機構であり、それに依拠する権利を否定できなかったことである。アフロメーエフが「難破」と呼んだように、ソ連側随行団は仰天したが、ベーカーは米ソ関係でアメリカは再び主導権を取り戻したと感じた(JB:226-227)。

六月三日、ブッシュはコールに電話し、会談の内容を報告した。「どの同盟に属すかどうかは、ヘルシンキ最終文書に従い当該国の専権事項であるという見解にゴルバチョフは完全に同意した。ゴルバチョフは、統一ドイツのNATO帰属を頑なに拒否しているが、CSCEへの譲歩は希望をもたらすものであり、信用できる」と。また四日、電報でも会談内容が伝えられた(AdBK:Nr. 299)。

コールはこれを聞き、会談の意義は、米ソ首脳の個人的信頼関係が強化されたことにあり、ブッシュが過去のアメリカのどの大統領よりもドイツの立場を代弁してくれたことは、ブッシュがドイツを信頼している証拠であり、将来もドイツをヨーロッパのパートナーと考えていることを強く感じた。

この間、コールは、ゴルバチョフのNATO帰属問題に対する硬い姿勢を和らげるために、次のように考え始めていた。第一は、ソ連に対する経済支援が大きな意味をもつこと、第二は、クレムリンはソ連の安全保障を非常に重視していることであった。このことは、西側が共同で巨額な経済支援を行いペレストロイカを安定させることに成功すれば、同時にモスクワの安全保障要求を具体的に保障するイニシャチブをNATOが示せれば、ゴルバチョフは翻意するであろうというものであった（KO：390-391）。

ゲンシャーも、この米ソ首脳会談は一歩前進であると感じた。ベーカーの報告は、「ゴルバチョフはNATOとWTOとの間で協定を結ぶよう提案した。自分は、統一ドイツのNATO全面帰属を中欧・東欧諸国が承認しやすいようにするために、政治協定を策案するつもりだ。ソ連はこのアイデアを支持した」であった。それはゲンシャーの意図にそうものであった（GE：799）。

六月五日コペンハーゲンでCSCEの人権会議が開催され、ベーカー、シェワルナゼ、ゲンシャーも参加した。シェワルナゼとゲンシャーとの会談がもたれた。シェワルナゼは米ソ首脳会談を説明した。そしてシェワルナゼとゲンシャーは、同盟の改編を話し合い、同盟間関係を解決するために、基本問題で同意し協定を締結する方針で同意した。しかしゲンシャーは、同盟の「改編」という言葉が誤解を招くのではないかと、また危険ではないかと感じた。というのは、ブッシュもベーカーもそこまで踏み込んでいるかどうか疑わしいからであった。さらにゲンシャーは、同盟決定権は米ソ首脳会談の記者会見でも明言されたが、誤解を避けるために、同盟選択権があるかないかではなく、我々がNATOを選択するという方向を明示することが重要であると主張した。シェワルナゼは、それには反論したが、NATOとWTOの間で新しい関係を構築することを提案した。ゲンシャーはそれに加えて、独ソ間の長期的関係を構築するための枠組みも必要であると応じた。シェワルナゼは、それに全面的に同意した。さらにシェワルナゼは、国防軍の兵力上限に関し、ドイツが二十四で一方的に兵力数を明示する方法を示唆した。しかしゲンシャーは、それはドイツを特別扱いすることになると反論した（GE:815–818）。

同日晩にはベーカー・シェワルナゼ会談ももたれた（ZR:285–287；JB:228）。ここでもテーマはドイツ統一問題であった。ベーカーはNATOとWTOの協力関係を尋ね、具体案を探った。シェワルナゼは、具体案はないが、例えば非先制攻撃ではどうかともちかけてきた。しかし、核抑止の基礎である先制攻撃を否定できないため、ベーカーはきっぱりと拒否した。そこでベーカーは、ソ連がNATOの攻撃目標ではないことを明確にすることなどをあげた。この会談の大きな成果はドイツの兵力上限問題であった。シェワルナゼは、CFE交渉の枠外でドイツが国防軍の上限を一方的に宣言する案を容認する用意があると述べたのである。シェワルナゼの譲歩であり、この問題で突破口が開けた。そのため夜中であったが、ベーカーはゲンシャーに連絡しようとした。しかしゲンシャーの側近は誰もでなかったため、ホテルに直行し、ベッドから飛び起きたゲンシャーに内容を伝えた。

ここにきてアメリカも鍵は「NATOの変容」であることを確信した。

第六節　対ソ説得

コール訪米（六月五―八日）

ここにきて課題が、NATOを変化させる一方、その間どのようにソ連を説得するのかであることが明らかになった。

六月五―八日、四日間の日程でコールがアメリカを訪問した。今回は、以前のアメリカ訪問と異なり、ハーバード大学での名誉学位授与など、三つの講演会と二つの記者会見、そして五つの公式晩餐会をこなすためであった。

そのなかで八日ワシントンを訪問し、午後大統領執務室でブッシュと会談した（KO: 393-396; ZR: 286-288; AdBK: Nr. 305）。ベーカーは会談途中から参加した。

会談のテーマは、⑴ NATO帰属に関するソ連の説得であった。コールは、ロンドンのNATOサミットで、NATOの改編をソ連に明確に示すように提案した。さらにNATOとWTOで不可侵条約を締結することを提案したが、ブッシュは七日のモスクワでのWTOサミットでも示されたように、それが解体状態にあることから、不可侵協定がWTOを結束させてしまうことを懸念して、これには消極的であった。ベーカーは対ソ関係を考慮してブッシュよりも積極的であった。コールはWTO各国と不可侵条約を締結することを重ねて提案し、ブッシュはそれを検討すると応じた。

⑵ 次は、国防軍の兵力上限問題であった。まずこの問題を二十四で扱わないこと、ドイツだけを特別扱いすることにも反対することで一致した。またソ連の国防軍を二〇―二五万人とする提案を拒否することでも一致し、コールは、統一ドイツ国防軍の兵力数を米独間で協議することを約束した。これと関連して、ブッシュは東独駐留ソ連軍の今後の駐留期間を尋ね、コールは二―三年と応えた。社会主義の経済的苦境のなかで兵員を資本主義の豊かさにさらすことはモラルと士気にかかわり、そのためソ連も長期に駐留させることはないであろうというのがその理由であった。

⑶ 最後は懸案のソ連への経済支援であった。コールは、ゴルバチョフは二〇〇―二五〇億マルク

規模の西側借款を期待しており、そのため西側各国は借款に債務保証することが必要だと主張した。しかしブッシュは、米ソ首脳会談でゴルバチョフは金額を明らかにしなかったとし、ベーカーにそのことを尋ねた。ベーカーは、先のモスクワ訪問のとき、金額にも触れたがそれは二五〇―三〇〇億ドルであったと応えた。コールは、それはドルではなくマルクであると反論し、アメリカの支援姿勢が弱いことを批判した。ブッシュとベーカーは、リトアニア問題と議会との関係がその理由であると指摘した。

この会談でも金融支援で成果がなかったため、コールはロンドンのNATOサミットで、ソ連にNATO改編を明確に知らせることがますます重要となったと考えた。

その同じ八日、サッチャーがモスクワを訪問した。その前日、ベーカーはサッチャーと会談し、NATO―WTO協定のアイデアを説明したが、サッチャーはソ連の時間かせぎであると批判的であった。また経済支援にも実効性がないと同様に批判的であった。

八日のゴルバチョフ・サッチャー会談の内容は明らかではないが、一一日サッチャーがブッシュに伝えたところによれば、ゴルバチョフはNATO帰属を否定せず、様々な帰属のあり方に言及し、またNATO―WTOにまたがる全欧的な安全保障を構想している由であった。そして、サッチャーもNATO―WTOとの共同宣言のアイデアに傾いたが、不可侵協定を締結する案には批判的であった。そしてゴルバチョフは最終的にはNATO帰属を認めるだろうという印象をもったとも伝えた(ZR: 290-291)。

ところで、ブッシュ・コール会談で、コールは統一ドイツのNATO帰属に関して、興味深い発言をしていた。統一ドイツはなぜNATOに帰属しなければならないのかについて、コールは二点を挙げて説明した。一つは、統一ドイツがNATOに帰属しないと、ヨーロッパの安全保障が質的に変化し、それが遅かれ早かれアメリカのヨーロッパからの撤退をまねく恐れがあるという理由であった。もう一つは、ヨーロッパの域内のバランスであった。ドイツがNATOから脱退すれば、英仏という核保有国が結束して英仏協調を再現し、また残りの非核保有国も中立国も独自の行動に乗り出す危険が高い。中立ドイツ、二つのヨーロッパ核保有国、その他の非核保有国という構図は、EC統合に決定的に悪い効果を及ぼす。そればかりでなく、遅くとも一〇年以内には、ドイツでもなぜ核保有国ではないのかという議論が始まるであろう、と。コールがNATO帰属の理由をこれほど明確にのべたことはなかった（AdBK:Nr. 305）。

ターンベリーNATO外相会議（七日）

七日モスクワでWTOサミットが開催された（AG:34586; TE:301, 303; GE:800-801; AdBK:Nr. 307）。自由な選挙によって選ばれた非共産党の首脳が一堂に会したのである。会議では、ゴルバチョフがWTOの大幅改編、NATOとの関係強化、NATOと共同の機構の創設をとき、統一ドイツをヨーロッパ・プロセスに深く組み込み、統一ドイツは二つのブロックに帰属すべきと強調した。しかしWTOの将来が危ういことも明らかになった。五月の自由な選挙で首相となったハンガリーのアンタルは、WTOの軍事機構の部分を解体することを主張し、WTOからの脱退について検討を開始することを明らかにした。ハンガリー外相もインタビューのなかで、「我々は、WTOからのハンガリーの脱退を支持する。この組織に止まっても何の利益にもならない」と断言していた。

会議後公表された「宣言」は、ヨーロッパの現状は「軍事ブロックという安全保障政策の形態とヨーロッパ大陸の分断を克服する条件を」うみだしており、WTOの性格と機能を検討することが必要であることで一致したこと、NATOが次のサミットでいま起きている変化を促進しさらに深め、WTOの変化に対応するような改編を行うことを期待すること、ドイツ統一がヨーロッパ・プロセスのなかで進展し、隣国の安全保障上の利益を尊重することを、謳っていた。

しかし会議では、統一ドイツのNATO帰属では意見が分かれ、数カ国がそれを支持したという報道が直ちに流れた。

七日ターンベリーでNATO理事会(外相会議)が開催された(GE:801-805)。ゲンシャーはこの会議を重視した。同盟間の関係を変化させること——NATOメンバーも東西関係の克服を希望していること——を支持する明確なメッセージを、ソ連に送ることが是非とも必要であった。会議の共同声明は通常どおりNATO事務局で準備されたが、今回はそれに加えて特別声明が必要であった。カストルップは原案をみて、趣旨が曖昧であるとして原文を修正し、歴史的なこのチャンスを利用して、ソ連・東欧諸国とともに新しい平和秩序をつくる決意をすることを謳う文言を入れ込んだ。さらに七日のWTOサミットの共同声明を歓迎するとともに、統一ドイツのNATO帰属はヨーロッパの安定に大きく寄与することになるとも謳った。ゲンシャーは、七月上旬のソ連共産党大会をゴルバチョフが乗り切るために早急に手をうつ必要を感じた。珍しくもその晩、ゲンシャーはシェワルナゼの立場を考えて眠れなかったという。

またこの会議で、SNF問題も話し合われ、作業グループで検討するとされ、ドイツの連邦議会選挙前にはこの問題を表面化しないことで一致した。八日ブッシュとの会談のなかで、この報告をベーカーからうけたコールは、このテーマがいま国内で議事日程に上ってしまうと、統一ドイツのNATO帰属に害を及ぼすと強調していた(AdBK:Nr. 305)。

ブレスト—ゲンシャー・シェワルナゼ会談(一一日)

一一日、ブレストでゲンシャー・シェワルナゼ会談が開かれた(ZR:291-292; GE:805-815)。ブレストを指名したのはシェワルナゼであった。シェワルナゼの弟が四一年六月この地で戦死したのである。しかしブレスト(かつてはブレスト・リトフスクであった)は、独ソにとって歴史的にトラウマに満ちた場所であった。一八年三月独ロ単独講和締結、第五次ポーランド分割にいたる三九年九月の独ソ協定調印の場所でもあった。ゲンシャーは当然のことながら躊躇した。ポーランドを刺激することは間違いないからである。しかし、シェワルナゼがわざわざこの地を選んだ理由も推測できた。ドイツの外相とともに弟の墓地を訪れることによって、「祖国解放大戦争」の勝利に固執する国内の反対勢力を慰撫しようとするものであった。ポーランド外相に直ちに電話し趣旨を説明した。ポーランド外相はこれに理解を示し、好意的に対応した。

会談は五時間に及んだ。シェワルナゼはブレストを会談場所として了解してくれたことに感謝し、改めてソ連の基本姿勢を説明した。まず、ドイツ統一を支持すること、統一ドイツがヨーロッパの安定と平和に寄与するであろうことを改めて表明した。続けて、大きな問題は同盟帰属である。重要なことは、統一ドイツがNATOとWTOに対する義務をどのように果たすのかであり、WTOが先の会議で政治同盟の方向に改編することを決定したことを説明し、NATOも同様な方向を歩めば、ヨーロッパ情勢は根本から変化すると述べた。何よりも必要なのは、NATOとWTOとの間で協定を結び、過渡期の両者の関係を定めることだとした。さらに、シェワルナゼは、両同盟の間で新しい状態が生まれれば、我々のいう意味でのNATO帰属は可能であるとも説明し、「重要なことは、WTOとNATOがともに、もはや敵ではないと考えていることを表明する」ことだと強調した。

シェワルナゼは、NATOの改編を要求してきたのである。

ゲンシャーはこれに応えて、ターンベリーのNATO声明に触れ、同盟間で武力の使用と武力による威嚇も含む武力行使の放棄を宣言する考えを説明し、ロンドンのNATOサミットで好意的な姿勢が示されるであろうと述べた。さらに国防軍の兵力規模については、それをヨーロッパ全体の兵力削減に繋げるために、また統一ドイツの特別扱いを回避するために、それをCFEで扱うことがベストであり、そのためCFE交渉を急ぐ必要がある主張した。

しかしシェワルナゼは、同盟帰属問題のためCSCEサミットまでに全てを解決することはできないであろうという見通しを示した。シェワルナゼは、統一ドイツが二つの同盟に帰属する過渡的期間が認められなければ、「ソ連は孤立してしまうであろう。バランスは変化している。東ドイツは統一ドイツを通してNATOに帰属する。さらに東欧も変化している。ソ連はその安全保障に関していかなる保証も得てはいない。この展開がどこに向かうのか誰も分からないのだ」

シェワルナゼは、ソ連の将来を憂慮していた。WTOの存続が長くはないことも理解していた。さらに統一ドイツのNATO帰属を前提に考え始めていた。「ドイツは統一する。それは自然な過程だ。しかしバランスは維持されなければならない。ヨーロッパ構造の展開には時間がかかる。その間、内的過程は終了することができる」と再び内的・外的切り離し論を持ち出してきた。

ゲンシャーは、それを断固として拒否した。

すると、シェワルナゼは強い調子で「ポツダム協定は不変なまま継続している。ドイツはそのことを理解すべきだ」と応じた。

ゲンシャーは同じ強い調子でやり返した。「このような言葉で対話がなされることは望まない。我々は解決策を探すことで一致している。統一ドイツは西ドイツと東ドイツからなる。ソ連が東ドイツと関係があったがゆえに、その安全保障のために同じような価値のものを与えようとしている。それがソ連軍の過渡期の期間の駐留継続だ」

そこでシェワルナゼは、国防軍の兵力上限を聞いてきた。ゲンシャーは、端的に三五—四〇万だと答えた。シェワルナゼとの会談の核心はここにあった、これで山を越した。

ゲンシャーは、テンポを速めることの重要性を感じた(GE:813-814)。その後、シェワルナゼの弟の墓地を訪問して、一二日帰国し、コールに報告した。「シェワルナゼは、ロンドンのNATOサミットでモスクワでのWTO宣言と同様なものを求めている。国防軍の兵力上限では、三五—四〇万で私の印象では解決できると思う。我々はこの問題をCFEと絡めるべきである」

一方一一日、新任のソ連大使テレホフはコールのもとに着任の挨拶に訪れ、同時にゴルバチョフの九日づけの書簡を手交した(TE:307-308; KO:397; AdBK:Nr. 306)。それは、コールが五〇億マルクの債務保証を用意していることに謝辞を述べ、さらに改革のためには長期借款が必要であるとして、国際借款団の設置を提案し、それへの支援を要請していた。さらに外的側面は、同盟帰属問題を含めて、秋のCSCEまでに解決されるであろうと述べ、加えて七月後半コールをソ連に招待することも明らかにした。

その日の夕方、コールは書簡への返書を直ちに作成し、手交することを決め、一二日夕刻、テルチクからテレホフに手渡された。返書のなかで、コールは、CSCEサミット前に外的側面の包括的解決を完了させるというソ連の姿勢に謝辞を述べ、それに、NATO帰属問題も含まれるよう要望した。さらに五〇億マルク借款は近々可能であること、また長期借款に関して、今度のECサミット、G7サミットで提案してみること、その詳細について、次のゴルバチョフとの会談で話し合いたいこと、そして会談の日取りとして七月一五―一九日の間を提案した(KO:587-588; TE:312; AdBK:Nr. 309)。

一五日、ゴルバチョフから返書が届いた。五〇億マルク借款を喜び、二日間のうちにソ連大使館で借款協定の詳細を詰めたいと希望していた。さらに並行して行われているゲンシャー・シェワルナゼの外相会談に言及して、同盟帰属問題については、七月の会談の際に腹蔵なく建設的に話し合いたいと表明してきた(ZR:292; KO:398-389; TE:319-320; AdBK:Nr. 316)。

ミュンスター――ゲンシャー・シェワルナゼ会談(一八日)

ゲンシャー・シェワルナゼ会談が、今度は場所をミュンスターに移して一八日に開催された(ZR:

293-294; GE:819-823; TE:321-322)。ミュンスターは一六四八年にウェストファリア条約が締結された地である。市庁舎に二人で着くと、数千人が二人を迎え、シェワルナゼと握手しようという人の波に揉まれた。これがシェワルナゼを感激させた。ゲンシャーは、「ドイツ人はあなたを信頼している」といいままで繰り返しシェワルナゼに述べていたが、いみじくもこの歓迎がそのことを納得させたのである(GE:820)。

この会談で、シェワルナゼはNATOとWTOとの関係に関するソ連提案を手渡した。その内容は、両同盟は相手を敵とみなすことを相互にやめることなどであった(TE:321)。NATOとWTOとで協定を締結することは、ゲンシャーの持論であり、好意的に対応した。そして西側はターンベリーでの宣言を超えて、両同盟間で信頼関係を作るという意思を明示しなければならないことを確信した。そして決定的な問題は国防軍の兵力上限であるという印象をもった(GE:822)。

シェワルナゼは、統一後にも過渡期を設けるという要求をいやいやながら説明しているのは明らかであった。昼食の前、タラセンコがエルベを呼んで、シェワルナゼの過渡期に関する発言はもはや問題ではない。それは国内向けであり、シェワルナゼの本意でないと教えた(GE:821)。

記者会見でシェワルナゼは次のように述べた。「ロンドン・サミットでNATOがモスクワでのWTOサミットでの宣言と同様の宣言を採択することを希望している。そうすればドイツのNATO帰属問題は新しい雰囲気と新しい条件のなかで論議され、新しい意味が付与されるであろう」(GE:821)。

ゲンシャーは、シェワルナゼとの会談終了後、ルクセンブルクでのEC外相会議に飛び、一九日の連立与党会議の後、コールに会談の内容を詳細に説明した。「ソ連指導部にいま一番の難題は、党大会で教条主義者が妨害することだ。ソ連指導部は党大会後直ちに決着を着けようとしている。それゆえモスクワの二＋四が決定的な意味をもつ」と。二＋四の開催地の順番は、ボン、東ベルリン、パリ、モスクワとなっていた。

カストルップも一九日テルチクに、NATOとWTO間の関係を変革することが、NATO帰属問題にとってますます重要になってきた、と報告していた（TE:322）。

東ベルリン二＋四会議（二二日）

二二日六ヵ国外相は、チェックポイント・チャーリーの解体に立ち会った。その際、小説も書くイギリス外相のハードは、「これでやっとチャーリーを寒さのなかから返すことができる」（JB:229）と冗談を言った。その後、東ベルリンで第二回目の二＋四外相会議が開催された。

この会議は、まずポーランド国境問題で合意し、パリでの第三回目の二＋四外相会議にポーランドを招待することで一致した。

注目されたのが、シェワルナゼの演説であった。シェワルナゼは、二二日がナチのソ連攻撃四九周年記念の日であることをまず強調して、二＋四会議の最終合意のソ連原案を読み上げた。統一ドイツの両同盟二重加盟、国防軍兵力の二〇―二五万までの削減、四ヵ国の権利の五年間留保、ベルリンの現状（四ヵ国占領）維持という内容であり、それは「冷たいシャワー」と呼ばれたように、西側の楽観論に冷水を浴びせた。クビチンスキーが外務省西欧局の協力をうけて作成したものであり、防戦一方のソ連外交を打開するための窮余の策であった（KO:399; TE:329-331; AdBK:Nr. 325, Nr. 325C）。

シェワルナゼの演説中、ベーカーはこの演説の意味は何だと、ゲンシャーに紙に書いて尋ねてきた。ゲンシャーは、「ウィンドー・ドレッシング」と応えた。ミュンスターの会議で、エルベはタラセンコから、今回のクビチンスキー提案とは異なる別の提案をすでにうけとっており、そのためゲンシャーはそのように判断したのである(GE:824-825)。この案は会議ではとりあげられず、終了後の記者会見でもシェワルナゼは、この案に言及することはなかった(ZR:295-299)。

しかしベーカーは、ゲンシャーの返事でも不安は拭えなかった。モスクワで逆風が吹き始めたのではないかと危惧した。夜のシェワルナゼとの会談の調整のため、ロスをタラセンコのもとに送り、シェワルナゼ演説を批判するとともに、何故そのような演説を行ったのかを質した。タラセンコの返事は、シェワルナゼは政治局決定の原稿を読み上げているだけであり、その内容が陳腐になっていることは分かっているが、党大会前であり否定できないのだ。すべての動きは、党大会が終わる七月一五日まで凍結されることになろう。シェワルナゼは、自分に一五日以降の新しい展開を考えるようにすでに命じている、と説明した(JB:229-230)。

二二日の夜半、東ベルリンのソ連大使公邸でシェワルナゼ・ベーカー会談が二時間半続いた。ドイツ問題に関する米ソ外相会談で最も緊迫した会談であった。

ベーカーは、シェワルナゼにいままでの説明を反故にする草案を提出した理由を尋ねた。シェワルナゼは、「明らかにするが、この草案は国内事情に導かれて書かれたものである。我が国の意見は我々に有利な方向に動いてはいない。このことを考慮しないのは愚かばかりか無責任である。注意すべき、道義的・心理的・政治的諸要因がある。国民に向かって、ドイツによる脅威も、アメリカによる脅威も、NATOによる脅威もないことを説明できるようにならなければならない。最近アメリカの国防長官が今後一〇年の国防予算の削減を語ったが、このような発言が、いままでのような規模でアメリカと軍事的に対峙する必要はないということを示すために、本当に助けになるのだ」と答えた。ついでベーカーは、ロンドン・サミットでの提案内容を説明し、ソ連がドイツをNATOか統一かの選択に追い込むことのないように、「ドイツは統一するであろう。我々は他の全ての国と同様、当然のこととしてそれに同意する、そしていまその期限がきている」と釘をさした。

そしてシェワルナゼは、ロンドン宣言は、ソ連の改革派が、ドイツについてその立場を正当化できるという可能性に決定的によい効果を及ぼさなければならない。この宣言は党大会の開催期間内に発表されるべきであり、ソ連のドイツに対する態度ばかりでなく、ゴルバチョフの政治的立場にも影響を与えなければならない、と四度繰り返した。

ベーカーは、シェワルナゼはいつになく疲れきっていることが心配であった(JB:230-231; ZR:299-303)。

第七節　ロンドンNATOサミット

アメリカのイニシャチブ

五月四日、ブッシュは、オクラホマ州立大学で講演し、NATOサミットの課題を、①軍事的役割を低下させ政治的役割を強化する、②通常戦力・核戦力の態様・戦略を変化させる、③CSCEの新しい進路を描くことであると述べていた。

この演説に対して、国防省と国務省は慎重であり、戦略の見直しだけを行い、重要な論点はその後加盟国で時間をかけて協議すべきと主張していた。それに対しホワイトハウスとベーカーの側近は、西ドイツと同様、ドラスティックな変化を主張していた。またNATOの事務局長のヴェルナーもそれを支持していた。ホワイトハウスはNATOサミットを、その将来について問題を提起するのではなく、回答を与える機会と決断していた。

この後ホワイトハウスでNATOサミットの検討が始まった（ZR：303-314）。しかし関係省庁の動きはバラバラであった。各省庁はNATOのそれぞれの関係する側面だけを検討し、それをまとめる全体戦略が欠如していた。またNATOの他の国々もCSCEに関して様々なアイデアを検討し、ワシントンに送ってきていた。たとえば五月中旬西独（NATO代表）は、イタリアの支持をえて、CSCEを、「（ヨーロッパの）全ての（国）を含み、全欧安保アーキテクチャーをも包み込む、新しいヨーロッパの中心的構造にすべき」という案を送ってきた。一方ソ連も、五月二五日シェワルナゼがCSCE関係国に送付した書簡と三〇日『イズベスチャ』でのシェワルナゼの論文で明らかにしたように、既存の同盟を漸進的に解消しそれに代わる全欧安保を主張していた（TE：286）。だがNATOの事務局長ヴェルナーは、NATO事務局がサミットの重要性にもかかわらず、従来どおりダラダラ仕事を続けている現状を嘆いていた。

しかしブッシュはサミットを画期的なものにすると、再三にわたり表明しており、政治主導で進める必要がでてきた。

ここで主導権を握ったのがNSCのブラックウィルであった。五月中旬、サミットの課題リストと宣言草案の作成にとりかかった(ZR:303-314)。六月四日ゴルバチョフがワシントンを離れた日、NSCのゲイツは「ヨーロッパ戦略検討グループ」を招集し、本格的な検討を開始した。検討の基本方向は、NATOの歴史の一幕を終わらせ、新たな時代を開くものとされ、この方向はその全面改組を謳った七日のWTOサミット宣言にも刺激された。そして数次にわたる検討を経て、一八日には「七大方針」という最終案が完成し、同日のヨーロッパ戦略検討グループで検討された。「七大方針」とは、

①NATOに大使級の連絡事務所を旧敵国(WTO諸国)に開設させる。
②CFEⅡ交渉に参加する国が通常兵力を半減することを約束する。
③NATO通常兵力を多国籍指揮下の多国籍軍に改組する。
④核砲弾の廃棄、貯蔵核兵器の大幅削減、「最終依拠(last resort)」という新たな核戦略を公表する。
⑤SNF交渉で野心的な新しい目標を公表(大幅削減と「最終依拠(last resort)ドクトリン」)する。
⑥柔軟対応、前進防衛に代わる新しい軍事戦略の採用を約束する。
⑦紛争予防CSCEセンターの設置を含む、CSCEの新しい制度を創設する、であった。

会議で紛糾したのが新しい核戦略であった。原文は、「核兵器はこのヨーロッパにおいて真に最終的に依拠する兵器(weapons of last resort)となった」であった。「最終的に依拠する(last resort)」という言葉はブラックウィルの発案であり、その意味するところは、核兵器による防衛に依存する度

合いをより少なくし、早期第一撃使用という古い戦略から離脱するということであった。しかし古い戦略を激変させるため、また先制第一撃不使用(no first use)ドクトリンの採用と誤解されかねないため、異論が百出した。そこで表現をソフトにすることで同意した。

一九日スコウクロフトのオフィスに、ベーカー、チェルニー、パウエルなどが集まり、「七大方針」の原案を協議した。そこで変更された点は、①に、NATO・WTO共同宣言への言及を付け加えることであった。それに固執したのがベーカーであった。彼は西ドイツとイギリスがこれを強く支持していることを配慮した。そこで、国務省の政策企画局長のロスは、NATOは不可侵を宣言しWTOにもそれを求めるという一文を入れることを考えた。これの利点は、共同宣言の趣旨を活かし、コールの不可侵協定提案にも配慮でき、しかも一方的宣言であるためWTOと交渉する必要がないことであった。このためNATO・WTO共同宣言は共同宣言ではなく、宣言の交換となった。

それと②の通常兵力の「半減」という数値目標を削除したことであった。ザイツもスコウクロフトも時期尚早だと反対した。国防軍の兵力上限問題を扱いやすくするためには、加盟国の兵力上限を決めるCFEⅡでより野心的な目標がだされて交渉が長引くことを避ける必要があるからである。その他はほとんど異論なく決まった。

また核戦略に関しては、より強い調子の表現で一致した。「「前進防衛」から削減された前進配備へと転換し、また「柔軟対応」を修正して核兵器への依拠を小さくする」であった。

約一カ月におよぶ、サミット宣言案の作成過程で注目に値することは、通常戦力・核戦力の削減や核戦略の変更などを検討するたびに、それが西ドイツに及ぼす影響が考慮されたことであった。特に数値を示すことには極めて神経質であった。それがきっかけとなって、西ドイツで再び核兵器をめぐる論争や、反対運動が起きることを警戒したのであった。核兵器にかかわる事項に関するこのような神経質な姿勢は、すでにコールが幾度となく示したところであったが、この姿勢はアメリカも共有していたのである(参照、高橋:1999)。

関係国への打診

二一日ブッシュは、アメリカのNATO宣言案をその書簡とともに、大統領直接のルートでコール、サッチャー、ミッテラン、アンドレオッティ、ヴェルナーに送付した(TE:325-326; AdBK:Nr. 321, Nr. 321A)。これはNATOの通常の手続き(各国原案の送付、NATO本部事務局の原案作成、NATO高級政治委員会での原案の検討、NATO大使に送付、北大西洋評議会の常駐代表での審議)をとらず、政治主導で進めることを示した。事前の事務協議を避けて会議で直接討議するという異例な進め方であった。極めて危険なやり方であったが、あえてこれを選択した。その理由は、役人の介入で内容のインパクトが弱まることを恐れたからであった。同時に以下のような政治的な計算があった。①アメリカが原案を通すことを強硬に主張するならば、各国首脳の何人かは数個所の表現の修正は求めることはできても、代案を提示してアメリカに対抗する連合を組むことができない。(しかしアメリカの意思は通っても、他国にとっては不意討ちであり、十分に審議できず、そのため不満が会議後残る危険がある)。②ブッシュが直接関係国の首脳に伝達し、サミットで協議するとしたため、不満・反論は首脳レベルに限定されることになる。③そして交渉をベーカーに委ねることができる、そしてベーカーはサミットでそのエッセンスを確保することができるであった(ZR:315; BS:293)。

これに好意的であったのは、西ドイツのテルチクであり、アメリカが西ドイツと一致し、サミットが成功することになったと喜んだ(TE:326-327)。またNATO事務局長のヴェルナーも好意的であった。「私はこの草案に狂喜している。宣言が野心的であることを強調しているのは正しい。以前合意したように、野心が要求されているのだ」(ZR:316)

サッチャーがまず反対してきた(TH:432-436; BS:294)。変革が性急すぎること、核・通常兵器の戦略を変更するに際し、将来の戦略が十分検討されていないこと、また宣言案がこれから将来紛争が起こらないというニュアンスを強調していることがその主な理由であった。そしてNATOは改編せず、CSCEの強化とNATO・WTO共同宣言のみに集中すべきだと主張した。

ブッシュはサッチャーに七月一日に返書をだし、サッチャーの論点に逐次答えた。ポイントは二つであった。一つは核戦略に関してであり、柔軟対応や抑止政策に触れないと、ドイツを初めとして核をめぐる議論がおき、先制第一撃不使用や非核化がテーマとなってしまうこと、柔軟対応は核兵器の早期第一撃使用に依拠してきたが、ソ連の軍事力の大幅削減でその必要がなくなったこと、であった。もう一つは、NATOを改編することの必要性であった。改編することが多くの人の利益になってきており、シェワルナゼは二二日のベーカーとの会談でそのことを要請してきた。またコールも七月一五—一六日ソ連を訪問する予定であり、そこでもヨーロッパの新しい安全保障が話し合われることになっていた。サッチャーは、ロンドンでNATOサミットを台無しにするかどうかの瀬戸際に追い込まれた(ZR:317-318; BS:295)。

この間ブラックウィルとゼーリックは今後の手続きを検討していた。二九日ヴェルナーがアメリカ原案を各国に送付することを提案してきた。しかしブラックウィルらは、リークの危険性、役人によって改竄される可能性から、早すぎると判断した。そして七月五−六日がサミットであることから逆算して、二日にブッシュが残りの首脳にアメリカ案を伝達し、三日にNATOに正式に提案する。同時にNATO駐在アメリカ大使が、草案はロンドンで検討されることを伝え、五日に外相特別会議を開催することを提案するというものであった。これをブッシュ、ベーカー、スコウクロフトが了承した。

ヴェルナーは、事前手続きを関係各国に連絡するなかで、アメリカのやり方が極めて危険であると判断し始めた。内容にも手続きにも不満が高まっていた。

一方、六月二一日には連邦議会が招集され、コールが施政方針演説を行い、同日連邦議会と人民議会によってポーランド国境に関する決議が採択されていた。六月二二日、ライン河沿いの町で独仏首脳会談が開催された（TE:327-329; AdBK:Nr. 324）。この会談でのテーマは、ダブリンでのECサミットの調整であり、EC統合の推進、対ソ経済支援で双方が一致し、ロンドン・サミットでゴルバチョフに明確なシグナルを送ることでも一致した。そしてコールは、ポーランド国境に関する議会決議を説明し、同日可決される東ドイツとの通貨統合についても説明した。会談は和気藹々のうちに進んだ（KO:401-402）。

二五−二六日にダブリンで開催されたEC定期首脳会議は、ECの経済通貨統合と政治統合を検討するための政府間会合の開催を決定した。これはECの歴史のなかでも画期的な意味をもつ会議となった。またこのサミットで、コールは対ソ金融支援に関して検討のための委員会設置の同意を取りつけた。二六日朝、コール・ミッテラン会談が開かれ、ブッシュ提案を協議した。ミッテランはほとんどの点で同意したものの、多国籍軍の構想にはＮＡＴＯの軍事的役割を強化しすぎると反対し、核戦略も変化させすぎと留保した（TE:333; KO:408-409）。

同じ二六日、ブラックウィルがテルチクに電話してきた。二二日のベーカー・シェワルナゼ会談を伝えるとともに、アメリカ原案にサッチャーが反対していることから、ドイツの支援を要請してきた（TE:334）。

二七日テルチクは西ドイツ修正案を完成しコールにみせ、コールは何も修正せず了承した。その後、コールはゲンシャーと話し合い、カストルップ、テルチク、国防軍のトップであるナウマンをＮＡＴＯ宣言の調整のため極秘にワシントンに派遣することを決定し、テルチクがブラックウィルにその旨伝達した。しかしブラックウィルはイギリスを刺激することから消極的であり、ヴェルナーも未だ連絡されていない加盟国を刺激しかねないため、訪米を取りやめるよう要請してきた（TE:335）。

西ドイツ修正案の骨子は、ＮＡＴＯ・ＷＴＯ共同宣言をより公式のものに格上げすること、フランスに配慮して多国籍軍に関する表現を穏健なものとすること、議論が起こることを避けるため核戦略の変化をより穏健なものにすることにあった。またこれには、国防軍兵力上限案も含まれ、西ドイツ原案として、現在のＣＦＥⅠ交渉で上限設定をするという案であった（ZR:318-319）。修正案は二八日ワシントンに送付された（AdBK:Nr. 330, Nr. 330A）。三〇日スコウクロフトがテルチクに返電してきた。アメリカは、ＮＡＴＯ・ＷＴＯ共同宣言を共同文書にすることに反対し、宣言の交換とすべきことに固執した。同時に、国防軍兵力上限問題で、西独提案によればこの問題はＣＦＥⅠで交渉されることになり、ＣＦＥⅠに重荷を課すと同時に交渉を長引かせ、二＋四にも影響しかねないと警告してきた（TE:338; AdBK:Nr. 335）。

西ドイツは再考を迫られた。七月二日午後コール、シュトルテンベルク、ザイタース、テルチクが協議した。シュトルテンベルクは、ソ連軍がドイツから撤退し、ソ連がＣＦＥ交渉でその西部の兵力削減に同意することを条件に、陸軍三七万人、海軍二万五〇〇〇人という上限数を始めて提示した（TE:340）。翌三日、ゲンシャーも交えて再び協議がもたれた。国防軍の兵力上限の提示の仕方が問題であった。そして国防軍の兵力上限はその他の国とともにＣＦＥの継続交渉（ＣＦＥⅠａ）で扱い、ただしドイツの兵力上限は現在のＣＦＥⅠでドイツの一方的宣言として明らかにするという処理を決定した。上限数については、シュトルテンベルクも四〇万以下を認め、ゲンシャーは三五万を主張した。しかしコールは三五万とすると交渉のなかで二八万にまで削減される危険があるとして難色を示した。その後、コールはテルチクと相談し、三七万を提示し、交渉次第で三五万まで削減することを決めた（TE:342-343; ZR:319）。

二九日ミッテランはブッシュに返書を送り、フランスの立場を説明した。その日アタリも極秘にワシントンにとび、スコウクロフトらに説明していた（JA:524-526）。ミッテランの返書は、宣言の基調と共同宣言の交換を強く支持するものであった。しかし異論は、多国籍軍、ＣＳＣＥの強化（これは内容的により詳細にすべきというもの）、「最終的に依拠する（last resort）」という核戦略にあった。フランスは、通常戦争を含む戦争の抑止のための核兵器の使用の脅しは、その早期使用にかかっているため、この転換を支持できないというものであった。しかしフランスはNATOの軍事機構のメンバーでないため、反対の旨をロンドンで述べることはしないとも伝えていた(BS:294)。一日ブッシュはミッテランに返書を送り、この問題はロンドンで協議すると伝えた。だが同時に草案はNATOに対するフランスのいままでの態度に挑戦するものでもなく、フランスの柔軟性をそこなうものでもないことも伝えていた(ZR:320; JA:526-527)。

ロンドンNATOサミット

ロンドンサミットにはNATOメンバー以外にもう一人の陰の参加者がいた。二日から第二八回共産党大会が始まったソ連である。このサミットでの決議如何で、ペレストロイカの命運が決まり、また統一ドイツの可否が決まるとすれば、アメリカ原案に反対することは極めて難しかった。冷戦の終わりを台無しにしたという歴史的な汚名が記される危険が高かったからである。コールは、ゴルバチョフが山場に立たされており、NATOサミットの帰趨が党大会に大きな影響を及ぼすことを、参加者の全員が意識していたと回顧している、これはその通りであろう(KO:411)。

二日アメリカ原案はNATO本部に提出され、加盟国大使に伝達された。異例の手続きに不満が高まった。三日ブッシュは、オランダ、ベルギー、デンマークの首相に電話し、支持を要請した。

四日の夕方、ブリュセルでベーカーはハードと会見をもった。ハードはサッチャーが「最終的に依拠する(last resort)兵器」という表現に強く憂慮していると伝えた。ベーカーは、核戦略を全面的に変更したことをソ連に明示するためになくてはならないものと反論したが、ハードはサッチャーの極めて強い反対を繰り返すばかりであった(JB:232-233)。

五日ロンドンのランカスター・ハウスでNATOサミットが始まった(ZR:321-324; KO:411-413; TE:346-353; AdBK:Nr. 344, Nr. 344A-344I)。午前の全体会合は、サッチャーの歓迎挨拶のあと、ヴェルナーが開会演説を行い、ブッシュ提案を会議の基礎とする旨を宣言した。続いて各国首脳が演壇にたった。

まずミッテランが演説した。会議の意義を強調し、ブッシュ提案が核抑止を阻害することなくNATOの防衛的性格を強調していることを評価し、NATOの将来の課題は安全保障とソ連・東欧との協力関係の促進であると説いた。

つづいてブッシュが演説し、提案の内容を説明した。特にNATOの課題は四つあるとし、東側との協力関係の確立、CSCE内での新しいヨーロッパの創出、通常兵器の構造的変更、新しい核戦略の確立であった。そしてアメリカはNATOを基礎としてヨーロッパの国であり続けることを望むと明言した。さらにドイツ統一を歓迎するとし、統一ドイツがNATOに帰属することがソ連の利益でもあると強調した。

注目されたのがサッチャー演説であった。NATO改編という基本方向と統一ドイツのNATO帰属は支持した。しかし「最終的に依拠する(last resort)兵器」とNATO・WTOとの間で不可侵宣言を結ぶことには反対した。しかし反対のトーンは強いものではなく、それが曖昧であるという婉曲なものであった。

コールは、統一ドイツのNATO帰属がヨーロッパの安定に寄与することを強調し、ブッシュ提案を全面的に支持した。

その後残りの加盟国の首脳が演説し午前の会議が終わった。午後、首脳会議と並行して外相会議が開催され宣言案を検討した。外相会議は二時半から六時半まで続き、バッキンガム宮殿での晩餐会をはさんで一〇時半に再開し、零時半に終了した。そして宣言案は六日午前の首脳会議に提出された。NATO宣言は、NATO・WTO共同宣言の項で、「我々はもはや敵ではない」という文面をいれて、それを相互に交換することにした。連絡事務所案は大使級にすることに対するフランスの反対もあり、通常の外交上のリエゾンを確立するとされた。ドイツ兵力の上限については、CFE条約調印時にそれについてコミットを与えるとされた。NATOの通常兵力の削減はそのまま残された。核兵器を「最終的に依拠する(last resort)兵器」にすることに関しては、英仏の異論にもかかわらず原文が残された。ここで、ミッテランは多国籍軍と核戦略の転換に留保を示すと発言した。

午後記者会見でNATOロンドン宣言が発表された(Kaiser: Nr. 43)。

サミット後、帰国の専用機のなかで、ブッシュは、ゴルバチョフに対する約束は果たしたという趣旨の親書を送った。それは党大会出席中のゴルバチョフに渡された。NATO変革は明らかになった(ZR: 324-325; BS: 296)。まさにブッシュが述べたように、ロンドン・サミットは、「その歴史のなかで最も重要なサミット」であった。

会議後アタリは、「アメリカの新しい戦略は抑止論自体を否定するものである。しかしアメリカは、ドイツに配備する核兵器を維持しようとするために、この新しい核戦略を放棄することはなかった」と、核戦略の転換の意味を指摘した(JA: 531)。さらにアタリはこのサミット宣言は、アメリカが世界でのリーダーシップを確保するための方策とも分析した(JA:523-524)。

残された問題は、金融支援であった(ZR:324-327)。ドイツに要請された五〇億マルクは、六月二七日一二年借款として供与された。またソ連駐留軍の駐留費用は総額一四億マルクと推定された。問題は一五〇―二〇〇億マルクの長期借款であった。これにアメリカは慎重であった。コールはECサミットでミッテランと経済支援で合意し、またロンドン・サミットの際にも六日朝、両者はソ連・東欧の支援の具体化をヒューストン・サミットで検討することで一致していた(TE:351)。サッチャーは、ゴルバチョフを支援することは支持したが、金融支援には消極的であり、ソ連経済の調査分析が先と主張し、ECサミットではこれが支配的意見となり、秋まで調査を行いその上で支援内容を決めることになった。コールの意図は政治にあり、他の首脳のように経済にはなかった。

ロンドンから戻ったコールは、サッカーのワールドカップ決勝を観戦するためローマに飛び、ドイツが優勝するのをみて、その晩直ちにボン・ケルン空港にもどり、待機させていた空軍のボーイングに乗り込んだ。九日午前一時のことであった。現地時間九日午前五時ヒューストンに到着した。午前、コールはブッシュの宿舎でブッシュと会談した。昼ライス大学でサミットが開会され、午後は首脳会議、夜晩餐会と続いた。

一〇日全体会合が開かれ、政治宣言、貿易問題、ソ連・東欧経済支援問題を協議した。

その間、テルチクはスコウクロフトと国防軍の兵力上限問題を話し合い、「CFEの調印時に西ドイツが統一ドイツの国防軍の上限について拘束的な宣言を行う。その履行は、東ドイツからのソ連軍の撤退とリンクさせること」で合意した（TE:336）。

一一日、政治宣言、経済宣言についての協議が続いた。問題は対ソ経済支援であった。ここでもブッシュとサッチャーは消極的であった。そこでECの支援策に言及し、IMFが年末まで調査を行うこととした（ZR:327）。日本（海部首相）は、経済支援を北方領土問題とリンクさせてきた。ゲンシャーは、この日本の態度は理解できないと論じていた（GE:829-830）。昼会議が終了し、その後、議長総括と宣言が発表され、サミットは終了した。

第八節　コーカサスの決断

モスクワ

ECサミット、ロンドンでのNATOサミット、ヒューストンのG7サミットが終わり、NATO改編、金融支援、ドイツ兵力上限の西側のスタンスが決まり、ボールはソ連に投げられた（ZR:328-342）。

ソ連では、ゴルバチョフとシェワルナゼは、譲歩はもはやタイミングの問題と考え、そのため統一問題を政治局会議にかけることをしなくなった。ゴルバチョフ最大の課題は七月二―一三日までの第二八回ソ連共産党大会の乗り切りであった。予想に反してゴルバチョフは乗り切りに成功した。党大会では改革派が台頭した。ゴルバチョフは保守派を孤立させるべく、急進的経済改革を梃子に急進派エリツィンと手を組んだ。それがシャーリン・ヤブリンスキーによる五〇〇日改革案であった。党大会では統一問題は採り上げられなかった。だが、乗り切りにNATO宣言が大きく寄与したことは確かであった。シェワルナゼは回顧録のなかで、「勇気づけられる反応」と高く評価している(ZR:331)。しかしドイツもアメリカも、ゴルバチョフは直ちに決断せず、二十四会議の今後の行方を見守るのではないかと予想した。だが、その予想は外れた。ゴルバチョフとシェワルナゼは、政権基盤が強化されたこの時期に統一問題に決着をつけることを決意した。

何故か。

推測になるが、ゴルバチョフは、党大会を乗り切った後、経済改革の遂行を最大課題としたように思われる。経済改革への保守派の抵抗は当然予想された。だがそれに統一問題が加わると抵抗がさらに強まることも明らかであった。そこで統一問題を、NATO宣言が出された時期に決着をつけ、同時に経済改革のための西側支援を引き出す。この西側支援を浮揚力として経済改革を乗り切るという戦略を立てたのではなかろうか(ZR:332)。

これはあくまで推測である。ドイツ統一問題に対してこの時期ゴルバチョフとシェワルナゼがどう考えていたのかを明らかにしてくれる当事者の証言はない。しかしタラセンコは、五月のボンの二十四会議以降、外交政策は政治局から取り上げられ、シェワルナゼはゲームを直ちに決着させようとしていたと証言している(ZR:329)。またチェルニャーエフも、ゴルバチョフはすでにNATOはソ連の脅威ではなく、そのNATOの下にある統一ドイツも脅威ではないと判断したと証言している。チェルニャーエフはさらに、ゴルバチョフの懸念は国内の反対派にあり、九一年にではなく九〇年の八月にクーデタが起こったならば、それは統一問題がきっかけであったろう。中央委員会の三分の二はゴルバチョフとシェワルナゼに反対しており、事実、クーデタの危険性はあった。この点でもロンドン・サミットは極めて重要であった、と述べている(ZR:332)。さらにテルチクも統一に決着をつけるという予兆を嗅ぎとっていた。七月一一日ゴルバチョフはコールをコーカサスのスタブロポリへ招待すると言ってきた。テルチクは、ゴルバチョフが解決する意思がなければ、スタブロポリに招待することはないだろうと予想した(TE:359)。

また党大会の乗り切りには、リトアニア問題に決着がついたことも寄与していた。六月二九日、リトアニアはコール・ミッテラン提案を受け入れ、独立宣言を取り下げ、それに応じてソ連も制裁を解除していたのである。

モスクワ会談

一四日夕方、コールとゲンシャーはモスクワへ飛び立った(TE:367-396; KO:421-444; GE:830-841)。機内でコールとゲンシャーがソ連側に提示する国防軍の上限数で対立した。コールは四〇万を、ゲンシャーは三五万を主張し、ともに譲らなかった。喧嘩腰の協議の後、結局三七万に落ち着いた。

その日モスクワでは、ファーリンが譲歩をやめさせようとゴルバチョフに面会をもとめるのに必死であった。深夜一二時直前になってやっとゴルバチョフに会うことができた。ファーリンは、基本法二三条による東ドイツの併合、NATO帰属、戦後ソ連が獲得した所有権をあげて、譲歩しないように迫った。しかしゴルバチョフは取り合わなかった。「私は私のできることをやる。恐れていることは、列車はすでに出発してしまったことだ」(ZR:334-335)。

国防軍のボーイング七〇七は、政府専用の第二ブヌコボ飛行場に到着した。飛行場ではシェワルナゼとクビチンスキーが出迎えた。そしてレーニン丘のコスイギン通りにある宿舎に向かった。途中、レーニン丘で車列を止めてモスクワの夜景を眺めた。コール一行に気づいたモスクワ市民が集まり、コールらと簡単な会話を交わした。

宿舎につき、コールとシェワルナゼが簡単な会話を交わした。話題は党大会であった。シェワルナゼによれば、ゴルバチョフは党大会中ほとんど寝ていないという。ドイツ代表団はその後夕食をとり、そのとき、コールは「車の中でシェワルナゼがソ連側は今回の会談が成功することを望んでいる」と述べたことを紹介した(TE:369)。モスクワ到着の夜はこれで終わった。

一五日午前一〇時、アレクセイ・トルストイ通りの迎賓館で首脳同士、外相同士の個別会談が始まった。ゴルバチョフ・コール会談に同席したのは、テルチクとチェルニャーエフであった(AdBK:Nr. 350)。

まずコールは、このチャンスを生かすことが必要だと、会談の成功を願う旨を強く主張した。さらにコールは、この時期好んで使っていたビスマルクの格言を紹介した。「人は出来事によって神の足音が響き渡るのを聞き、神がマントの端を握るまでは、人は何も自ら創造することはできない。ただ待つだけである」(KO:422; AdBK:Nr. 350)。

そしてコールもゴルバチョフも、「今の大きなチャンスを活かすのが、我々の世代の義務である」ことで一致した。ついで、ゴルバチョフは党大会の経緯を説明した。ゴルバチョフは改革を一気呵成にすすめ、年末までに経済改革のための必要な法改正を実現するつもりであった。ゴルバチョフは精気に溢れ、我が道を行く固い決意であった。しかし彼は失敗するかもしれないことも気がついていた。コールに、「退路は断った」と述べていた。

ついでコールはこの間の三つのサミットについて説明した。ＥＣサミット、ＮＡＴＯロンドン・サミット、ヒューストンＧ７サミットである。そこでソ連の改革を支援することが決められたことを強調した。そこで本題に入るとして、コールは越えなければならない三つの障害を指摘した。第一が、ドイツ駐留のソ連軍の扱い、第二が、統一ドイツのＮＡＴＯ帰属問題、第三が統一ドイツ軍の将来兵力であり、それに加えて二カ国間の協力関係であった。

ゴルバチョフは、コールの説明にすぐには応ぜず、ヘラクレイトスの言葉を引用して、「万物は流転する」と指摘した。そして、「ロンドン宣言は、過去の遺物をまだ残しているとしても、正しい方向への正しい一歩である。協力を謳い、ソ連はもはや敵ではないという言明は、非常に重要な政治的進展であり、根本的変化の証明である」と述べ、同時にコールの果たした役割を高く評価した。

そして二カ国関係に関しては、未来志向が重要であり、独ソの友好関係に一歩一歩国民をなじませることも重要である。特に軍部とジャーナリストは、このようなことは第二次世界大戦の大勝利の成果をドイツ・マルクで売るものと文句をいっていると述べた。そして独ソ善隣友好協力条約の原案をお互いに交換した。

この後ゴルバチョフは、体系的に懸案に切り込んできた。第一、統一ドイツは西ドイツ、東ドイツ、ベルリンからなること、第二、統一ドイツはＡＢＣ兵器（核兵器・生物兵器・化学兵器）を放棄すること、第三、NATOの軍事機構は東ドイツ領域に拡大されてはならないこと、加えてソ連軍の駐留について移行期に関する取極めがなければならないこと、第四、四カ国の権利は解消されねばならないことであった。

しかしこの発言には曖昧な部分があった。コールはその点を詰めていった。

コール「ドイツは再統一と同時にその主権を全面的に回復できるのかどうか」

ゴルバチョフ「当然のことだ」

いままでソ連が外的側面に過渡的期間を設定することを主張していただけに、この発言は大きな成果であった。さらに、ゴルバチョフはNATO帰属に言及した。

「法律的(de jure)にはそうだ。しかし事実としては(de facto)、NATOの適用領域は東独領域に拡大できない。……ソ連軍がそこに駐留しているからだ」(TE:374-375; KO:425; AdBK:Nr. 350)。さらにゴルバチョフは、コールは四カ国の権利の即時の解消を願っているだろうが、二＋四会議の成果は批准される必要があり、それには時間がかかる。そのため最終文書で四カ国の権利を過渡期をもうけず解消することを定め、それとは別の条約で、三―四年間のソ連軍の東独駐留を認めるべきと述べた。

これを聞き、テルチクは興奮し、ボールペンが紙の上を飛んだという。

しかしコールは冷静であった。別の条約でソ連の東独駐留を定めることには同意した。しかしゴルバチョフの提案は、形式的にはドイツ全体のNATO帰属を認めたものの、実際には西ドイツ部分しか認めていなかった。つまりソ連軍の撤退をめぐる交渉が成功裏に終わった時点で、主権が全面的に回復されることになるというものである。ゴルバチョフの言明にもかかわらず、これではドイツは主権を回復したことにはならない。ソ連軍の撤退をめぐる交渉を、ソ連は同盟問題で圧力をかける梃子に使うこともできる。これに賛成はできない。これがコールの判断であった（KO：425-426）。そのためコールは、ソ連軍が撤退後NATOの適用領域は東ドイツに拡大できるのか、と訊ねた。ゴルバチョフは、先の説明を繰り返し、四ヵ国の権利は解消される、統一ドイツは完全主権をもつ、別個の条約でソ連軍の東独駐留を決める、とまとめた。

テルチクはこの一五日午前の会談で実質決着がついたと判断したが、コールはまだ詰めが残されていると考えた。そこで会議が終わり、続きはコーカサスで行おうとゴルバチョフが立ち上がろうとしたとき、「我々の会談が終わったとき、統一ドイツの主権の全面回復とNATOの無制限の帰属をえられるならば、行くつもりだが、そうでなければうちに戻る」と不満げに述べた。ゴルバチョフはイエスともノーともいわず「我々は飛ばなければならない」と述べただけであった。コールは、そこで決着がつくと感じた。

それと並行して、ゲンシャーはシェワルナゼと会談していた（GE：831-833）。

シェワルナゼは、党大会の経緯を説明した。彼に向けられた非難は二つであった。なぜ東欧の喪失を許したのか。なぜドイツの統一とそれのNATO帰属を許すのか、であった。そして誰の責任かが問われたという。党大会の総会でシェワルナゼは二度にわたり答弁に立ち、反論しなければならなかった。ソ連は東欧諸国に解放軍として入ったのではなかったのか。それともソ連はこれらの国民を戦利品と考えていたのか。もし後者であるとすれば、ソ連は謝罪すべきではないのかと。ドイツに関して、我々は選択の前に立たされている。ドイツの自決権を認め、他の安全保障構造を作ることによってソ連の利益を認めさせ、両国関係に新しい質をもたらすのか、それとも五〇万の軍隊と巨大な戦車部隊を投入して、自決権行使に反対するのかである。後者がどのような事態をもたらすかは火を見るよりも明らかだ、と。

ゲンシャーはこの間の西側の動きを説明した。そしてドイツ統一のヨーロッパにとっての意義を強調した。二＋四会議の最終文書に話題が移り、ゲンシャーは統一ドイツの主権の全面回復、ソ連軍の期限付き駐留、CSCEと同盟間の協力関係を繰り返した。シェワルナゼはロンドン宣言が、特にソ連を敵とみなさないという部分が、大きな意味をもったことを認めた。そして独ソ間の条約を検討することで合意した。

個別会談は約二時間にわたり、その後外相、蔵相をまじえた全体会合に移った（TE:376; KO:427; AdBK:Nr. 352）。ゴルバチョフは五〇億マルクの借款保証に感謝し、党大会の経緯を説明した。コールは、サミットの内容を説明し、経済支援に積極的に取り組むことを約束した。その後昼食となり、雰囲気は和気藹々であった。そしてゴルバチョフとコールは予定外の記者会見に望んだ。

スタブロポリ会談

一時半、車列を組んで、空港に向かった。車のなかでコールは兵力上限問題に触れた。ゴルバチョフは約三〇万人を提案したが、コールはそれに反対し、徴兵制を継続する関係で三七万になると説明した。ゴルバチョフはそれを黙って聞いていた。

空港につき、大統領専用機のイリューシン六二に乗り込んだ。コールはゴルバチョフとともに機内奥の執務室に座った。ゲンシャーはシェワルナゼと、テルチクはクビチンスキーと隣り合って座った。機内ではゴルバチョフが、幼少期のこと、スタブロポリ時代のことなどをコールに説明した。

二時間後、専用機はスタブロポリに到着した。飛行場では市の関係者が出迎え、それに二〇〇—三〇〇人の市民が歓迎にでてきた。そこから戦没者碑に向い、花輪を捧げた。この地も第二次世界大戦のとき四二年八月から四三年一月まで国防軍に占領されており、戦争とは無縁ではなかった。退役軍人が多く集まっていた。そのなかの一人がコールに近づき、両国民の平和を願っていると訴えた。ゴルバチョフは、「これがまさに、我々がボンで話し合っていたことなのだ」と話し掛けてきた。

その後スタブロポリの共産党本部に向かった。ゴルバチョフが約八年この地区の第一書記として働いていた建物である。執務室の机はきれいに片付いており、テレビ・クルーの要請に応じて、ゴルバチョフはその机にむかいポーズをとった。

その後飛行場に戻り、数台の大型ヘリコプターでコーカサスに向かった。目的地はコーカサス山麓の村アルチイにある、ゴルバチョフのダーチャである。コーカサスの山並みが近づいたとき、ヘリは広大な穀物畑に着陸した。ここでは農民がコンバインを回しながら彼らを待っていた。ヘリから降りると、歓迎の印にパンと塩を渡してくれた。ゴルバチョフは、コールにその食べ方を教えた。彼らは農民と話し込んだ。二人は、トラクターにのり、ソ連農業の状態を話し合った。ゴルバチョフは、農産物の貯蔵、運輸が悪いため、それが台無しになってしまうことを歎いた。

ヘリは再び離陸し、コーカサスの山麓をとび、セレムチュク渓谷に入り、そこの空き地に着陸した。

そこから車でセレムチュク河沿いに進み、ダーチャについた。三棟からなり、真ん中の建物はオーカー色の石づくりで赤い屋根であった。着いて少し休憩の後、散歩にでた。皆くつろいだ格好をしていた。渓流の方に向った。途中ゴルバチョフは立ち止まり、渓流の方に降りていった。そしてコールに手を差し伸べて、二人とも渓流の側に立ち、流れの巧妙さについて話をした。ゴルバチョフがこれほど解放された様子はみたことがなかったと、コールは回顧している。そして河沿いに丸太でできたテーブルがあり、そこにコールとゴルバチョフが座った。三つめの席が空いていた。随行者がそれを取りかこんだ。ゴルバチョフがゲンシャーに席につくように勧めた。ゲンシャーはシェワルナゼが座るように彼に目配せするが、シェワルナゼが断り、ゲンシャーが座った。この時、ゲンシャーはここに至る長い道程を走馬灯のように想いだしたという(GE:836)。宿舎に戻る途中、ゲンシャーの腕を引っ張る人がいた。ライサであった。彼女は、この会談が意味するところのものをゲンシャーに伝えようとしていた。「ゲンシャーさん、ドイツもここで約束しなければなりません。ドイツも何か与えなければなりません。ゲンシャーさん、貴方はそれを守らなければなりません。すべてです」。ゲンシャーは立ち止まり、彼女の手を握り、「信じなさい。我々は、どの問題でも歴史から学びました。あなたのご主人がここで何をなすか、私は十二分に知っています。すべては上手くいくでしょう」

宿舎に戻り、夕食となった。寛いだ雰囲気のなかで、話はあちこちに飛んだ。そしてゴルバチョフは、ソ連のアフガニスタン侵攻の直後、この場所でシェワルナゼと散策しながらソ連の今後について話し合ったことを述べた。そのとき、ゴルバチョフにアフガン侵攻を事前に知っていたのかという質問がで、ゴルバチョフは知らなかったと答えた。でも貴方は中央委員会書記ではなかったかと質問がだされ、全てのメンバーが事前に知らされるわけではないと答えたとき、突然シェワルナゼが、「システムだ。それを根底から変えなければならない」と大声で説明した。これを聞いてゲンシャーは、ゴルバチョフが八五年になぜ彼を外相に任命したのか納得したという。

一〇時になり、コールはゴルバチョフと二人だけの短い会談をもった。そこでコールは、NATO帰属に関しどのような制限も受け入れられないことを改めて述べ、ゴルバチョフは黙って聞いていた。その後、コールは、ゲンシャーなどと明日の会談の準備を行った。

一六日一〇時、会談が宿舎の本館で始まった(AdBK: Nr. 353)。かつての営林署長の館の会議室である。長いテーブルを挟んで、両国代表が向かい合った。コールがまずソ連とドイツの二カ国間条約について説明した。それは両国関係を根本から規定し直すものであり、一年以内に締結したいとした。ゴルバチョフはそれに同意し、両国関係の長期的パースペクティブを拓くものかと尋ねたのに対し、コールはその通りだと応えた。これはゴルバチョフにとり、内容的にも心理的にも重要な意味をもつとゲンシャーは考えていた。これによって、ドイツ問題の解決がソ連にとっても長期的に利益となることを知らせることができるからである。事実、この後条約をめぐる交渉はスムーズに進み、一一月九日、ゴルバチョフのドイツ訪問の際、独ソ善隣友好協力条約が調印された。

ついで中心的問題である、二+四交渉に移った。コールは主権の全面回復を主張した。ゲンシャーがそれを補足して、二+四交渉は統一ドイツの完全主権を確定し、未決の問題を残さない文書を締結するとした。ゴルバチョフは、二、三の前提が満たされねばならないとし、統一ドイツのABC兵器の放棄、NATOの軍事機構の東ドイツへの不拡大、東独駐留ソ連軍の扱いを挙げ、これは別個の条約で定めるべきだとした。コールは、その条約に撤退期日も盛り込むべきだとし、二＋四交渉の終了時までに完成し、調印することを提案した。ゴルバチョフはそれに反論しなかった。

そしてゲンシャーが二＋四最終文書には、ドイツが同盟選択権をもつことを記載すべきと単刀直入に切り込んだ。そしてもちろんNATOであると付け加えた。ゴルバチョフはそれにあっさり同意した。しかしNATOを明示的に述べることには抵抗した。問題は、NATOの適用領域であった。シェワルナゼは、東ドイツからソ連軍が撤退した後もNATOの軍事機構は東ドイツに拡大されないことを主張した。それにゴルバチョフは、特に核兵器に関してはそうだとし、ただしNATOに統合されない国防軍は東ドイツに駐留できると付け加えた。しかしゲンシャーは、それでは完全主権を認めることにならないと反論し、NATOの義務適用で地域に相違があってはならないと主張した。応酬が続いた。次第にゴルバチョフが譲歩し、NATO条約第五・六条(防衛義務)が当初から東ドイツに適用されること、ソ連軍の撤退の後NATOに統合された国防軍も駐留できることを認めた。

これにより、統一ドイツの誕生とともにNATOに帰属し、NATOの諸義務は全ドイツに適用されること、ソ連軍駐留の間はNATOに統合されない国防軍のみが配備されること、ソ連軍が撤退の後はNATOに統合された国防軍も配備されることとなり、これをゴルバチョフも確認した。加えてソ連軍撤退後も東独部にいかなる外国軍も配備されないこと、核兵器も配備されないことをゴルバチョフは主張し、コールは了承した。

次は、ソ連軍の残留期間の問題であった。ゴルバチョフは五－七年を主張したが、コールは三－四年を主張し、このドイツ提案をゴルバチョフが認め、コールは帰国する兵士の宿舎建設、駐留経費負担を行うことを約束した。

そして最後の大きな問題は、国防軍の兵力上限問題であった。コールは三七万を提案した。コールは、西ドイツだけで五〇万の軍隊をここまで削減するのは未曾有のことだとし、ゲンシャーは、CFE交渉で同条約発効後四年以内に兵力を三七万まで削減することを西ドイツは宣言するとした。そしてCFEⅠaでNATO・WTOの全加盟国の上限兵力を定めるとした。それをゴルバチョフは承認した。

最後に記者会見用の資料についての検討がなされ、特にNATO帰属に関しては、ドイツは全面主権を保持し、それには同盟選択権も含まれると応えることで了解した。

会議は四時間に及び、終わった。短い休憩の後昼食をとり、車で記者会見の開かれる近くの町のジェレズノウォトスクに向かった。

独ソ合意

結核療養所での国際記者会見に臨んだ。冒頭ゴルバチョフが簡単な挨拶をしたのち、コールが会談内容について説明した。以下の八項目であった。

第一、統一ドイツは西ドイツ、東ドイツ、ベルリンから構成される。

第二、統一完了時、四カ国はドイツに対するその権利及び責任を全面的に解消する。これにより統一ドイツは統一時において全面・無制限に主権を保有する。

第三、統一ドイツは、無制限の主権行使にあたり、同盟に帰属するか否か、いかなる同盟に帰属するのかにつき自由に決定できる。これはヘルシンキ最終文書に対応する。西ドイツ政府の見解は、統一ドイツはNATOのメンバーであることを望む。これは東ドイツ政府の見解にそうものであると確信している。

第四、統一ドイツはソ連との間に、東ドイツからの撤退に関する二つの条約を締結する。撤退は三―四年以内に完了するものとする。同時にソ連との間にドイツ・マルク導入に伴う影響に関する、三―四年に期間を限定する移行条約を締結する。

第五、ソ連軍が東ドイツに駐留する期間、NATOの機構はこの部分には拡大されない。但し、NATO条約第五・六条は当初から適用される。

第六、NATOに統合されない国防軍は、統一後直ちに東独部、ベルリンに配備される。ソ連軍が駐留する期間、統一後も西側三国の軍隊がベルリンに駐留することを西独政府は希望する。西独政府はその旨を西側三国に要請し、駐留に関する条約を締結する。

第七、西独政府は、ウィーンでの交渉において、統一ドイツの兵力を三―四年以内に三七万兵員にまで削減する拘束的宣言を行う用意がある。削減は、第一次ウィーン協定の発効とともに開始する。

第八、統一ドイツはABC兵器を製造し、保有し、使用することはしない。また核拡散防止条約には留まる。

記者からどよめきが起こり、衝撃的ニュースが打電された。ゴルバチョフはコールから再度招待があったことを明らかにし、会見は終わった。

その後ミネラルニー・ウォディ空港に向い、ゴルバチョフも見送りに同行した。そこで政府専用機にのり、ボンに向った。機内でコールは、ゲンシャー、大蔵大臣ヴァイゲルに謝辞を述べ、「忘れてはならないことは、幸福の女神が我々の味方であったことだ」と締めくくり、シャンペンで乾杯した。二一時四五分ボン空港に到着した。しかし四五分後ゲンシャーは、パリでの第三回二＋四会議のためパリに向った。

ドイツ統一問題は実質的に決着した。

おわりに

一九九〇年七月一六日、ロシアとの合意をみた後、ドイツ統一は急速に進展した。

国内的側面では、七月一日に「経済・通貨・社会連合の創出に関する条約(第一国家条約)」が成立し、東ドイツ・マルクに代えて西ドイツのドイツ・マルクが通用するようになった。さらに、七月六日からは、西ドイツ基本法二三条にもとづいて東西ドイツを統一させる「統一条約(第二国家条約)」の交渉が開始され、八月三一日に調印された。東ドイツの再編成も進み、七月二一日、東ドイツ人民議会は「州(ラント)を導入する法律」を可決し、五二年七月に廃止された、メクレンブルク・フォアポンメルン、ザクセン・アンハルト、ブランデンブルク、ザクセン、チューリンゲンの五州を、一〇月一四日これらの州の州議会選挙施行と同時に、復活させることを決定した。問題は、統一ドイツの総選挙の時期と統一の日をいつにするのかに移ってきた。この問題は、各党の思惑もあって人民議会を紛糾させ、デ・メジエール大連合政権をも揺さぶり、一二月二日に統一ドイツの最初の連邦議会選挙を施行するという選挙条約を人民議会が可決したのは、八月二二日のことであった。翌八月二三日夜、デ・メジエールは人民議会の特別会議を開催し、翌朝まで審議の結果、一〇月三日に統一することを可決した。三一日の第二国家条約の調印時に、一〇月三日に西ドイツ基本法が東ドイツの五州、そして東西を統一して一つの州となるベルリンに適用されることになった。

選挙条約は九月二〇日東ドイツ人民議会と西ドイツ連邦議会で、二一日連邦参議院で批准された。しかし九月二九日連邦憲法裁判所は、統一ドイツ一律に五%条項を適用することを違憲とする判決を下した。西ドイツの連邦議会選挙では、小選挙区と比例代表の併用制であるが、比例代表で有効投票の五%以上を政党が獲得しない場合には、比例代表で議席を与えないことになっており、それを東西ドイツに一律に適用すると、東ドイツの小政党が圧倒的に不利になることから、違憲としたのである。そのため選挙法がその後改正され、東西ドイツ別々に五%条項が適用されることになった。一二月二日に行われた、統一ドイツの最初の連邦議会選挙は、コール首相の与党であるCDU・CSUが四三・八%、SPDが三三・五%、FDPが一一%、西ドイツの緑の党は五%を割って議席を失った。だが、SEDの後継政党であるPDSが旧東ドイツ地域で一一・一%を、九〇年同盟と東ドイツの緑の党も六%を獲得し、今回の特例で議席を獲得した。「統一の宰相」といわれたコールの勝利であった。

八月二日イラク軍が突如クウェートに侵攻したことによって、国際政治の関心はそちらに移り始めた。だが、七月一六日の独ソ合意後もなすべき課題が山積していた。まず二+四交渉をどのように終わらせるのかであった。七月一七日パリで第三回二+四会議が開催され、ポーランド外相も参加して、現在のポーランド西部国境を最終国境として画定することで合意した。さらに、二+四会議の合意事項は、平和条約もしくはそれに類する条約ではなく、ドイツ統一と関連する問題を処理した国際法上の文書で扱うこととなった。

しかし、最終的局面で一波乱が起きた。九月一一日、ゲンシャーがモスクワに着いたとき、東ドイツ駐留ソ連軍が撤退した後の東ドイツ部でNATOが兵力を展開できるか否かにつき、西側三国とソ連との間で齟齬が生じていた。西側三国は小規模の演習は可能であると主張し、ソ連はそれに歯止めをかけようとしていた。ゲンシャーはシェワルナゼとの会談で、最終段階で二＋四会議の最終文書を修正することを懸念し、ドイツがその点につき決定権をもつこと、その判断は慎重に行うことを声明して決着をつけることとし、シェワルナゼも同意し、関係各国外相も同意した。しかし夜半ホテルに戻ると、イギリスがこの点に異議を唱え、小規模の演習を認めることを明文化することに固執しており、しかもソ連はこれに反発してゴルバチョフが調印式の出席を拒んでいるという連絡が入った。土壇場で二＋四会議の成果が国際世論からみて不調に終わったと判断される危険が出てきた。ゲンシャーは夜半急遽ベーカーの逗留しているホテルに駆けつけ、ドイツの立場を支持するよう要請した。ベーカーはそれを受け入れ、翌朝米英仏独の外相協議の場で、ドイツの立場が承認された（GE：865-874）。

そして一二日午前、ゴルバチョフも出席して「ドイツに関して合意された諸規定に関する条約（二＋四会議最終文書）」が六カ国外相によって調印された。その主な内容は、①ポーランド西部国境を含む統一ドイツの国境の画定、②統一ドイツの核・生物・化学兵器（ABC兵器）の放棄の再確認、三七万人という統一ドイツの兵力の上限確定、③東ドイツ駐留ソ連軍の東ドイツ・東ベルリンから九四年一二月三一日までの撤退、東独部での外国軍の配備の禁止、核兵器及び核兵器の運搬手段の配備、展開の禁止、④旧占領四カ国のドイツ及びベルリンに関する権利と責任の失効、そして統一ドイツの同盟選択権の承認であった。さらにゲンシャーとデ・メジエールとが、東ドイツでの所有権問題などの東西ドイツ間の懸案事項を扱った共同書簡を伝達した。

だが、終了しなければならなかったのは、二十四会議のみではなかった。ドイツ兵力の最終確定に関してウィーンで三月から開催されているヨーロッパ通常戦力削減交渉（CFE）との関係もあった。八月三〇日、CFE会議の総会においてゲンシャーとデ・メジエールは、統一ドイツの兵力を三－四年以内に三七万人まで削減すること、CFEの継続交渉で合意ができた場合には兵力をさらに削減して三四万五〇〇〇人とすることを表明した。九月二四日には東ドイツはWTOからの離脱に関する議定書をWTOの最高司令官との間で調印し、東ドイツ人民軍は、一〇月三日からその一部が西ドイツ国防軍に統合されることになった。

そしてCSCEに関する諸条約を扱ったのが、一一月一九－二一日パリで開催されたCSCE三四カ国によるサミットであった。

(1) まず一九日、全NATO加盟国（一六カ国）と全WTO加盟国（六カ国）とがCFE条約に調印した。これらの国々の通常戦力を削減するものであり、戦後初めての大規模な通常兵力削減に関する条約であった。これに関連してドイツは、その兵力を三七万人まで削減する旨の声明を発表した。

(2) ついで、補足声明でCFE継続交渉（CFEⅠa）の期間、確定された戦力上限を越えて通常戦力を増強することが禁止された。因みに、CFEⅠa交渉は、九二年七月のヘルシンキでのCSCEサミットの際、CFEⅠa協定が締結され、CFE参加国は合意された各国の戦力上限を遵守する義務を負うことになった。これによって統一ドイツの通常戦力は三七万人から三四万五〇〇〇人まで縮小されることになり、九五年五月には統一ドイツは攻撃兵器の廃棄を完了した。

(3) また同じく一九日、NATO加盟国とWTO加盟国は共同声明を発表し、相互の攻撃禁止を確約し、敵ではなく「パートナー」であることを宣言した。

(4) 二〇日、コールは、サミットの席上で統一ドイツの基本姿勢として、次の五点につき国際的に公約した。第一、ドイツはその歴史を自覚し、ヨーロッパ平和秩序の支柱となること、第二、ドイツ国境の画定が最終的であること、第三、ドイツが再び回復した主権を、EC統合に相応するような現代的主権概念に変容させ、ドイツの主権を従来通りECに委譲すること。第四、ドイツはABC兵器を放棄し、兵力を三七万人まで削減すること、第五、ドイツは、全ヨーロッパ平和秩序の原動力としてのCSCEに将来にわたり帰属すること、であった。

(5) 二一日CSCE加盟国は、「ヨーロッパにおける対立と分断の時代」が終わり、「デモクラシー、平和、統一」という新しい時代が始まったことを宣言した、「新しいヨーロッパのためのパリ憲章」を採択した。

CSCEサミットは、ヨーロッパでの冷戦終了を宣言する会議であった。

容易に進展したのがECとの関係であった。ドイツ統一の急速な進展をみてEC委員会は九〇年八月東ドイツのEC統合に関する措置規定を定め、通常の手続き外の特別措置をとるよう加盟国に要請し、九月中旬加盟国は期間を定めた移行措置に関してEC委員会と統一ドイツに委ねることを承認した。このため統一時には、ECの法令の八〇%が東ドイツに適用される状況であった。そして一二月一四―一五日のローマでのECサミットにおいて、経済通貨連合(EMU)と政治連合の実現をはかることが決定され、二つについての政府間会合が開始され、九二年二月七日に正式調印されたマーストリヒト条約に結実していった。

このような多国間組織との関係に加えて二カ国関係も残されていた。一つは、ポーランド国境に関する条約であり、一一月一四日、ワルシャワでゲンシャーとスクビシェフスキー・ポーランド外相がドイツ・ポーランド国境条約に調印し、国境の不可侵、領土要求の放棄を約し、ポーランド西部国境が正式に画定した。もう一つは、ソ連側に提案した包括的な条約であった。この独ソ善隣友好協力条約は、九月一三日モスクワで仮調印された。さらに一〇月九日、東ドイツ駐留ソ連軍撤退に関する移行条約が調印され、撤退するソ連軍のための移行に伴う経費約一二〇億マルクを統一ドイツが支払うことになった。加えて一〇月一二日には駐留条約も調印され、九四年末までの撤退とそれまでの間のソ連軍の行動などに関する取り決めがなされた。そしてベルリンの壁が開放された一年後の一一月九日、ゴルバチョフがドイツを訪問し、先の独ソ善隣友好協力条約が調印されたのである。

東ドイツ駐留ソ連軍(その後ロシア軍となる)は、九二年一二月の合意で撤退完了時期が繰り上げられ、それに従って九四年八月三一日最後のロシア軍部隊が旧東ドイツ地域から撤退した。兵士三八万人、家族などの関係者約二一万人に上る巨大な兵力撤退は、ここに完了した。それにあわせて、ソ連軍が駐留する間ベルリンに駐留することになっていた西側三カ国の兵力も、九四年九月九日ベルリンから撤退した。

九〇年一〇月二日、東ドイツで最後の人民議会が開かれた。その後デ・メジエールとコールがテレビで演説し、午後九時から東ドイツの式典が開かれた。それが終わり、三日午前〇時、ブランデンブルク門の隣にある帝国議会前の広場で、集まった数万人の市民を前に、ヴァイツゼッカー大統領が厳粛に統一を宣言した。それと同時に秋の夜空に花火が打ち上げられた。ヴァイツゼッカーの隣には、コール、ゲンシャー、デ・メジエールなどがいた。三日、午前一一時、「ドイツ統一の日」の記念式典が挙行され、ヴァイツゼッカーは演説で、「自由な自決権のなかで我々は、ドイツの統一と自由を実現しました。我々は、統一されたヨーロッパのなかで世界の平和のために貢献します」と述べていた。

ベルリンの壁が崩れて一〇年がたった。

ベルリンの壁の開放を含む東欧革命に端を発する八九－九〇年の激動は、間違いなく「冷戦解体革命」であった。ハンガリー・ポーランドで革命の予兆が現れたとき、一八四八年の「諸国民の革命」が話題になったが、現実にそのように進行した。一八四八年の革命が「ウィーン体制」を崩壊させたように、東欧革命は冷戦と国際秩序を根底から覆した。

冷戦構造が解体されてから一〇年を経て、国際秩序は、「ポスト冷戦」という言葉によっていまだ描かれている。このような現在の国際政治を考えるためにも、八九－九〇年の歴史的意味を考える必要があるであろう。そのような試みの一助にこの本がなれば幸いである。

この研究には多くの人からご支援をいただいた。また文部省の科学研究費などの支援もいただいた。ここに感謝申し上げたい。

特に岩波書店の山口昭男氏には、研究・執筆の段階で常に督励していただき、心から御礼申し上げる次第である。

一九九九年秋、一〇年前の激動を想い起こしながら。

高橋　進

主要文献目録

A　回顧録など

Archiv der Gegenwart 1931–1998, Siegler Verlog. 1999

Ackermann, Eduard（1994）*Mit feinem Gehör: Vierzig Jahre in der Bonner Politik*, Gustav Lübbe Verlag

Attali, Jacques（1995）*Verbatim III 1988–1991*, Fayard

Baker, James A.（1996）*Drei Jahre, die die Welt veränderten*, Siedler（J・A・ベーカーIII／仙名紀訳（一九九七）『シャトル外交 激動の四年（上・下）』新潮文庫）

Brandt, Willy（1990）*Erinnerungen*, Propyläen

Bundesminisiterium des Innern（ed.）（1998）*Deutsche Einheit: Sonderedition aus den Akten des Bundeskanzleramtes*, Oldenbourg

Bush, George and Scowcroft, Brent（1998）*A World Transformed*, Knopf

Chaban-Delmas, Jacques（1997）*Memoire pour Demain*, Flammarion

Clark, Alan（1993）*Diaries*, Weidenfeld & Nicolson

Dumas, Roland（1996）*La fil et la pelote. Memoires*, Plon

Falin, Valentin（1993）*Politische Erinnerungen*, Knaur

Falin, Valentin（1997）*Konflikte im Kreml: Zur Vorgeschichte der deutschen Einheit und Auslösung der Sowjetunion*, Karl Blessing Verlag

Genscher, Hans-Dietrich (1991) *Unterwegs zur Einheit*, Siedler

Genscher, Hans-Dietrich (1995) *Erinnerungen*, Siedler

Gorbatschow, Michail (1995) *Erinnerungen*, Siedler (M・ゴルバチョフ／工藤精一郎・鈴木康雄訳(一九九五)『ゴルバチョフ回想録(上・下)』新潮社)

M・ゴルバチョフ(田中直毅訳)(一九八七)『ペレストロイカ』講談社

Horn, Gyula (1991) *Freiheit die ich meine*, Hoffmann und Campe

Kiessler, Richard and Elbe, Frank (1993) *Ein runder Tisch mit scharfen Ecken*, Nomos

Klein, Hans (1991) *Es begann im Kaukasus*, Ullstein

Kohl, Helmut (1996) *Ich wollte Deutschlands Einheit*, Propyläen

Kohl, Helmut (1992) *Die duetschen Einheit Reden und Gespräche*, Gustav Lübbe Verlag

Kotschemassow, Wjatscheslaw (1994) *Meine letzte Mission*, Dietz

Kwizinskij, Julij A. (1993) *Vor dem Sturm : Erinerungen eines Diplomaten*, Siedler

Mitterrand, François (1996) *De l'Allemagne, de la France*, Edition Odile Jacob

Schewardnadse, Eduard (1991) *Die Zukunft gehört der Freiheit*, Rowohlt (エドアルド・シェワルナゼ／朝日新聞外報部訳(一九九一)『希望』朝日新聞社)

Schmidt, Helmut (1987) *Menschen und Mächte*, Siedler (ヘルムート・シュミット／永井清彦他訳(一九八九)『シュミット外交回想録(上・下)』岩波書店)

Schmidt, Helmut (1990) *Die Deutschen und ihre Nachbaren*, Siedler (ヘルムート・シュミット／永井清彦他訳(一九九一)『ドイツ人と隣人たち(上・下)』岩波書店)

Schultz, George (1993) *Turmoil and Triumph : My Years as Secretary of State*, Scribner & Sons

Semjonow, Wlajimir S. (1995) *Von Stalin bis Gorbatschow : Ein halbes Jahrhundert in diplomatischer Mis-*

sion 1939-1991, Nicolai

Strauss, Franz Josef（1989） *Die Erinnerungen*, Siedler

Teltschik, Horst（1991） *329 Tage : Innenansichten der Einigung*, Siedler（ホルスト・テルチク／三輪晴啓・宗宮好和訳（一九九二）『歴史を変えた三二九日――ドイツ統一の舞台裏』ＮＨＫ出版）

Thatcher, Margaret（1993） *The Downing Street Years*, HarperCollins（マーガレット・サッチャー／石塚雅彦訳（一九九三）『サッチャー回顧録――ダウニング街の日々（上・下）』日本経済新聞社）

Tschernajew, Anatoli（1993） *Die letzetn Jahre einer Weltmacht: Der Kreml von innen*, DVA（Ａ・Ｓ・チェルニャーエフ（一九九四）『ゴルバチョフと運命をともにした二〇〇〇日』潮出版社）

Walters, Vernon A.（1994） *Die Vereinigung war voraussehbar: Hinter den Kulissen eines entscheidenden Jahr*, Siedler

Weizsäcker, Richard von（1997） *Vier Zeiten: Erinnerungen*, Siedler（リヒャルト・フォン・ヴァイツゼッカー／永井清彦訳（一九九八）『ヴァイツゼッカー回想録』岩波書店）

Ｂ　外国語文献

Ash, Timothy Garton（1992） *Ein Jahrhundert wird abgewählt*, dtv

Ash, Timothy Garton（1993） *In Europe's Name : Germany and the Divided Europe*, Random House

Ash, Timothy Garton（1999） *History of the Present*, Allen Lane

Bahr, Egon（1988） *Zum europäischen Frieden : Eine Antwort auf Gorbatschow*, Siedler

Bahrmann, Hannes and Links, Christoph（1994） *Chronik der Wende : Die DDR zwichen 7. Oktober und 18. Dezember 1989*, Ch. Links

Bahrmann, Hannes and Links, Christoph (1995) *Chronik der Wende 2: Stationen der Einheit. Die letzten Monaten der DDR*, Ch. Links

Bender, Peter (1995) *Die 《Neue Ostpolitik》 und ihre Folgen: Vom Mauerbau bis zum Vereinigung*, dtv

Brown, Archie (1996) *The Gorbachew Factor*, Oxford University Press

Callo, David P. (1987) *Beyond American Hegemony: the Future of the Western Alliance*, Wheatshef Books

Czempiel, Ernst-Otto (1993) *Weltpolitik im Umbruch*, Piper

Dinan, Desmond (1994) *Ever Closer Union? An Introduction to the European Community*, Macmillan

Dreher, Klaus (1998) *Helmut Kohl: Leben und Macht, Die Biographie*, DVA

Garthoff, Raymond L. (1994) *The Great Transition: American-Soviet Relations and the End of the Cold War*, Brookings Institution Press

Grosser, Dieter, Bierling, Stephen and Kurz, Friedrich (1991) *Die sieben Mythen der Wiedervereinigung*, Ehrenwirth

Grosser, Dieter (1992) *German Unification: the unexpected Challenge*, Berg

Grosser, Dieter (1998) *Das Wagnis der Währungs-, Wirtschafts-, und Sozialunion (Geschichte der deutschen Einheit Bd.*2), DVA

Habermas, Jürgen (1990) *Die nachholenden Revolution*, Suhrkamp

Hacke, Christian (1993) *Weltmacht wider Willen: Die Außenpolitik der Bundesrepublik Deutschland*, Ullstein

Hanrieder, Wolfram F. (1995) *Deutschland, Europa, Amerika: Die Außenpolitik der Bundesrepublik Deutschland, 1949-1994*, Schöningh

Hertle, Hans-Hermann (1996a) *Chronik des Mauerfalls: Die dramtische Ereignisse um den 9. November*

1989, Ch. Links

Hertle, Hans-Hermann (1996b) *Der Fall der Mauer: Die unbeabschitige Selbstauflösung des SED-Staates*, Westdeutscher Verlag

Hoffmann, Stanley (1995) *The European Sisyphus: Essays on Europe 1964-1994*, Westview Press

Hogan, Michael J. (ed.) (1992) *The End of Cold War: Its Meaning and Implications*, Cambridge University Press

Hyde-Price, Adrian (1991) *European Security beyond the Cold War: Four Scenarios for the Year 2000*, Sage

Jäger, Wolfgang (1998) *Die Überwindung der Teilung: Der innerdeutsche Prozeß der Vereinigung* (*Geschichte der deutschen Einheit, Bd.* 3), DVA

James, Harold and Stone, Marla (eds.) (1992) *When the Wall came down: Reactions to German Unification*, Routledge

Jarausch, Konrad H. (1995) *Die unverhoffte Einheit 1989-1900*, Suhrkamp

Kaiser, Karl (1991) *Deutschlands Vereinigung: die internationalen Aspekte*, Gustav Luebbe

Keohane, Robert. O., Nye, Joseph, and Hoffmann, Stanley (eds.) (1993) *After the Cold War: International Institutions and State Strategies in Europe, 1989-1991*, Harvard University Press

Korte, Karl-Rudolf (1998) *Deutschlandpolitik in Helmut Kohls Kanzlerschaft: Regierungsstil und Entscheidungen 1982-1989*, (*Geschichte der deutschen Einheit, Bd.* 1), DVA

Kuhn, Ekkehard (1993) *Gorbatschow und die deutsche Einheit: Aussagen der wichtigen russischen und deutschen Beteiligen*, Bouvier

Levesque, Jacques (1997) *The Enigma of 1989: The USSR and the Liberation of Eastern Europe*, University of California Press

Maier, Charles S. (1997) *Dissolution: the Crisis of Communism and the End of East Germany*, Princeton University Press

McCauley, Martin (1998) *Gorbachev*, Longman

Newhouse, John (1997) *Europe Adrift*, Pantheon Books

Oberdorfer, Don (1998) *From the Cold War to a New Ara: The United States and the Soviet Union, 1983-1991*, John Hopkins University Press

Palmer, John (1987) *Europe without America? The Crisis in Atlantic Relations*, Oxford University Press

Pond, Elizabeth (1993) *Beyond the Wall: Germany's Road to Unification*, Brookings Institution Press

Pond, Elizabeth (1999) *The Rebirth of Europe*, Brookings Institution Press

Prins, Gwyned (1990) *Spring in Winter: the 1989 Revolution*, Manchester University Press

Schoenbaum, David and Pond, Elizabeth (1996) *The German Question and Other German Questions*, Macmillan

Smith, G., Paterson, W., and Padgett, S. (eds.) (1996) *Developments in German Politics 2*, Macmillan

Sodaro, Michael J. (1990) *Moscow, Germany, and the West: From Khrushchev to Gorbachev*, Cornel University Press

Zelikow, Philip and Rice, Condoleezza (1995) *Germany United and Europe Transformed*, Harvard University Press

Weidenfeld Werner (1998) *Außenpolitik für die deutsche Einheit* (*Geschichte der deutsche Einheit Bd.* 4), DVA

C 邦語文献

朝日新聞社編(一九九五)『戦後五〇年2 日本とドイツ――深き淵より』朝日文庫
足立邦夫(一九九四)『ドイツ――傷ついた風景』講談社文庫
五十嵐武士(一九九二)『政策革新の政治学――レーガン政権下のアメリカ政治』東京大学出版会
ヘルマン・ヴェーバー/斎藤哲・星乃治彦訳(一九九一)『ドイツ民主共和国史――「社会主義」ドイツの興亡』日本経済評論社
ウィリアム・ウォーレス/鴨武彦・中村英俊訳(一九九三)『西ヨーロッパの変容』岩波書店
NHK取材班(一九八八)『日本・西ドイツ――二つの戦後経済』日本放送出版協会
小野耕二(一九九一)『EC統合とドイツ統一』大月書店
ヘンリー・A・キッシンジャー/岡崎久彦監訳(一九九六)『外交(上・下)』日本経済新聞社
木戸蓊(一九九〇)『激動の東欧史――戦後政権崩壊の理由』中公新書
G・クノップ、E・クーン/望田幸男監訳(一九九一)『ドイツ統一――夢と現実』晃洋書房
ゴードン・A・クレイグ/眞鍋俊二訳(一九九三)『ドイツ人』みすず書房
五島昭(一九九五)『大国ドイツの進路』中公新書
佐々木隆生・中村研一編(一九九四)『ヨーロッパ統合の脱神話化――ポスト・マーストリヒトの政治経済学』ミネルヴァ書房
下斗米伸夫・北岡伸一(一九九九)『新世紀の世界と日本(世界の歴史30)』中央公論新社
W・R・スマイサー/走尾正敬訳(一九九二)『入門現代ドイツ経済』日本経済新聞社
高橋進(一九九四)『解体する現代権力政治』朝日新聞社
高橋進・猪木武徳(一九九九a)『冷戦と経済繁栄(世界の歴史29)』中央公論新社

高橋進(一九八九)「ヨーロッパに吹く二つの風」『外交フォーラム』(一九八九年五月)(高橋一九九四再録)
高橋進(一九九〇a)「「ドイツ問題」を考える」『外交フォーラム』(一九九〇年二月)(高橋一九九四再録)
高橋進(一九九〇b)「「拡大西ドイツ」の光と影『世界』(一九九〇年九月)(高橋一九九四再録)
高橋進(一九九四)「ドイツ外交の現在——外交空間試論」(鴨武彦編『世紀間の世界政治 第五巻』日本評論社所収)(「『普通の国家』論争——ドイツの場合」と改題の上、高橋一九九四再録)
高橋進(一九九七)「ドイツ連邦共和国」(平島健司氏との共著)、「ドイツ統一」(成瀬治他編著『ドイツ史3』山川出版社、所収)
高橋進(一九九九b)「冷戦終焉の意味するもの——ヨーロッパを中心に」(坂本義和編『核と人間2——核を超える世界へ』岩波書店、所収)
ロバート・ダートン/和泉雅人・樋渡敦子・滝田佳奈子訳(一九九二)『壁の上の最後のダンス——ベルリン・ジャーナル一九八九—一九九〇』河出書房新社
ラルフ・ダーレンドルフ/加藤秀次郎訳(一九九二)『激動するヨーロッパと世界新秩序』TBSブリタニカ
坪郷実(一九九一)『統一ドイツのゆくえ』岩波新書
戸原四郎・加藤栄一編(一九九二)『現代のドイツ経済——統一への経済過程』有斐閣
仲井斌(一九九四)『現代ドイツの試練』岩波書店
走尾正敬(一九九七)『現代のドイツ経済——「統一」からEU統合へ』東洋経済新報社
走尾正敬(一九九九)『ドイツ再生とEU——シュレーダー政権のめざすもの』勁草書房
ユルゲン・ハーバーマス/河上倫逸・小黒孝友訳(一九九二)『未来としての過去——ハーバーマスは語る』未来社
東ドイツの民主化を記録する会(一九九〇)『ベルリン一九八九』大月書店
平島健司(一九九四)『ドイツ現代政治』東京大学出版会

フランシス・フクヤマ／渡部昇一訳・特別解説（一九九二）『歴史の終わり（上・下）』三笠書房
船橋洋一（一九九二）『通貨烈々』朝日文庫
M・ベシュロス、T・タルボット／浅野輔訳（一九九三）『最高首脳会議――ドキュメント・冷戦終結の内幕』同文書院
ペーター・ベンダー／永井清彦・片岡哲訳（一九九〇）『ドイツの選択――分断から統一へ』小学館
ロバート・S・マクナマラ／仙名紀訳（一九九〇）『冷戦を越えて』早川書房
デービッド・マーシュ／高野孟訳（一九九一）『新しいドイツ』共同通信社
デービッド・マーシュ／相沢幸悦訳（一九九三）『ドイツ連銀の謎――ヨーロッパとドイツ・マルクの運命』ダイヤモンド社
デービッド・マーシュ／篠原勝訳（一九九五）『ドイツ復活のドラマ――統一と危機の五年間』ダイヤモンド社
三浦元博・山崎博康（一九九二）『東欧革命――権力の裏側で何が起きたか』岩波新書
山田徹（一九九四）『東ドイツ・体制崩壊の政治過程』日本評論社
雪山伸一（一九九三）『ドイツ統一』朝日新聞社
ジャック・ルプニク／浦野誠親訳（一九九〇）『「中央ヨーロッパ」を求めて』時事通信社
「特集――ドイツ統一とヨーロッパのゆくえ」（一九九〇）『外交フォーラム』（一九九〇年一二月）
「東欧革命――何が起きたのか」（一九九〇）『世界――臨時増刊』

■岩波オンデマンドブックス■

歴史としてのドイツ統一——指導者たちはどう動いたか

1999年11月18日　第1刷発行
2001年 9月14日　第2刷発行
2015年11月10日　オンデマンド版発行

著　者　高橋《たかはし》 進《すすむ》

発行者　岡本 厚

発行所　株式会社 岩波書店
〒101-8002 東京都千代田区一ツ橋 2-5-5
電話案内 03-5210-4000
http://www.iwanami.co.jp/

印刷／製本・法令印刷

ISBN 978-4-00-730308-1　　Printed in Japan

ドイツ統一関係年表

【1985年】

3.11　ゴルバチョフ，ソ連共産党書記長に就任.
5. 8　ヴァイツゼッカー西独大統領，敗戦40周年記念演説.
7. 2　シェワルナゼ外相就任.
9.22　G5蔵相会議，プラザ合意.
10.2-5　ゴルバチョフ，フランス訪問.
11.19-21　ゴルバチョフ・レーガン会談(ジュネーブ).

【1986年】

1.15　ゴルバチョフ，2000年までに核兵器の廃絶を提案.
2.21　パリでG5蔵相会議，ルーブル合意.
2.25-3.6　ソ連共産党第27回党大会.
4.26　チェルノブイユ原発事故.
7. 6　日本衆参同日選挙，自民党大勝.
7.7-10　ミッテラン，モスクワ訪問.
7.20-22　ゲンシャー，モスクワ訪問.
7.22　第3次中曽根政権発足.
10.11-12　ゴルバチョフ・レーガン会談(レイキャビク).
10.—　コール，『ニューズウィーク』ゲッベルス発言.
11. 4　ゲンシャー・シェワルナゼ会談(ウィーン).

【1987年】

1.25　西独連邦議会選挙でCDU・CSU勝利.
2. 1　ダボスの世界経済フォーラムでゲンシャー演説.
3.28-4.1　サッチャー，モスクワ訪問.
6. 1　西独政府，INF廃棄条約からパーシングIIAの除外を決定.
6.12　レーガン，西ベルリン訪問，ゴルバチョフに壁の撤去を要求.
7.6-11　ヴァイツゼッカー，モスクワ訪問.

8.26　コール，パーシングIAの廃棄を表明.
9.7-11　ホーネッカー，西独訪問.
10.19　ニューヨーク株式市場で大暴落(ブラックマンデー).
11. 6　日本，竹下政権成立.
11.22-24　シュルツ米国務長官，モスクワ訪問.
11.—　ゴルバチョフ『ペレストロイカ』刊行.
12. 8-10　ゴルバチョフ・レーガン会談(ワシントン)，INF全廃条約調印.

【1988年】

4.14　米，ソ，パキスタン，アフガニスタン，和平協定調印.
5.29-6.2　レーガン，ソ連訪問.
6.28-7.1　ソ連第19回共産党協議会.
9.30　ソ連，共産党中央委員会改組，グロムイコ等，政治局員解任.
10.24-27　コール，モスクワ訪問.
11. 8　米大統領選でブッシュ大勝.
11.25-26　ミッテラン，モスクワ訪問.
12. 7　ゴルバチョフ，国連演説.

【1989年】

1. 7　昭和天皇没.
1.15　ウィーンで開催中の第3回CSCE再検討会議閉幕.
1.20　ブッシュ政権発足.
2.12-13　ベーカー国務長官，西欧諸国歴訪中，西独訪問.
2.15　ソ連軍，アフガニスタンからの撤退完了.
3. 3　ネーメト・ハンガリー首相，モスクワ訪問.
3. 6　ウィーンで，ヨーロッパ通常戦力(CFE)交渉開始.
3.26　ソ連，人民代議員選挙.
4.5-7　ゴルバチョフ，イギリス訪問.
4.18　西独連合与党協議，SNF近代化先送り決定.
4.27　コール，SNFに関する西独政府見解公表.
4.30　コール・サッチャー会談.
5. 2　ハンガリー・オーストリア国境の鉄条網撤去.
5.10-11　ベーカー，モスクワ訪問.

5.11　ゴルバチョフ，SNF 500 基のヨーロッパからの一方的撤去を表明.
5.12　NATO 外相会議(ブリュセル).
5.12　ゲンシャー・シェワルナゼ会談(ボン).
5.15-19　ゴルバチョフ，北京訪問.
5.25-6.9　ソ連，人民代議員大会，ゴルバチョフを最高会議議長に選出.
5.29-30　NATO サミット(ブリュセル).
5.30-31　ブッシュ，西独訪問.
6. 2　日本，宇野宗佑内閣成立.
6. 4　天安門事件.
6.12-15　ゴルバチョフ，西独訪問. 6.13 独ソ共同宣言.
6.16　ハンガリー，ナジ元首相の再埋葬式.
7.4-6　ゴルバチョフ，フランス訪問.
7.7-8　ブカレストで開催の WTO サミット，ブレジネフ・ドクトリン放棄.
7.9-12　ブッシュ，ポーランド・ハンガリー訪問.
7.10　ソ連で鉱山労働者ストが始まる，その後各地に波及.
7.14-16　先進国経済サミット(パリ).
8. 9　第1次海部内閣成立.
8.10　ハンガリー政府，東独難民の脱出支援を決定.
8.24　ポーランド，マゾベツキを首相に選出.
8.25　ネーメト，ホルン，ボン訪問，コール及びゲンシャーと会談.
8.31　ホルン，東ベルリン訪問.
9.10　夜半ハンガリーに滞在する東独難民，オーストリアに脱出.
9.21-23　シェワルナゼ米訪問，ベーカーとジャクソン・ホールで会談.
9.27　ゲンシャー，国連総会で演説.
9.28　ゲンシャー・シェワルナゼ緊急会談，チェコスロバキアの西独大使館難民籠城問題で協力を約束.
9.30　ゲンシャー，プラハの西独大使館へ，東独難民，東独経由で西独に脱出.
10.6-7　ゴルバチョフ，建国 50 周年記念式典に出席のため東独訪問.
10. 9　ライプツィヒで抗議デモ.
10.18　ホーネッカー失脚，クレンツを党書記長に選出.
11. 1　クレンツ，モスクワ訪問.
11.2-3　西独・仏定期首脳会談(ボン).
11. 4　東ベルリンで 50 万人規模のデモ.

11. 8	コール，連邦議会で演説(東独支援の条件として東独改革を提示).
	東独，中央委員会総会.
11. 9	**コール，ゲンシャー，ポーランド訪問.**
	18：30 シャボウスキー記者会見,「旅行規則」公表.
	各メディア,「東独政府，壁の開放を決定」と報道.
	その後ベルリンの壁開放される.
11.10	コール，ゲンシャー，ポーランド訪問を中断し急遽帰国.
	西ベルリン市庁舎前で集会.
	ブルガリアでジフコフ書記長が辞任.
11.11	コール・ゴルバチョフ電話会談.
	コール，ゲンシャー，ポーランド再訪問(-11.14).
11.13	東独人民議会，ハンス・モドロウを首相に選出.
11.17	モドロウ施政方針演説(「条約共同体構想」).
11.18	EC臨時サミット(パリ).
11.20-21	ゲンシャー，ワシントン訪問.
	首相府のテルチク，ソ連のポルトガロフと会談(ボン).
11.24	ブッシュ・サッチャー会談(キャンプ・デーヴィッド).
	チェコスロバキア，ヤケシュ党指導部辞任.
11.28	**コール，連邦議会で10項目提案発表.**
11.29	ゴルバチョフ，イタリア訪問とマルタ米ソ首脳会談にむけ出発.
	ゲンシャー，ロンドン訪問，サッチャー及びハードと会談.
11.30	ブッシュ，マルタ会談に出発.
	ゲンシャー，パリ訪問，ミッテラン及びデュマと会談.
12. 1	ゴルバチョフ，ミラノで記者会見(CSCE首脳会議来年内開催を提案).
12.2-3	**米ソ首脳会議(マルタ).**
12. 3	コール・ブッシュ会談(ブリュセル).
12. 4	NATOサミット(ブリュセル).
	WTO首脳会議(モスクワ).
12. 5	ゲンシャー，モスクワでゴルバチョフ，シェワルナゼと会談.
12. 6	**ゴルバチョフ・ミッテラン会談(キエフ).**
12. 7	東独で円卓会議始まる.
12.8-9	**ECサミット(ストラスブール)，ミッテラン・サッチャー会談.**
12.8-9	社会主義統一党緊急大会でギジを党首に選出.

12.10　チェコスロバキア，フサーク大統領辞任.
12.11　米ソ英仏駐在大使会議(ベルリン).
12.12　ベーカー・コール会談(ベルリン). ベーカー，ベルリン・プレスクラブで演説.
12.16-18　コール，ハンガリー訪問.
ミッテラン・ブッシュ会談(サン・マルタン).
12.18　EC外相会議(ブリュセル)，ゲンシャー・シェワルナゼ会談.
SPD，ベルリン党大会でベルリン綱領採択.
12.19　コール，ドレスデン訪問.
シェワルナゼ，EC議会政治委員会(ブリュセル)で演説.
12.20-22　ミッテラン，東独訪問.
12.22　ブランデンブルク門開放.
12.25　ルーマニア，チャウシェスクが処刑される.
12.29　チェコスロバキア，ハベルを大統領に選出.

【1990年】

1.4　ボルドー近郊でコール・ミッテラン会談.
1.26　ソ連，「危機スタッフ会議」.
1.28　東独与野党，人民議会選挙を3.18に繰り上げで合意.
1.30　モドロウ訪ソ.
1.31　ブッシュ年頭教書で在欧米軍削減公表.
ゲンシャー，トゥツィングで演説(東独領域にNATOの不拡大).
2.2　ゲンシャー訪米，ベーカーと会談，2+4方式で一致.
2.7　西独政府，通貨統合の導入を決定.
2.7-9　ベーカー訪ソ(統一ドイツのNATO帰属問題，2+4方式).
2.10　コール，ゲンシャー訪ソ，ゴルバチョフと会談.
2.12-13　オープン・スカイ交渉(オタワ)，2+4方式で合意，米ソ中東欧配備の米ソ兵力19万5000人で合意.
2.15　コール・ミッテラン会談(パリ).
2.20　東独で新選挙法成立.
2.24-25　ブッシュとコール，キャンプ・デーヴィッドで会談.
3.1　東独選挙戦でドイツ連合，23条による編入を主張.
3.5　モドロウ訪ソ，統一ドイツのNATO帰属拒否.

3.15　ソ連，大統領制導入の決議，ゴルバチョフ大統領に就任.
3.18　**東独人民議会選挙.**
3.21　ナミビア独立，シェワルナゼ，ゲンシャー，ベーカーがそれぞれ会談.
3.28-29　コール訪英，コール・サッチャー会談.
4.3-4　ゲンシャー訪米.
4.4-6　シェワルナゼ訪米.
4.12　東独で，ドイツ連合を中心とする大連合政権成立，首相デ・メジエール.
4.13　ブッシュ・サッチャー会談(バーミューダ).
4.18　シェワルナゼ演説(NATO/WTO を CSCE に解消する案，暫定期間両属).
4.19　ブッシュ・ミッテラン会談(フロリダ).
4.25-26　第 55 回独仏首脳会談(パリ).
4.26　コール，ミッテラン，リトアニア問題に関する共同書簡.
4.28　**EC 臨時サミット(ダブリン).**
5. 2　ヴァイツゼッカー，ポーランド訪問.
5. 4　シェワルナゼ，ボンで金融支援を西独に要請.
　ブッシュ，オクラホマ州立大学で講演(NATO サミット早期開催提案).
5. 5　**第 1 回 2+4 会議(ボン).**
5.14　テルチク等極秘訪ソ，金融支援問題.
5.16-19　ベーカー訪ソ，9 項目提案.
5.16-17　コール，ゲンシャー等訪米.
5.18　**東西ドイツ,「通貨，経済，社会連合の創出に関する条約(第 1 国家条約)」を調印.**
5.22　コール，ゴルバチョフ宛書簡(金融支援問題).
5.23　ゲンシャー・シェワルナゼ会談(ジュネーブ).
5.25　ゲンシャー訪米.
5.25　ゴルバチョフ・ミッテラン会談(モスクワ).
5.30-6.3　**ゴルバチョフ訪米，ブッシュ・ゴルバチョフ会談(統一ドイツに同盟を選択する権利を，ソ連承認).**
6. 5　CSCE 人権会議(コペンハーゲン)，シェワルナゼ・ベーカー会談.
6.5-8　コール訪米.

6. 7　NATO外相会議(ターンベリー).
モスクワWTOサミット，改編を決定.
6. 8　サッチャー訪ソ.
6.11　ゲンシャー・シェワルナゼ会談(ブレスト).
6.18　ゲンシャー・シェワルナゼ会談(ミュンスター).
6.21　西独連邦議会，東独人民議会，ポーランド西部国境を最終的に画定する声明を承認，第1国家条約を批准.
6.22　第2回2+4会議(ベルリン)，シェワルナゼ・ベーカー会談.
6.26　EC首脳会議(ダブリン)，ミッテラン・コール会談.
7. 1　**東西ドイツ，通貨統合実施.**
7. 2　コール・ゲンシャー・シュトルテンベルク等会合，(国防軍上限37万人案確定).
7.2-13　ソ連第28回共産党大会.
7.5-6　**NATOサミット(ロンドン)，NATOロンドン宣言.**
7.9-11　先進国経済サミット(ヒューストン).
7.14-16　**コール訪ソ，スタブロポリ会談，統一ドイツのNATO帰属容認.**
7.17　パリ，2+4会議，ポーランド西部国境承認.
7.22　東独人民議会，東独で州の再建を可決.
8. 2　イラク軍，クウェートに侵攻.
8.23　東独人民議会，基本法23条による西独編入を可決，10月3日に統一することを決議.
8.31　東西ドイツ，統一のための国家条約(第2国家条約)調印.
9. 8　ブッシュ・ゴルバチョフ会談(ヘルシンキ).
9.12　モスクワでの2+4会議，ドイツ統一に関する最終文書に調印.
9.20　第2国家条約，連邦議会，人民議会で批准.
10. 3　**ドイツ統一実現.**
10.15　ゴルバチョフ，ノーベル平和賞受賞.
10.14　旧東独で州議会選挙.
10.28　ECサミット(ローマ)，94年1月から経済通貨統合の第2段階への移行を決定，サッチャー参加を拒否.
11. 8　日本，国連平和協力法案廃案.
11. 9　独ソ善隣友好協力条約調印.
11.14　独・ポーランド国境条約調印.

11. 19-21 パリで **CSCE 首脳会議開催，パリ憲章を採択**.
11. 28　サッチャー首相辞任，後任はメージャー.
12. 2　統一ドイツで初の連邦議会選挙，コール与党圧勝.
12. 14-15 EC サミット（ローマ），経済通貨連合と政治連合の政府間会議招集決定.
12. 20　シェワルナゼ外相辞任.

【1991 年】

1. 13　ソ連，リトアニアに武力介入.
1. 17　イラクに対する多国籍軍の「砂漠の嵐」作戦開始.
2. 28　イラクに対する地上戦開始.
3. 3　湾岸戦争停戦.
4. 1　ワルシャワ条約機構の軍事機構解体.
6. 12　エリツィン，ロシア共和国の大統領に就任.
6. 20　ドイツ連邦議会，ベルリンへの首都移転を決定.
6. 17　独・ポーランド，善隣友好条約調印.
6. 25　スロベニア，クロアチアが独立宣言，旧ユーゴスラビア解体.
6. 28　コメコン解散.
7. 29-8. 1　ブッシュ・ゴルバチョフ会談（モスクワ），START 条約調印.
8. 18-21 ソ連，8 月クーデタ.
8. 24　ゴルバチョフ，ソ連共産党書記長辞任.
10. 17　ドイツ連邦議会，独ポ国境条約，善隣友好条約批准.
10. 18　ポーランド議会，独ポ国境条約，善隣友好条約批准.
11. 9　宮沢喜一内閣成立.
12. 8　ロシア，ベラルーシ，ウクライナが独立国家共同体（CIS）創設.
12. 9-11　EC マーストリヒト会議.
12. 19　ドイツ，スロベニアとクロアチアの独立承認.
12. 25　ゴルバチョフ，ソ連大統領辞任.

【1992 年】

1. 15　EC，ドイツの圧力でスロベニアとクロアチアを承認.
2. 7　マーストリヒト条約正式調印.
2. —　イタリアで政界の腐敗摘発始まる.

3.27　ボスニア・ヘルツェゴヴィナのセルビア人，セルビア人共和国の独立を宣言，ボスニア戦争始まる．
5.18　ゲンシャー，外相辞任，在任18年間．
6. 2　デンマーク国民投票，マーストリヒト条約批准否決．
6.15　日本，PKO協力法成立．
6.26　ドイツ連邦議会，堕胎に関する法律改正を可決．
7.10　CSCEサミット．
8月以降　ドイツ各地で極右派による外国人難民への襲撃，起きる．
9.16　ヨーロッパ通貨危機，イギリス，EMSのERMから離脱．
9.20　フランスでマーストリヒト条約批准の国民投票，僅差で承認．
10. 9　ブラント死去．
11. 3　米大統領選で，クリントン大勝．
12. 2　ドイツ連邦議会，マーストリヒト条約を批准．
12. 9　チャールズ皇太子・ダイアナ皇太子妃離婚発表．

【1993年】

1. 1　EC単一市場成立．
チェコスロバキア，チェコとスロバキアに分離．
1. 3　ブッシュ，エリツィン，START II条約調印(多弾頭大陸間ミサイル廃棄，戦略核兵器の三分の二削減)．
1.20　クリントン政権発足．
3.24　ドイツ政府，ボスニア紛争に国防軍の輸送部隊の投入を決定．
4. 2　ドイツ政府，ボスニア紛争での飛行禁止監視のため兵士の投入決定．
4. 8　ドイツ憲法裁判所，SPDとFDPによる，ボスニアへの兵力投入を違憲とする請求を棄却，ドイツの海外派兵承認される．
5.13　アメリカ国防総省，SDIの中止を発表．
5.18　デンマークでマーストリヒト条約に関する第2回目の国民投票，「オプト・アウト」を条件に批准を承認．
5.26　ドイツ連邦議会，難民に関する憲法規定改正を可決．
6.18　日本，宮沢内閣不信任案可決，衆院解散．
7. 2　ドイツ連邦議会，国防軍のソマリア派遣を決定．
7.18　日本，衆院選挙で自民党過半数割れ．
8. 1　投機筋によるフラン売りのため，ECはERMの変動幅を15％に変

更.
8. 9　細川非自民連立政権発足.
10.12　ドイツ憲法裁判所，マーストリヒト条約を承認.
10.29　EC，ヨーロッパ中央銀行をフランクフルトに創設することを決定.
11. 1　マーストリヒト条約発効.
12.12　ロシアで最初の自由選挙，共産党，極右政党進出.

【1994年】

1. 1　ドイツ国鉄民営化.
北米自由貿易協定(NAFTA)成立.
EU，通貨統合の第2段階，ヨーロッパ通貨機構(EMI)創設.
1.10-11　ブリュセルでNATOサミット「平和のためのパートナーシップ」採択.
3.26-27　イタリア総選挙，ベルルスコーニのフォルツア・イタリアなどの中道右派勝利.
4.26　旧ユーゴ紛争，米，英，仏，独，ロが「コンタクト・グループ」を形成.
4.28　羽田孜内閣成立.
5. 6　英仏，ドーヴァー海峡のトンネル開通.
5.11-13　エリツィン，ドイツ訪問.
5.23　ドイツ，大統領にヘルツォークを選出.
5.29　ホーネッカー，チリで死去.
6. 6　ノルマンディ上陸50周年記念式典，独は招待されず.
6.16　北朝鮮をめぐる核疑惑，カーター元大統領の訪朝により危機を回避.
6.30　村山富市内閣成立.
7.12　ドイツ憲法裁判所，国防軍のNATO域外派遣を条件付で承認する判決.
8.31　ドイツに駐留するロシア軍最終的に撤退.
9. 8　ベルリンに駐在する西側3国の駐留軍撤退.
10.16　ドイツ連邦議会選挙，コール与党勝利.
12.9-10　EUサミット(エッセン)，EUの拡大に関するプロセスで合意.
12.22　イタリア，ベルルスコーニ辞任.
12.30　東独国営企業の民営化を行ってきた信託公社解散.

【1995年】

1. 1　ドイツ，郵便事業・電話通信事業の民営化.
フィンランド，スウェーデン，オーストリアEUに加盟.

1.13　イタリア，ディニ内閣成立.

1.17　阪神淡路大震災.

3.26　一部のEU諸国，国境コントロールを廃止するシェンゲン協定発効.

3.20　オウム・サリン事件発生.

5. 7　フランス大統領選でシラクが勝利，ジュペ内閣成立.

7. 1　**ドイツ，ボスニア紛争に戦闘機派遣を決定，第2次世界大戦後初.**

11.10　ボスニア和平協議でデイトン合意.

11.16　SPD党大会でシャルピング党首辞任，後任ラフォンテーヌ.

11.—　フランス，ジュペ内閣の緊縮政策・民営化政策に対する労働者の大規模な抗議デモ.

12. 6　ドイツ連邦議会，ボスニア和平の協定監視のために国防軍投入を可決.

【1996年】

1. 8　ミッテラン前仏大統領死去.

1.11　第1次橋本龍太郎内閣成立.

4.21　イタリア総選挙で中道左派(オリーブの木)勝利，プロディ政権成立へ.

4.26　コール「雇用と成長のためのプログラム」提出.

6. 5　ドイツ労働総同盟，コールの社会保障削減などに反対して30万人規模のデモ.

6.13　フランス，NATOに復帰.

7. 3　ロシア大統領選でエリツィンが再選.

9.13　ドイツ連邦議会，賃金抑制，解雇条件の緩和などの歳出抑制関連2法案可決.

9.24　包括的核実験禁止条約調印.

11. 5　米大統領選でクリントン再選.

12.13-14　EUサミット(ダブリン)，通貨統合で財政赤字に罰則を課する「安定協定」承認.

【1997年】

1.21　ズデーテン問題に関してドイツとチェコとの和解成立.

3.14　ドイツ国防軍，アルバニアに派遣，在留外国人救出.
5. 1　英総選挙でブレアの労働党大勝.
6. 1　仏国民議会選挙でジョスパンの社会党の勝利，保革共存政権へ.
6.16-18 EU アムステルダム条約調印.
6.20-22 先進国サミット(デンバー)，ロシアの参加を決定.
8.31　ダイアナ前皇太子妃，交通事故で死去.
12.12-13 EU サミット，ポーランド，ハンガリー，チェコ，スロベニア，エストニア，キプロスの参加交渉の開始を決定.

【1998年】

3.25　EC 委員会，11 カ国が通貨統合の参加条件を満たすと発表.
4.10　北アイルランド問題で合意(グッド・フライデー合意).
5.1-3　EU 臨時サミット，通貨統合を 11 カ国で 99 年 1 月より発足させることを決定.
5.11　EU 11 カ国で通貨統合を決定.
　インド，核実験.
5.22　北アイルランド，国民投票でグッド・フライデー合意を承認.
5.28　パキスタン，インドに対抗して核実験.
7.31　小渕恵三内閣成立.
9.27　ドイツ連邦議会選挙で SPD が大勝，シュレーダー政権成立へ.
12.16-20 米英，イラクの軍事施設を空爆.

【1999年】

1. 1　EU でユーロ誕生.
2.6-23　コソボ問題で，英仏外相ランブリエで交渉するも失敗.
3.11　ドイツ，ラフォンテーヌ蔵相辞任.
3.24　コソボ紛争で，NATO セルビア空爆開始.
3.24-25 EU 特別サミット(ベルリン)，2000-2006 年の予算方針決定.
4.23-25 ワシントンで NATO 50 周年記念式典.
5. 6　スコットランドとウェールズ，分権を国民投票で承認.
6.10　コソボ空爆，ユーゴ軍の撤退に伴い空爆停止.
9. 1　**ドイツ，ベルリンに首都移転.**